新编经济法实用教程

（理论部分）（第十版）

主　编　何　辛
副主编　张　虹　陈凤贵　孙金平

大连理工大学出版社

图书在版编目(CIP)数据

新编经济法实用教程.理论部分/何辛主编.
10 版. -- 大连：大连理工大学出版社，2024.8(2024.12 重印)
(高等职业教育财经商贸大类专业基础课系列规划教材).
ISBN 978-7-5685-5073-4

Ⅰ.D922.290.4

中国国家版本馆 CIP 数据核字第 20249PQ333 号

大连理工大学出版社出版

地址：大连市软件园路 80 号　邮政编码：116023
发行：0411-84708842　　邮购：0411-84708943　　传真：0411-84701466
E-mail：dutp@dutp.cn　　URL：https://www.dutp.cn
辽宁虎驰科技传媒有限公司印刷　　　大连理工大学出版社发行

幅面尺寸：185mm×260mm　　印张：18.75　　字数：456 千字
2002 年 7 月第 1 版　　　　　　　　　　　2024 年 8 月第 10 版
2024 年 12 月第 2 次印刷

责任编辑：欧阳碧蕾　　　　　　　　　　　责任校对：程砚芳
　　　　　　　　　封面设计：对岸书影

ISBN 978-7-5685-5073-4　　　　　　　　　定　价：57.80 元

本书如有印装质量问题，请与我社发行部联系更换。

前　言

《新编经济法实用教程（理论部分）》（第十版）是"十四五"职业教育国家规划教材、"十三五"职业教育国家规划教材、"十二五"职业教育国家规划教材、普通高等教育"十一五"国家级规划教材，2007年度普通高等教育精品教材，也是高等职业教育财经商贸大类专业基础课系列规划教材之一。

《新编经济法实用教程》是高等职业教育财经商贸大类各专业的基础课教材。本教材以职业教育人才培养目标为指导，根据教学需要及该学科特点，分理论部分和实训部分共两册出版。

《新编经济法实用教程（理论部分）》历经多次改版及重印，深受使用者欢迎和厚爱。正是基于这种信赖，为及时体现经济法领域的研究成果，并与我国立法发展相适应，在承继上版教材原有特色优势的基础上，我们再次对其进行了修订。本次修订以党的二十大报告提出的"全面推进依法治国""法治中国建设"为根本遵循，以"实用""适用""求精"为最大追求，进行了深入的调研，广泛征求了学科一线教师及使用过该教材的学生的意见，并听取了行业专家的建议，从而保证了教材内容满足使用者获得职业资格证书顺利进入职场及创新创业的多元需求。

修订后的教材具有以下突出特点：

第一，深入挖掘各章节内容中蕴含的思政元素，落实立德树人根本任务，思想性突出。本教材章前加入素养目标，法条链接加入立法目的及原则，有利于引导教师将思想信念教育、价值养成教育、文化传承教育融入经济法课程教学各环节，强调经济法课程社会主义核心价值观的引领作用，落实党的二十大报告提出的"实施公民道德建设工程"。

第二，"互联网＋"的模式，使教材实现了由传统型教材向创新型教材的跨越。以二维码为媒介，通过微课、知识拓展等方式在教材中植入了大量的热点、案例及实用的法律知识，大大增加了教材的信息量，给予学生传统教材所无法给予的全新视角，有利于培养学生对经济法课程的兴趣并拓宽视野，培养其法治思维能力。

第三，教材内容的选择与设计紧紧围绕学生就业、自主创业及职业后续能力的提升，以实用为本。"民法典""个人独资企业法""合伙企业法""公司法""合同法律制度""担保法律制度""税法""支付结算法律制度""劳动法律制度""仲裁法""行政复议"等内容是财经商贸大类专业技术资格考试的必考内容，是学生就业、自主创业必须掌握的法律、法规，本次修订更加凸显了上述内容在此版教材中的地位，使教材更具有实用性，"课""证"融合特色明显。

第四，本教材反映了我国立法、法律实践发展的最新动态及成果。本次教材的修订涉及上版教材2021年8月发行以来我国修订和颁布的多部法律，其中2023年12月29日新修订的《公司法》是自1993年颁布30多年来修订幅度最大的，本次教材修订"公司法"以全新的内容呈现给大家，除此，教材将新修订的《行政复议法》、新颁布的《消费者权益保护法实施细则》等最新内容纳入教材，并对教材中涉及的案例、微课及时更新，使教材整体呈现了我国前沿的立法成果，彰显教材的先进性。

第五，编写体例科学合理，知识模块设计新颖独特，教材内容的呈现形式丰富立体。每章正文前设"内容提示""学习目标""课前案例导入"，正文后设"课后同步训练""课后案例"，正文中设"特别提示""法条链接"及例题，内容的设计符合学科特点及高职学生的认知规律，与职业教育课堂教学中倡导的"学中做，做中学"的理念高度契合，教学做合一，理论实践一体化。

第六，为确保教学目标及教学效果的有效实现，教材配备了齐全的教学配套资源，包括课程标准、电子教案、教学课件、习题库等。

本教材编写团队成员多元化，既有具有学科教改经验的资深一线精英教师，又有从事多年法律实务工作的知名律师及企业中的高级经济师，各成员精诚合作，相信我们有足够的能力打造出具有鲜明职业教育特色的国内业界精品教材。本教材由辽宁金融职业学院何辛任主编，辽宁金融职业学院张虹、辽宁奥启律师事务所陈凤贵、阳江职业技术学院孙金平任副主编，参加编写的还有北京金诚同达律师事务所遇阳阳、辽宁金融职业学院刘娜、河北地质职业大学宋博英、盘锦职业技术学院韩巍。具体编写分工如下：何辛编写第一章、第二章、第三章、第四章、第五章，张虹编写第六章、第七章，孙金平编写第八章，陈凤贵编写第九章，韩巍编写第十章，刘娜编写第十一章、第十二章、第十五章，宋博英编写第十三章、第十四章，遇阳阳编写第十六章。

在编写本教材的过程中，我们参考、引用和改编了国内外出版物中的相关资料和网络资源，在此对这些资料的作者表示深深的谢意。请相关著作权人看到本教材后与出版社联系，出版社将按照相关法律的规定支付稿酬。

本教材编者虽倾尽才思，但也难免存在不足与纰漏之处，敬请业内同行专家及广大师生提出宝贵的意见及建议，我们将不胜感激。

编　者

2024年8月

所有意见和建议请发往：dutpgz@163.com

欢迎访职教数字化服务平台：https://www.dutp.cn/sve/

联系电话：0411-84706672　84706581

目 录

第一章 经济法基本理论 …………………………………………………………… 1
- 第一节 经济法概述 ………………………………………………………… 2
- 第二节 经济法律关系 ……………………………………………………… 7
- 第三节 相关的民事法律制度 ……………………………………………… 11
- 第四节 经济法律责任 ……………………………………………………… 17

第二章 个人独资企业法 …………………………………………………………… 19
- 第一节 个人独资企业法概述 ……………………………………………… 20
- 第二节 个人独资企业的设立 ……………………………………………… 21
- 第三节 个人独资企业的投资人及事务管理 ……………………………… 22
- 第四节 个人独资企业的变更、解散与清算 ……………………………… 24

第三章 合伙企业法 ………………………………………………………………… 27
- 第一节 合伙企业法概述 …………………………………………………… 28
- 第二节 普通合伙企业 ……………………………………………………… 29
- 第三节 有限合伙企业 ……………………………………………………… 38
- 第四节 合伙企业的解散与清算 …………………………………………… 41

第四章 公司法 ……………………………………………………………………… 44
- 第一节 公司法概述 ………………………………………………………… 45
- 第二节 公司的一般规定 …………………………………………………… 48
- 第三节 有限责任公司 ……………………………………………………… 52
- 第四节 股份有限公司 ……………………………………………………… 59
- 第五节 国家出资公司 ……………………………………………………… 71
- 第六节 公司的董事、监事和高级管理人员 ……………………………… 73
- 第七节 公司债券和公司财务会计制度 …………………………………… 76
- 第八节 公司合并、分立、解散和清算 …………………………………… 79

第五章 企业破产法 — 85

- 第一节 企业破产法概述 — 86
- 第二节 破产申请和受理 — 87
- 第三节 破产管理人 — 88
- 第四节 债务人财产 — 89
- 第五节 破产费用和共益债务 — 91
- 第六节 债权申报 — 91
- 第七节 债权人会议 — 93
- 第八节 重整与和解 — 94
- 第九节 破产清算 — 96

第六章 合同法律制度 — 99

- 第一节 合同法律制度概述 — 100
- 第二节 合同的订立 — 102
- 第三节 合同的效力 — 107
- 第四节 合同的履行 — 111
- 第五节 合同的变更、转让与终止 — 115
- 第六节 违约责任 — 119
- 第七节 几种具体的合同 — 121

第七章 担保法律制度 — 125

- 第一节 担保法律制度概述 — 126
- 第二节 保　证 — 127
- 第三节 抵　押 — 131
- 第四节 质　押 — 135
- 第五节 留　置 — 138
- 第六节 定　金 — 140

第八章 工业产权法 — 142

- 第一节 工业产权法概述 — 143
- 第二节 专利法 — 143
- 第三节 商标法 — 152

第九章　反不正当竞争法 ... 159

- 第一节　反不正当竞争法概述 ... 160
- 第二节　不正当竞争行为 ... 161
- 第三节　对不正当竞争行为的监督检查 ... 164
- 第四节　违反反不正当竞争法的法律责任 ... 165

第十章　产品质量法 ... 166

- 第一节　产品质量法概述 ... 167
- 第二节　产品质量监督与管理 ... 168
- 第三节　生产者、销售者的产品质量责任和义务 ... 171
- 第四节　产品质量责任 ... 172

第十一章　消费者权益保护法 ... 177

- 第一节　消费者权益保护法概述 ... 178
- 第二节　消费者的权利与经营者的义务 ... 178
- 第三节　消费者权益争议的解决 ... 183
- 第四节　违反消费者权益保护法的法律责任 ... 185

第十二章　证券法 ... 189

- 第一节　证券法概述 ... 190
- 第二节　证券发行 ... 191
- 第三节　证券交易 ... 194
- 第四节　上市公司的收购 ... 199
- 第五节　证券机构 ... 202

第十三章　支付结算法律制度 ... 204

- 第一节　支付结算法律制度概述 ... 205
- 第二节　银行结算账户 ... 206
- 第三节　票据法 ... 208
- 第四节　其他结算方式 ... 217

第十四章　税法 ... 222

- 第一节　税法概述 ... 223
- 第二节　我国现行主要税种 ... 225

第三节　税收征收管理法……………………………………………… 241

第十五章　劳动法律制度…………………………………………………… 244
　　第一节　劳动法概述…………………………………………………… 245
　　第二节　劳动合同法…………………………………………………… 246
　　第三节　社会保障法律制度…………………………………………… 258
　　第四节　劳动争议调解仲裁法………………………………………… 264

第十六章　经济纠纷的解决………………………………………………… 270
　　第一节　经济纠纷概述………………………………………………… 271
　　第二节　仲　裁………………………………………………………… 272
　　第三节　行政复议……………………………………………………… 276
　　第四节　民事诉讼……………………………………………………… 283

参　考　文　献……………………………………………………………… 292

第一章

经济法基本理论

内容提示

1. 法的基本理论
2. 经济法的概念、特征、调整对象
3. 经济法律关系
4. 相关的民事法律制度
5. 经济法律责任

学习目标

★ **知识目标**

1. 掌握经济法的概念、特征、调整对象,经济法律关系及其构成要素、法律事实,法人的条件,代理的概念、种类,代理权的行使。
2. 了解经济法的基础知识和经济法律责任的有关问题。

★ **能力目标**

1. 识别不同的法的形式、法律部门,以准确运用法律。
2. 正确分析经济法律关系的构成。
3. 实践中能依法运用法人制度和代理制度。

★ **素养目标**

1. 明确社会主义法治的价值引领,理解法治建设的基本价值准则与社会主义核心价值观的关系,坚定走社会主义法治道路的决心,坚定制度自信,做社会主义核心价值观的践行者。
2. 培养尊崇法治、依法维护权利和依法履行义务的素质和修养以及严谨的法学思维,增强诚实守信、实事求是、不弄虚作假的法理意识,使其内化于心,外化于行。

课前案例导入

【背景资料】 甲行政机关依法委托专门从事政府采购代理业务的乙公司代理采购一批专用设备,并授权乙公司与中标供应商签订采购合同。乙公司与中标供应商签订采购合同时,双方私下商定,乙公司在若干合同条款上对中标供应商予以照顾,中标供应商作为答谢提供给乙公司一批办公设备。

【问题】 乙公司代理签订采购合同的行为是否有效,由此给甲行政机关造成的损失应由谁承担责任?

第一节 经济法概述

一、法的本质和特征

(一)法的本质

目前我国法学界对法的解释是:法是由国家制定或认可的、反映统治阶级的意志和利益、由国家强制力保证实施的行为规范的总和。法是统治阶级国家意志的体现,这是法的本质。法所体现的统治阶段的意志,不是随心所欲、凭空产生的,而是由统治阶段的物质生活条件决定的,是社会客观需要的反映。

> ⚠ **特别提示 1-1** 法是统治阶段国家意志的体现,此处"统治阶级"泛指在经济、政治、意识形态上占支配地位的阶级,在剥削阶级社会分别指奴隶主阶级、封建地主阶级、资产阶段,在社会主义社会则指主体人民。

(二)法的特征

(1)法是国家制定或认可的规范,具有国家意志性。制定或认可是国家创制法的两种方式。

(2)法凭借国家强制力的保证而获得普遍遵行的效力,具有国家强制性。法的强制性是由国家提供和保证的,与一般的社会规范的强制性不同。

(3)法是确定人们在社会关系中的权利和义务的行为规范,具有规范性。法具有为人们提供行为模式和标准的属性。

(4)法是明确而普遍适用的规范,具有普遍约束性和明确公开性。

【例 1-1】 下列关于法的本质与特征的表述中,不正确的是( )。

A.法是由国家制定或认可的规范

B.法是由统治阶级的物质生活条件决定的

C.法是全体社会成员共同意志的体现

D.法是依靠国家强制力保证实施的

【解析】 答案C。目前我国法学界认为,法不是全体社会成员共同意志的体现,而是统治阶级意志的体现。

二、法的形式和一般分类

(一)法的形式

法的形式即法学上所称的法的渊源,是指法的具体的表现形态,即法是由何种国家机关,依照什么方式或程序创制出来的,并表现为何种形式、具有何种效力等级的规范性法律文件。

依据创制法的国家机关的不同和创制方式的不同,我国法的主要形式有:

1.宪法

由全国人民代表大会制定的宪法是国家的根本大法,具有最高的法律效力,是经济法的基本渊源,是经济法立法的依据和基础。为进一步维护宪法权威,二十大报告明确指出,坚持依法治国首先要坚持依宪治国,坚持依法执政首先要坚持依宪执政,坚持宪法确定的中国共产党领导地位不动摇,坚持宪法确定的人民民主专政的国体和人民代表大会制度的政体不动摇。

2.法律

法律是指由全国人民代表大会及其常务委员会颁布的规范性法律文件,其地位和效力仅次于宪法。法律分为基本法律和一般法律(非基本法律、专门法)两类。基本法律是由全国人民代表大会制定的调整国家和社会生活中带有普遍性的社会关系的规范性法律文件的统称,如刑法、民法、诉讼法以及有关国家机构的组织法等基本法律。一般法律是由全国人民代表大会常务委员会制定的调整国家和社会生活中某种具体社会关系或其中某一方面内容的规范性文件的统称,其调整范围比基本法律调整的范围小,内容较具体,如商标法、专利法、产品质量法、土地管理法等。

3.行政法规

行政法规是由最高国家行政机关国务院在法定职权范围内为实施宪法和法律而制定、发布的规范性文件。行政法规通常冠以条例、办法、规定等名称。

4.地方性法规

省、自治区、直辖市的人民代表大会及其常务委员会,在不同宪法、法律、行政法规相抵触的前提下,可以制定地方性法规,报全国人民代表大会常务委员会备案。

设区的市的人民代表大会及其常务委员会,在不同宪法、法律、行政法规和本省、自治区的地方性法规相抵触的前提下,可以依照法律规定制定地方性法规,报省、自治区人民代表大会常务委员会批准后施行。

5.自治条例和单行条例

自治条例和单行条例是民族区域自治地方的人民代表大会依照法定的自治权,在其职权范围内制定的、带有民族区域自治特点的规范性法律文件。自治区的自治条例和单行条例,报全国人民代表大会常务委员会批准后生效。

6.规章

规章是法律、行政法规的补充,包括部门规章和地方政府规章。

(1)部门规章。部门规章是指国务院各部、委员会、中国人民银行、审计署和具有行政管理职能的直属机构以及法律规定的机构,根据法律和国务院的行政法规、决定、命令,在本部门的职权范围内制定的规章。如财政部颁布的《会计从业资格管理办法》、中国人民银行颁布的《贷款通则》等。

(2)地方政府规章。地方政府规章是指省、自治区、直辖市和设区的市、自治州的人民政府,根据法律、行政法规和本省、自治区、直辖市的地方性法规制定的规章,其种类繁多。

7.特别行政区的法

全国人民代表大会制定的特别行政区基本法以及特别行政区依法制定并报全国人民代表大会常务委员会备案的、在该特别行政区内有效的规范性法律文件,属于特别行政区的法。

香港、澳门特别行政区实施的法律,包括与基本法不相抵触的原有法律,是我国法的一部分,是我国法的一种特殊形式。

8.国际条约

国际条约是指两个或者两个以上国家之间规定相互间权利和义务的各种协定。我国缔结和加入的国际条约对于我国的国家机关、社会组织和公民都具有法律约束力。因此,这些条约也是我国法的形式之一。

【例 1-2】 行政法规的制定部门是( )。

A.国务院部委　　　　　　　　B.国务院直属机构
C.全国人民代表大会　　　　　D.国务院

【解析】 答案 D。行政法规是最高国家行政机关国务院制定的、有关国家行政管理方面的规范性文件。

【例 1-3】 在我国,最高人民法院的判例也是法的渊源之一。请分析此观点是否正确。

【解析】 我国不实行判例制度,最高人民法院所做的判决只是针对特定人制定的法律文件,不能作为法的渊源,所以该观点是错误的。我国的法律渊源主要表现为各种制定法,包括宪法、法律、行政法规、地方性法规、特别行政区的法、规章以及我国缔结或加入并生效的国际条约等。在我国,只有国家机关依照法定权限和程序制定的具有普遍约束力的规范性法律文件才是法的渊源。

(二)法的一般分类

1.根本法与普通法

这是根据法的内容、效力和制定程序所进行的分类。根本法就是宪法,宪法规定国家制度和社会制度的基本原则,具有最高的法律效力;普通法是指宪法以外的其他法律,规定国家的某项制度或者调整国家某一方面的社会关系,它的法律地位要低于宪法。

2.一般法与特别法

这是根据法的空间效力、时间效力或对人的效力所进行的分类。一般法是指在一国领域内对一般自然人、法人、组织和一般事项都普遍适用的法律;特别法是指针对特定人、特定事、特定地区和特定时间有效的法律。

> ⚠ **特别提示 1-2**　一般法和特别法的划分是相对的。

3.实体法与程序法

这是根据法的内容所做的分类。实体法是指具体规定法律主体的权利和义务的法律;程序法是指为保障法律主体的权利和义务的实现而制定的关于程序方面的法律。

4.成文法与不成文法

这是根据法的创制方式和发布形式所进行的分类。成文法又称制定法,是由特定国家机关制定和公布、以文字形式表现的法;不成文法是指由国家认可的不具有文字表现形式的法,主要是习惯法,不成文法还包括同制定法相对应的判例法,即由法院通过判决所确定的判例和先例。

5.国内法与国际法

这是根据法的主体、调整对象和渊源所进行的分类。国内法是指由特定国家创制并适用于本国主权所及范围内的法律;国际法是指由参加国际关系的国家通过协议制定的或者公认的并适用于国家之间的法律。

三、经济法的概念和特征

(一)经济法的概念

我国的经济法是指调整国家在调控社会经济运行、管理社会经济活动的过程中,在政府机关与市场主体之间发生的经济关系的法律规范的总称。经济法是国家干预或管理社会经济活动的法律表现,是我国法律体系中的一个重要的、独立的部门法。

(二)经济法的特征

经济法作为市场经济法律体系的重要组成部分,自然具有法的一般特征。同时,经济法作为我国市场经济法律体系中的一个独立的部门法必然具有自身特征。

1.经济性

经济法的经济性是指经济法直接调整经济关系,与一个国家的经济生活联系最紧密。改革开放以来,为适应我国市场经济发展的需要,一系列规范经济生活的法律法规相继出台,市场经济秩序得以初步建立。

2.干预性

经济法是国家对市场的干预之法,强调国家的意志,因此与强调个体意志的民法有明显的区别。

3.综合性

经济法的综合性是指经济法调整手段的综合性。经济法用行政、民事、经济等多种方法调整经济生活。经济法的综合性表明该法充分吸收了其他部门法的调整方法和手段,使之发展到一个更高的层次。

4.社会性

经济法的社会性是指经济法注重保护社会利益,协调国家和个体利益,因此经济法是社会本位,是"社会法"的代表。民法是个体本位,行政法是国家本位。经济法的社会本位是经济法特征的集中表现。

5.表现形式的单行法性

经济法是由许多调整经济生活的单行法律法规组成的,这些单行法律法规涉及经济生活的各个方面。而民法和刑法则是以法典化形式表现的。经济法的单行法性使经济法具有更大的灵活性和适应性。

四、经济法的调整对象

经济法是调整国家在协调经济运行过程中发生的经济关系的法律规范的总称。经济法的概念是对经济法调整对象的科学概括和总结。经济法调整对象具体可以概括为以下四个方面:

(一)企业组织管理关系

市场主体是市场经济最基本的要素,企业是最主要的市场主体。国家为了协调经济运行,对企业的设立、变更和终止,企业内部机构的设置及其职权,企业的财务、会计管理等进行必要的干预。在企业的设立、变更和终止过程中发生的经济管理关系和在企业内部管理过程中发生的经济管理关系,简称企业组织管理关系。《中华人民共和国公司法》《中华人民共和国合伙企业法》等属于市场主体法律制度。

(二)市场管理关系

市场经济鼓励自由竞争,但自由竞争常会伴有不正当竞争且容易滋生垄断,这会损害消费者的权益,并破坏市场经济的健康发展,因此国家必须依法管理和协调市场经济秩序。在市场管理过程中发生的经济关系,简称市场管理关系。《中华人民共和国产品质量法》《中华人民共和国反不正当竞争法》《中华人民共和国消费者权益保护法》等属于市场秩序法律制度。

(三)宏观调控关系

计划经济以微观调控为主,市场经济以宏观调控为主,同时自由竞争所带来的负面效应也要求国家加强宏观调控。在宏观调控过程中发生的经济关系,简称宏观调控关系。《中华人民共和国税法》《中华人民共和国中国人民银行法》《中华人民共和国会计法》等属于宏观调控法律制度。

(四)社会保障关系

要实行社会主义市场经济,必须建立多层次的社会保障体系。在社会保障过程中发生的经济关系,简称社会保障关系。《中华人民共和国保险法》《中华人民共和国优抚安置法》等属于社会保障法律制度。

【例1-4】 经济法的调整对象包括( )。
A.市场主体调控关系　　　　　　　　B.市场运行调控关系

C.宏观调控关系　　　　　　　　D.劳动和社会保障关系

【解析】　答案 ABCD。经济法调整四大关系,即企业组织管理关系、市场管理关系、宏观调控关系、社会保障关系。

第二节　经济法律关系

一、经济法律关系的概念和特征

(一)经济法律关系的概念

经济法律关系是指经济关系为经济法律规范调整时形成的,由国家强制力保证其存在和运行的经济权利与经济义务相统一的关系。

(二)经济法律关系的特征

1.由经济法律规范确认

经济法律关系由经济法律规范确认,这是经济法律关系与其他法律关系的不同之处。没有经济法律规范的存在,就不会有经济法律关系的产生。

2.具有意志性

经济法律关系是具有意志性的社会关系,这是它不同于作为经济法调整对象的经济管理关系的一个重要特征。在经济法律关系形成和实现的过程中,国家意志是主导的,但它和经济法律关系参加者的意志是相互联系的。

3.独具社会公共经济管理性

经济法律关系与其他法律关系的一个最重要的区别,就在于经济法律关系具有社会公共的经济管理性质。经济法律关系作为法律关系的一种,它的特性也取决于经济法所调整的社会关系本身的性质。

4.由国家强制力保证实现

经济法律关系是由国家强制力保证实现的。

【例1-5】　以下属于经济法律关系的是(　　)。
A.企业承包经营责任制合同关系
B.商业银行向央行提交存款准备金从而形成的法律关系
C.甲企业冒用乙企业的产品商标从而形成的法律关系
D.甲企业协议收购乙企业的合同关系

【解析】　答案 ABC。甲企业协议收购乙企业的合同关系属于民事法律关系,因此 D 选项错误。

二、经济法律关系的构成要素

经济法律关系是由经济法律关系的主体、经济法律关系的客体和经济法律关系的内容三个要素构成的,三个要素在经济法律关系构成中必须同时具备,缺一不可。

(一)经济法律关系的主体

经济法律关系的主体简称经济法主体,是指参与经济法律关系、依法独立享有经济权利并承担经济义务的当事人。

经济法律关系的主体的范围非常广泛,主要包括:

1.国家机关

(1)国家权力机关。国家权力机关是指全国人民代表大会及其常务委员会,以及地方各级人民代表大会及其常务委员会。它们主要在计划法律关系、财政法律关系以及在行使决策、审批和监督等职能活动所发生的法律关系中,作为经济法主体出现。

(2)经济管理机关。经济管理机关主要包括国务院及其各部委、地方各级人民政府及其组成部门。经济管理机关在参与宏观经济管理活动中,成为经济法律关系的重要主体。

2.社会组织

社会组织是指企业、事业单位、社会团体、农村集体经济组织等。社会组织是经济法主体中最广泛、最基本的一类。

(1)企业。企业是指依法设立的、以营利为目的、从事生产经营和服务活动的独立核算的经济组织,包括各类法人企业、公司及其他非法人企业。企业是重要的经济法主体。

(2)事业单位。事业单位是由国家财政预算拨款或其他资金来源设立的,不以营利为目的的从事文化、教育、科研、卫生等事业的单位,如学校、医院、科研院所等。

(3)社会团体。社会团体是由公民或组织依法自愿组成的从事公益事业、党团事务、行业管理和服务等社会活动的社会组织,包括党团组织、工会、妇联、行业性、职业性协会及公益性、学术性团体等。

(4)农村集体经济组织。农村集体经济组织是指为了实现一定的经济目标和任务而从事农业生产经营活动的单位或群体。

3.内部组织

内部组织是指企业、公司和其他经济组织的内部单位。并非所有的内部组织都可成为经济法主体,只有在实行经济责任制、内部承包制的企业中,才可能拥有所谓的具有相对独立地位、独立利益的内部组织。

4.自然人

自然人作为经济法主体,主要是指依法批准参加某种经济活动的个体工商户和农村经济专业户、承包户、个人合伙等。

5.国家

国家主要是通过有关国家经济管理机关、国家投资公司和国有企业,对全民所有制的财产分别进行管理和经营。在一般情况下,国家不作为经济法主体出现,只是在特殊情况下,如以政府名义与外国签订贸易协定或发行国家债券等,才以经济法主体的身份出现。

【例1-6】 以下可以成为经济法主体的是(   )。

A.企业　　　　　　B.供销合作社　　　　C.国家机关　　　　D.个体工商户

【解析】 答案 ABCD。经济法主体是指参与经济法律关系、依法独立享有经济权利并承担经济义务的当事人。企业、供销合作社、国家机关、个体工商户在一定条件下都可以成为经济法律关系的主体。

(二)经济法律关系的客体

经济法律关系的客体是指经济法律关系的主体的经济权利和经济义务共同指向的对象。

经济法律关系的客体可分为物、行为和非物质财富等。

1.物

物是指能够满足人们需要,具有一定的稀缺性,并能为人们支配和控制的各种物质资源。物可以是自然物,如土地、矿藏、水流、森林;也可以是人造物,如机器、建筑、各种产品等;还可以是财产物品的一般价值表现形式——货币及有价证券。物可以有固定形态,也可以没有固定形态,如电力、天然气等。

【例 1-7】 下列各项中,可以作为经济法律关系客体的是( )。

A.阳光　　　　　B.空气　　　　　C.债权　　　　　D.房屋

【解析】 答案 CD。能够成为经济法律关系客体的物必须是人们能够控制的、具有使用价值和价值的物质资料,所以 A、B 不能成为经济法律关系的客体。

2.行为

行为是指经济法律关系的主体为实现经济权利、履行经济义务所进行的活动,包括完成一定的工作或提供一定的劳务。

(1)完成一定的工作是指能够取得某种具体成果的工作。经济法律关系的主体的一方利用自己的资金、技术和设备为另一方主体完成一定的工作,另一方主体根据工作的质量和数量支付一定的报酬。如勘察、基建工程等。

(2)提供一定的劳务是指能够取得某种具体结果的劳务。经济法律关系的主体的一方利用自己的设施与条件为另一方主体提供一定的劳务,另一方主体支付一定的酬金。如货物运输、物资保管等。

【例 1-8】 甲、乙订立一份钢材运输合同,请指出因合同的订立而产生的经济法律关系的客体。

【解析】 客体是运输行为,即提供一定的劳务。

> ⚠ **特别提示 1-3** 债权本质上是特定人之间请求为一定行为或不为一定行为的关系,所以债权的客体都是行为。

3.非物质财富

非物质财富包括知识产品和道德产品。知识产品又称智力成果,是指人的脑力劳动成果。作为经济法律关系客体的智力成果虽然不具有直接的物质形态,但都是可以创造物质财富、提供经济效益的脑力劳动成果。

(1)智力成果种类很多,主要有著作、商标、专利、专有技术、技术改进方案、生产经营标识等。

(2)道德产品是指人们在各种社会活动中所取得的非物化的道德价值,如荣誉称号、嘉奖表彰等,它们是公民、法人荣誉权的客体。

4.信息、数据、网络虚拟财产

作为法律关系客体的信息,是指有价值的情报或资讯,如国家机密、产业情报、矿业情报、商业秘密、个人隐私等。随着互联网的扩展和数码存储技术的发展,信息在法律关系客体中的地位愈加突出。《民法典》第一百二十七条明确规定了数据、网络虚拟财产的财产属性,也说明数据、网络虚拟财产可以成为法律关系的客体。

(三)经济法律关系的内容

经济法律关系的内容是指经济法律关系的主体享有的经济权利和承担的经济义务。经济权利与经济义务相依而存,具有相对性、对等性。

1.经济权利

经济权利是指经济法律关系的主体依法能够作为或不作为一定行为,以及要求他人作为或不作为一定行为的资格。经济权利主要有:

(1)经济职权。经济职权是指国家机关及其工作人员在依法行使经济管理与协调职能时所享有的权利,它是国家调整和干预社会经济生活的主要依据。经济职权主要包括决策权、审批权、确认权、协调权和监督权等。

(2)财产所有权。财产所有权包括占有、使用、收益和处分四项权能。

(3)经营管理权。经营管理权是经济组织对所有人授予其经营管理的财产所享有的处置权及由此所产生的管理权,是经济组织最核心的权利。经营管理权既包括生产经营决策权、资产使用权等财产经营权,也包括人事制度、内部机构设置等管理职权。

(4)债权。债权包括合同之债、不当得利之债、无因管理之债和侵权行为之债。

2.经济义务

经济义务是指法律规定经济法律关系的主体必须履行的某种经济责任,表现为经济法主体必须作出一定的行为或被禁止作出一定的行为。

三、经济法律关系的产生、变更和终止

经济法律关系的产生是指由于一定的客观情况的出现,使特定的经济法律关系主体之间形成某种经济权利与经济义务关系。

经济法律关系的变更是指原有的经济法律关系中部分或全部要素发生改变。

经济法律关系的终止是指经济法律关系的主体之间已有的经济权利与经济义务关系消失。

经济法律关系的产生、变更和终止需要有经济法律事实的存在。所谓经济法律事实,是指能够引起经济法律关系产生、变更和终止的客观情况。经济法律事实可以依照其发生与当事人的意志有无关系,分为行为和事件两类。

1.行为

行为是指当事人的有意识的活动,分为合法行为和违法行为。

(1)合法行为是指符合法律规范的行为,包括经济管理行为、经济法律行为和经济司法行为。

(2)违法行为是指违反法律规定的行为或法律所禁止的行为。它不能产生行为人所预期的法律后果,但可能产生其他法律后果,也会引起相应的经济法律关系产生、变更或终止。违法行为是行为人承担法律责任的依据。

2.法律事件

法律事件是指不以当事人主观意志为转移的,能够引起法律关系发生变更、消灭的法定情况或现象。法律事件包括自然现象和社会现象引起的事实。

(1)自然现象引起的事实又称绝对事件,如自然灾害等。

(2)社会现象引起的事实又称相对事件。相对事件虽由人的行为引起,但其出现在特定经济法律关系中,并且不以当事人的意志为转移,如因战争导致合同解除等。

第三节　相关的民事法律制度

一、法人制度

《中华人民共和国民法典》(以下简称《民法典》)第一编第三章对法人制度做了具体规定。

(一)法人和法人制度的概念

1.法人的概念

法人是指具有民事权利能力和民事行为能力,依法独立享有民事权利和承担民事义务的组织。法人的本质是国家对一定的社会组织赋予法律上的人格,即人格化的法律组织。

2.法人制度的概念

法人制度是指法律赋予符合条件的团体以法律人格,使团体的人格与成员的人格独立开来,从而使这些团体成为独立的民事主体。法人制度是近现代民事制度中重要的法律制度。

> ⚠ **特别提示 1-4**　注意法人和法人机关的关系。法人机关是法人内部结构的一个重要组成部分,法人机关行为本身就是法人的行为。

(二)法人的分类

我国《民法典》将法人分为以下三大类:

1.营利法人

以取得利润并分配给股东等出资人为目的成立的法人,为营利法人。营利法人包括有限责任公司、股份有限公司和其他企业法人等。

> ⚠ **特别提示 1-5**　法律所指营利,是指积极的营利并将其所得利益分配给其成员。

法条链接：
《民法典》第十七条规定:"十八周岁以上的自然人为成年人。不满十八周岁的自然人为未成年人。"

法条链接：
《民法典》第十八条规定:"成年人为完全民事行为能力人,可以独立实施民事法律行为。

十六周岁以上的未成年人,以自己的劳动收入为主要生活来源的,视为完全民事行为能力人。"

2.非营利法人

为公益目的或者其他非营利目的成立,不向出资人、设立人或者会员分配所取得利润的法人,为非营利法人。

非营利法人包括事业单位、社会团体、基金会、社会服务机构、宗教活动场所法人等。

【例1-9】 下列关于法人的表述正确的有( )

A.有限责任公司和股份有限公司是营利法人

B.事业单位是机关法人

C.社会团体法人经登记才具有法人资格

D.合伙企业不具备法人资格

【解析】 答案AD。事业单位是非营利法人。社会团体法人依法不需要登记的,从成立之日起,具有社会团体法人资格,合伙企业是非法人组织。

3.特别法人

机关法人、农村集体经济组织法人、城镇农村的合作经济组织法人、基层群众性自治组织法人,为特别法人。

居民委员会、村民委员会具有基层群众性自治组织法人资格,可以从事为履行职能所需要的民事活动。

未设立村集体经济组织的,村民委员会可以依法代行村集体经济组织的职能。

⚠ **特别提示1-6** 基金会,是指利用自然人、法人或者其他组织捐赠的财产,以从事公益事业为目的,按照规定成立的非营利法人。

(三)非法人组织

非法人组织是不具有法人资格,但是能够依法以自己的名义从事民事活动的组织。

非法人组织包括个人独资企业、合伙企业、不具有法人资格的专业服务机构等。

非法人组织应当依照法律的规定登记。设立非法人组织,法律、行政法规规定须经有关机关批准的,依照其规定。

非法人组织的财产不足以清偿债务的,其出资人或者设立人承担无限责任。法律另有规定的,依照其规定。

非法人组织可以确定一人或者数人代表该组织从事民事活动。

(四)法人应当具备的条件

社会组织要取得法人资格必须具备法定条件:

1.依法成立

法人应当依照法律规定的条件和程序设立。

2. 有必要的财产或经费

由于法人是自主经营、独立核算的组织,它必须具有可供独立支配的财产作为物质基础,以便开展业务活动,并为清偿债务提供可靠保证。

3. 有自己的名称、组织机构和住所

法人的名称即法人的字号或商号。经登记注册的名称享有专用权。法人的组织机构、职能、权限等都要用章程、条例固定下来。法人以它的主要办事机构所在地为其住所。

4. 能够独立承担民事责任

法人是独立的民事主体,可以独立地享有民事权利和承担民事义务,也应负独立的民事责任,可以独立地起诉或应诉。

【例1-10】 下列具有法人资格的是(　　)。
A. 啤酒厂的生产车间
B. 尚未领取营业执照的公司
C. 工厂的厂长
D. 新奇服装有限公司

【解析】 答案D。A是企业的内部机构;B未依法成立;C是法定代表人。

法条链接:
《民法典》第六十三条规定:"法人以其主要办事机构所在地为住所。依法需要办理法人登记的,应当将主要办事机构所在地登记为住所。"

(五)法人的设立、变更和终止

1. 法人的设立

法人的设立一般有两种方式:

(1)通过国家机关核准登记设立。如企业自领取营业执照之日起取得法人资格。

(2)根据法律或行政命令设立。这种程序适用于事业单位、团体法人。

法人可以设立分支机构。法律、行政法规规定分支机构应当登记的,依照其规定。

2. 法人的变更

法人的变更是指法人在其存续期间和活动过程中因各种原因而发生的组织变更以及活动宗旨和业务范围的变化。

组织变更是指法人的合并和分立。如一个公司分成两个公司,或由两个公司合并成一个公司;活动宗旨和业务范围的变化,包括法人的名称和住所发生变更。这些变更有的影响法人的民事权利能力和民事行为能力;有的涉及法人的财产关系的性质,如所有制关系的变化;有的导致原法人的消灭或新法人的产生。

> ⚠ **特别提示1-7** 法人变更涉及分立与合并以及法人其他事项的重大变更。

法人分立、合并或其他主要事项变更,应当向原登记机关办理变更登记并公告,否则,法人擅自变更有关事项,不产生效力,且须对由此给利害关系人造成的损害承担民事责任。法人发生了分立、合并,原法人的权

法条链接:
《民法典》第七十五条规定:"设立人为设立法人从事的民事活动,其法律后果由法人承受;法人未成立的,其法律后果由设立人承受,设立人为二人以上的,享有连带债权,承担连带债务。

设立人为设立法人以自己的名义从事民事活动产生的民事责任,第三人有权选择请求法人或者设立人承担。"

利、义务由变更后的法人享有和承担。

3.法人的终止

法人的终止是指在法律上终止法人的资格。有下列原因之一并依法完成清算、注销登记的,法人终止:

(1)法人解散。

(2)法人被宣告破产。

(3)法律规定的其他原因。

法人终止,法律、行政法规规定须经有关机关批准的,依照其规定。

法人解散的情形

⚠ **特别提示 1-8** 法人终止,应当依法进行清算,并停止清算范围外的活动;应当向登记机关办理注销登记。

二、代理制度

《民法典》第一编第七章对代理法律制度做了具体规定。

(一)代理的概念

代理,就是代理人在代理权限内,以被代理人的名义实施的民事法律行为,其产生的法律后果由被代理人享有和承担的法律制度。代理关系的主体包括代理人、被代理人(本人)、第三人(相对人)。

代理与相关概念的区别

⚠ **特别提示 1-9** 注意代理与传达、代理与代表、代理与行纪的区别。

民事主体可以通过代理人实施民事法律行为。

依照法律规定,当事人约定或者民事法律行为的性质,应当由本人亲自实施的民事法律行为,不得代理,如订立遗嘱、婚姻登记、收养子女等。本人未亲自实施的,应该认定行为无效。

【例 1-11】 根据我国民事法律制度的规定,下列行为中,可以由他人代理实施的是( )。

A.签订房屋买卖合同　　B.签订收养子女协议

C.订立遗嘱　　　　　　D.婚姻登记

【解析】 答案 A。依照法律规定或按照双方当事人约定,应当由本人实施的民事法律行为,不得代理,如订立遗嘱、婚姻登记、收养子女等。

(二)代理的种类

根据《民法典》的规定,代理分为委托代理和法定代理两种。

1.委托代理

委托代理是指代理人根据被代理人的授权委托而进行的代理。被代

法条链接:
《民法典》第一百六十五条规定:"委托代理授权采用书面形式的,授权委托书应当载明代理人的姓名或者名称、代理事项、权限和期限,并由被代理人签名或者盖章。"

法条链接:
《民法典》第一百六十六条规定:"数人为同一代理事项的代理人的,应当共同行使代理权,但是当事人另有约定的除外。"

理人把委托的意思表示,用法定形式将代理权授予代理人的行为称为授权行为。被代理人授权,代理人接受授权,代理人即取得了代理权。这种代理关系,通常采取订立委托合同的形式,明确双方的权利和义务。

> ⚠️ **特别提示1-10** 授予代理权行为是以发生代理权为目的的单方行为。

2.法定代理

法定代理是指根据法律的直接规定而产生的代理。这是为无民事行为能力人和限制民事行为能力人所设定的一项制度。法律根据代理人与被代理人之间的血缘关系、婚姻关系或组织关系直接确定代理人。《民法总则》规定,无民事行为能力人和限制民事行为能力人的监护人是其法定代理人。

【例1-12】 下列行为中,不属于代理的是( )。
A.甲有朋自远方来,甲不在,乙代甲招待甲之客人的行为
B.甲为公司的董事长,甲以该公司的名义与乙公司签订合同的行为
C.甲为贸易货栈,将乙委托给自己出卖的自行车以自己的名义出卖给丙的行为
D.甲将邮局转来的给乙董事长的信件送给乙董事长的行为
【解析】 答案 ABCD。A 中乙的行为是道义行为,不具有法律意义;B 中甲的行为是代表行为;C 为行纪行为;D 为传达行为。

(三)代理关系的终止

代理关系依据一定的法律事实而发生,同时也依据一定的法律事实而终止。

1.委托代理终止

《民法典》第一百七十三条规定,有下列情形之一的,委托代理终止:
(1)代理期限届满或者代理事务完成;
(2)被代理人取消委托或者代理人辞去委托;
(3)代理人丧失民事行为能力;
(4)代理人或者被代理人死亡;
(5)作为代理人或者被代理人的法人、非法人组织终止。

被代理人死亡后,有下列情形之一的,委托代理人实施的代理行为有效:
(1)代理人不知道且不应当知道被代理人死亡;
(2)被代理人的继承人予以承认;
(3)授权中明确代理权在代理事务完成时终止;
(4)被代理人死亡前已经实施,为了被代理人的继承人的利益继续代理。

作为被代理人的法人、非法人组织终止的,参照适用上述规定。

2.法定代理终止

《民法典》第一百七十五条规定,有下列情形之一的,法定代理终止:

法条链接:
《民法典》第十九条规定:"八周岁以上的未成年人为限制民事行为能力人,实施民事法律行为由其法定代理人代理或者经其法定代理人同意、追认;但是,可以独立实施纯获利益的民事法律行为或者与其年龄、智力相适应的民事法律行为。"

法条链接:
《民法典》第二十条规定:"不满八周岁的未成年人为无民事行为能力人,由其法定代理人代理实施民事法律行为。"

(1)被代理人取得或者恢复完全民事行为能力;
(2)代理人丧失民事行为能力;
(3)代理人或者被代理人死亡;
(4)法律规定的其他情形。

(四)代理权的滥用、无权代理和表见代理

1. 代理权的滥用

代理权的滥用是指代理人利用享有代理的方便条件去损害被代理人的利益。滥用代理权主要有以下三种情况:

(1)利用被代理人的名义与代理人自己进行民事活动,损害被代理人的利益。
(2)代理人同时代理当事人双方进行同一项民事活动。
(3)代理人和第三人恶意串通损害被代理人的利益而进行民事活动。

代理人滥用代理权,给被代理人及他人造成损失的,应当承担相应的赔偿责任。代理人和第三人串通,损害被代理人的利益的,由代理人和第三人承担连带责任。

2. 无权代理

无权代理是指行为人没有代理权,而以他人名义进行的代理行为。

无权代理表现为三种形式:

(1)没有代理权而实施的代理;
(2)超越代理权而实施的代理;
(3)代理权终止后而实施的代理。

行为人没有代理权、超越代理权或者代理权终止后,仍然实施代理行为,未经被代理人追认的,对被代理人不发生效力。

相对人可以催告被代理人自收到通知之日起三十日内予以追认。被代理人未作表示的,视为拒绝追认。行为人实施的行为被追认前,善意相对人有撤销的权利。撤销应当以通知的方式作出。

行为人实施的行为未被追认的,善意相对人有权请求行为人履行债务或者就其受到的损害请求行为人赔偿。但是,赔偿的范围不得超过被代理人追认时相对人所能获得的利益。相对人知道或者应当知道行为人无权代理的,相对人和行为人按照各自的过错承担责任。

3. 表见代理

表见代理是指代理人虽不具有代理权,但具有代理关系的某些表面要件,这些表面要件足以使无过错的第三人相信其具有代理权,从而使该行为发生与有权代理相同的法律后果。

表见代理对于本人来说,产生与有权代理一样的效果。

> ⚠️ **特别提示 1-11** 在实践中,客观上有使相对人相信无权代理人具有代理权的情形,通常表现为:合同签订人持有被代理人的介绍信或盖有印章的空白合同书,使得相对人相信其有代理权;合同签订人此前曾被授予代理权,且代理期限尚未结束,但实施代理行为时,代理权已经终止。

第四节 经济法律责任

一、经济法律责任的概念

经济法律责任是指因经济法主体实施了违反经济法律法规的行为而应承担的法律后果,即经济法律关系的主体在违反经济义务时所应当承担的法律后果。

二、承担经济法律责任的原则

(一)过错责任原则

过错责任原则是我国经济法确认的、在追究违法主体的经济法律责任时普遍适用的一项原则。其适用应具备以下条件:

1.须有经济违法行为

经济违法行为是指经济法律关系的主体所为的拒不履行和不适当履行法定经济义务的行为。经济违法行为既可以表现为违法主体以积极的行为违反了经济法所规定的不作为义务,也可以表现为违法主体以消极的不作为违反了经济法所规定的作为义务。

2.行为人须有过错

过错是指行为人在实施经济违法行为时,主观上持有故意或过失的心理状态。

3.须有损害或危害的事实

违法行为是否造成了危害经济管理秩序或损害他人利益的事实,在具体确定经济法律责任时,也是一个不可忽视的条件。特别是在确定违法主体应负何种责任、对违法主体应予何种制裁时,有无危害事实以及危害程度、危害性质等客观情况,都具有特别重要的意义。

4.违法行为与危害事实之间须存在必然因果联系

如果违法行为与危害事实之间没有必然因果联系,就不能让行为人对该损害承担责任。

(二)无过错责任原则

无过错责任原则是指在有法律直接规定的情况下,无论行为人有无过错都要对损害事实承担责任的原则。

无过错责任原则是承担经济法律责任的特殊原则。所谓特殊,是指这种原则只有在特定情况下,有经济法律的明确规定,才能适用。

三、经济法律责任的形式

(一)民事责任

民事责任是指经济法主体违反民事法律法规依法应承担的民事法律后果。承担民事责任的主要方式有:停止侵害、排除妨碍和消除危险;返还财产、恢复原状以及修理、重做和更换;赔偿损失、支付违约金;消除影响、恢复名誉。

【例 1-13】 下列各项中,属于民事责任的形式有(   )。
A.赔偿损失　　　B.警告　　　C.没收违法所得　　　D.返还财产
【解析】 答案 AD。警告、没收违法所得属于行政责任形式。

(二)行政责任

行政责任是指国家有关行政机关对违反经济法律法规的单位和个人依照行政程序而给予的行政制裁,包括行政处罚和行政处分。为了进一步规范行政执法,二十大报告明确提出要深化行政执法体制改革,全面推进严格规范公正文明执法,加大关系群众切身利益的重点领域执法力度,完善行政执法程序,健全行政裁量基准。行政处罚的种类有:警告、通报批评;罚款、没收违法所得、没收非法财物;暂扣许可证件、降低资质等级、吊销许可证件;限制开展生产经营活动、责令停产停业、责令关闭、限制从业;行政拘留;法律、行政法规规定的其他行政处罚。行政处分是对违反法律法规的国家机关工作人员或被授权委托的执法人员所实施的内部制裁措施。行政处分的种类有:警告、记过、记大过、降级、撤职、开除等。

代驾车辆肇事责任
应该由谁来承担

(三)刑事责任

刑事责任是指违反经济法律、情节严重、构成犯罪的行为,依法给予刑事制裁。根据《中华人民共和国刑法》的规定,刑罚分为主刑和附加刑。主刑包括:管制、拘役、有期徒刑、无期徒刑、死刑。附加刑包括:罚金、剥夺政治权利、没收财产。主刑独立适用,附加刑可以独立或附加适用。

【例 1-14】 下列法律责任形式中,不属于刑事责任的有(   )。
A.警告　　　　　B.没收财产　　　　C.暂扣许可证件　　　　D.罚款
【解析】 答案 ACD。警告、暂扣许可证件、罚款属于行政责任形式。

课后思考题

1.什么是经济法?经济法有哪些特征?
2.简述经济法的调整对象。
3.简述经济法律关系及其构成。
4.《民法典》是如何对法人进行分类的?法人应当具备哪些条件?
5.简述代理及其法律特征。

课后案例

【背景资料】 A 商场何经理派采购员陆某采购 50 台电风扇,单价在 300 元以内。陆某便以 A 商场的名义与 B 电器公司签订了单价为 285 元、数量为 50 台的电风扇买卖合同。B 电器公司按期供货,何经理以价格高为由拒绝收货。

【问题】

1.何经理能否拒绝收货?为什么?
2.若 B 电器公司同时委托陆某代为推广该公司的电风扇,何经理可否拒绝收货?为什么?
3.若 B 电器公司是陆某个人投资设立的,何经理可否拒绝收货?为什么?

同步训练

第二章 个人独资企业法

内容提示

1. 个人独资企业的概念和特征
2. 个人独资企业的设立
3. 个人独资企业的投资人及事务管理
4. 个人独资企业的变更、解散与清算

学习目标

★ 知识目标

1. 掌握个人独资企业的设立条件、投资人的权利与责任、企业的事务管理。
2. 了解个人独资企业的特征、解散的事由、清算办法。

★ 能力目标

1. 依法独立组建个人独资企业的创业能力。
2. 运用法律处理个人独资企业设立、变更、终止及经营过程中涉及的事项。

★ 素养目标

1. 树立人生目标、解决"青春之问",培养积极进取的人生态度,反对享乐主义,将自我实现和社会贡献相统一,创造有意义的人生。
2. 通过个人独资企业经营管理中的"诚实信用"原则,培养爱国、敬业、诚信、友善的社会主义核心价值观。

课前案例导入

【背景资料】 某个人独资企业前几年由投资人王某自行经营,盈利1 000万元。后因投资人王某出国,便委托李某管理企业。由于李某不善经营,企业连年亏损,现欠债1 500万元。企业很难再维持下去,故而王某准备解散该企业。

【问题】
1. 王某可否决定解散该企业?
2. 该个人独资企业解散应由谁清算?
3. 企业解散后的1 500万元债务应由谁承担?为什么?
4. 企业解散后的财产应按什么顺序清偿?
5. 如果该个人独资企业财产不足以清偿债务,应怎么办?

第一节 个人独资企业法概述

一、个人独资企业的概念和特征

(一)个人独资企业的概念

个人独资企业是指依照《中华人民共和国个人独资企业法》(以下简称《个人独资企业法》)的规定在中国境内设立,由一个自然人投资,财产为投资人个人所有,投资人以其个人财产对企业债务承担无限责任的经营实体。个人独资企业是我国重要的市场主体之一,二十大报告指出,支持中小微企业发展。依据我国《个人独资企业法》的规定,在个人独资企业中的中国共产党党员依照中国共产党章程进行活动。

(二)个人独资企业的特征

(1)在投资人方面。个人独资企业是由一个自然人投资设立的。这是在投资主体上与合伙企业和公司的主要区别。

(2)在产权关系和组织管理方面。个人独资企业的财产为投资人个人所有,投资人是企业财产的唯一所有者。

(3)在责任形式方面。投资人以其个人财产对企业债务承担无限责任,这是在责任形式方面个人独资企业与公司的本质区别。

(4)在法律地位方面。个人独资企业不具有法人资格。只是自然人进行商业活动的一种特殊形态。这一特点与合伙企业相同而区别于公司。

【例 2-1】 下列关于个人独资企业的表述,正确的是(   )。
A.个人独资企业的投资人可以是自然人、法人或其他组织
B.个人独资企业的投资人对企业债务承担无限责任
C.个人独资企业不能以自己的名义从事民事活动
D.个人独资企业是经营实体,具有法人资格

【解析】 答案 B。个人独资企业投资人只能是一个自然人,个人独资企业可以以自己的名义从事民事活动,个人独资企业不具有法人资格,所以,ACD 为错误选项。

二、个人独资企业法的概念和适用范围

(一)个人独资企业法的概念

个人独资企业法是调整在国家协调经济运行过程中发生的关于个人独资企业的法律关系的法律规范的总称。1999 年 8 月 30 日,第九届全国人民代表大会常务委员会第十一次会议通过了《个人独资企业法》,自 2000 年 1 月 1 日起施行。该法是我国第一部规范个人独资企业的法律。

(二)个人独资企业法的适用范围

个人独资企业法只适用于一个自然人依法设立的非法人企业,不适

法条链接:
《个人独资企业法》第一条规定:"为了规范个人独资企业的行为,保护个人独资企业投资人和债权人的合法权益,维护社会经济秩序,促进社会主义市场经济的发展,根据宪法,制定本法。"

法条链接:
《个人独资企业法》第二条规定:"本法所称个人独资企业,是指依照本法在中国境内设立,由一个自然人投资,财产为投资人个人所有,投资人以其个人财产对企业债务承担无限责任的经营实体。"

用于具有独资特点的全民所有制企业、国有独资公司和外商独资企业。

【例2-2】 既然个人独资企业和个体工商户都是由自然人出资设立的,那么个人独资企业就是个体工商户。请分析该观点是否正确?

【解析】 二者适用的法律不同;个人独资企业必须有固定经营场所和合法的企业名称,而个体工商户可以没有固定经营场所、可以不起字号名称;个体工商户的投资者和经营者是同一人,都必须是投资设立个体工商户的自然人,而个人独资企业的投资人和经营者可以不是同一人;个人独资企业可以设立分支机构,而个体工商户则不可以设立分支机构;二者适用的财务制度及税收政策不尽相同。

第二节　个人独资企业的设立

一、个人独资企业设立的条件

(1)投资人为一个自然人,且只能是中国公民。

> **⚠ 特别提示2-1** 根据法律规定,国家公务员、党政机关领导干部、警官、法官、检察官、商业银行工作人员等,不得作为投资人申请设立个人独资企业。

(2)有合法的企业名称。个人独资企业的名称中不得使用"有限责任""有限""公司"等字样,通常情况下,个人独资企业名称由"行政区划+字号+行业+厂(店、部、工作室、部门)"构成。

(3)有投资人申报的出资。《个人独资企业法》的规定对设立个人独资企业的资金数额未做限制,仅要求投资人有自己申报的出资即可,投资人申报的出资额应当与企业的生产经营规模相适应。设立个人独资企业可以用货币出资,也可以用实物、土地使用权、知识产权或其他财产权利出资。投资人可以以个人财产出资,也可以以家庭共有财产作为个人出资。以家庭共有财产作为个人出资的,投资人应当在设立或变更申请书上予以注明。

(4)有固定的生产经营场所和必要的生产经营条件。

(5)有必要的从业人员。

【例2-3】 根据我国《个人独资企业法》的规定,下列事项中,属于个人独资企业设立的必备条件的是(　　)。

A.投资人只能是具有中国国籍的一个自然人
B.必须有企业章程
C.有符合规定的法定最低注册资本
D.有企业的住所

【解析】 答案A。根据《个人独资企业法》的规定,设立个人独资企业没有章程、最低注册资本的要求,个人独资企业设立需要有生产经营场所而非住所。

法条链接:
《个人独资企业法》第七条规定:"在个人独资企业中的中国共产党党员依照中国共产党章程进行活动。"

法条链接:
《个人独资企业法》第十一条规定:"个人独资企业的名称应当与其责任形式及从事的营业相符合。"

二、个人独资企业设立的程序

(一)个人独资企业设立申请

个人独资企业的申请人是个人独资企业的投资人。投资人也可以委托其代理人向个人独资企业所在地的登记机关申请设立登记。

(二)登记机关核准登记与登记成立

登记机关应在收到设立申请文件之日起十五日内予以登记或不予登记。个人独资企业的营业执照的签发日期,为个人独资企业成立日期。在领取个人独资企业营业执照之前,投资人不得以个人独资企业名义从事经营活动。违反《个人独资企业法》规定,未领取营业执照,以个人独资企业名义从事经营活动的,责令停止经营活动,处以三千元以下的罚款。

法条链接: 《个人独资企业法》第十六条规定:"法律、行政法规禁止从事营利性活动的人,不得作为投资人申请设立个人独资企业。"

三、个人独资企业分支机构的设立

个人独资企业的分支机构是指个人独资企业在住所地以外设立的从事业务活动的办事机构。个人独资企业分支机构的设立程序与个人独资企业的设立程序大体相同。

(一)设立申请

个人独资企业欲设立分支机构的,由投资人或者其委托的代理人向分支机构所在地的登记机关申请登记,领取营业执照。

(二)登记备案

分支机构经核准登记后,应将登记情况报该分支机构隶属的个人独资企业的原登记机关备案。

(三)个人独资企业分支机构民事责任的承担

企业分支机构是企业的一部分,其民事责任应由设立该分支机构的个人独资企业承担。

第三节　个人独资企业的投资人及事务管理

一、个人独资企业的权利和义务

个人独资企业从事经营活动必须遵守法律、行政法规,遵守诚实信用原则,不得损害社会公共利益。

1.个人独资企业应当依法设置会计账簿,进行会计核算。

2.个人独资企业招用职工的,应当依法与职工签订劳动合同,保障职工的劳动安全,按时、足额发放职工工资。

3.个人独资企业应当按照国家规定参加社会保险,为职工缴纳社会保险费。

个人独资企业同时也享有法律赋予的权利,个人独资企业可以依法申请贷款、取得土地使用权,并享有法律、行政法规规定的其他权利。

> ⚠️ **特别提示 2-2**　任何单位和个人不得违反法律、行政法规的规定,以任何方式强制个人独资企业提供财力、物力、人力;对于违法强制提供财力、物力、人力的行为,个人独资企业有权拒绝。

法条链接:
《个人独资企业法》第二十二条规定:"个人独资企业招用职工的,应当依法与职工签订劳动合同,保障职工的劳动安全,按时、足额发放职工工资。"

二、个人独资企业投资人的权利和责任

个人独资企业投资人对本企业的财产享有所有权,其有关权利可以依法进行转让或继承。

个人独资企业财产不足以清偿债务的,投资人应当以其个人的其他财产予以清偿。如果个人独资企业投资人在申请企业设立登记时明确以其家庭共有财产作为个人出资的,应当依法以家庭共有财产对企业债务承担无限责任。

三、个人独资企业的事务管理

(一)个人独资企业事务管理的方式

(1)投资人有权自主选择企业事务的管理形式。个人独资企业事务管理主要有三种方式:

①自行管理,即由个人独资企业投资人本人对本企业的经营事务直接进行管理。

②委托管理,即由个人独资企业投资人委托其他具有民事行为能力的人负责企业的事务管理。

③聘任管理,即由个人独资企业投资人聘用其他具有民事行为能力的人负责企业的事务管理。

(2)委托或聘用他人管理应签订书面合同。投资人委托或者聘用他人管理个人独资企业事业,应当与受托人或者被聘用的人签订书面合同,明确委托的具体内容和授予的权利范围。投资人委托或者聘用的人员管理个人独资企业事务时违反双方订立的合同,给投资人造成损害的,应承担民事赔偿责任。

(3)投资人对受托人或者被聘用的人员职权的限制,不得对抗善意第三人。

(二)受托人或者被聘用人的义务

受托人或者被聘用人应当履行诚信、勤勉义务,按照与投资人签订的合同负责个人独资企业的事务管理。

《个人独资企业法》第二十条规定,投资人委托或者聘用的管理个人独资企业事务的人员不得有下列行为:

(1)利用职务上的便利,索取或者收受贿赂;
(2)利用职务或者工作上的便利侵占企业财产;
(3)挪用企业的资金归个人使用或者借贷给他人;
(4)擅自将企业资金以个人名义或者以他人名义开立账户储存;
(5)擅自以企业财产提供担保;
(6)未经投资人同意,从事与本企业相竞争的业务;
(7)未经投资人同意,同本企业订立合同或者进行交易;
(8)未经投资人同意,擅自将企业商标或者其他知识产权转让给他人使用;
(9)泄露本企业的商业秘密;
(10)法律、行政法规禁止的其他行为。

【例 2-4】 2023年10月1日,甲出资设立A个人独资企业。甲聘请乙管理企业事务,同时对乙的职权予以限制,规定凡乙对外签订标的额超过2万元的合同,必须经甲的同意。同年12月,乙没有经甲的同意,以A企业的名义向善意第三人丙购买价值3万元的货物。乙该行为是否有效? 为什么?

【解析】 乙该行为有效。因为根据《个人独资企业法》的规定,投资人对受托人或者被聘用的人员职权的限制,不得对抗善意第三人。

第四节 个人独资企业的变更、解散与清算

一、个人独资企业的变更

个人独资企业的变更是指个人独资企业存续期间登记事项发生的变更,如企业名称、住所、经营范围、经营期限等方面发生的改变。个人独资企业应当在作出变更决定之日起的十五日内依法向登记机关申请办理变更登记。

二、个人独资企业的解散

《个人独资企业法》第二十六条规定,个人独资企业有下列情形之一时,应当解散:

(1)投资人决定解散。只要不违反法律规定,投资人有权决定在任何时候解散个人独资企业。

(2)投资人死亡或者被宣告死亡,无继承人或者继承人决定放弃继承。在投资人死亡或者被宣告死亡的情况下,如果其继承人继承了个人独资企业,则企业可继续存在,只需办理投资人的变更登记;但若出现无继承人或全部继承人均决定放弃继承的情形,个人独资企业失去继续经营的必备条件,故应当解散。

(3)被依法吊销营业执照。这是个人独资企业解散的强制原因。被处以吊销营业执照处罚的原因包括：个人独资企业提交虚假文件，以欺骗手段取得登记，情节严重的行为；涂改、出租、转让营业执照，情节严重的行为；个人独资企业成立后无正当理由超过六个月未开业或开业后自行停业连续六个月以上的行为等。

(4)法律、行政法规规定的其他情形。

三、个人独资企业的清算

（一）清算人的产生

个人独资企业解散，由投资人自行清算或者由债权人申请人民法院指定清算人进行清算。因此，个人独资企业的清算原则上以投资人为其清算人，但经债权人申请，人民法院可指定投资人以外的人为清算人。

> ⚠ **特别提示 2-3** 要么投资人自行清算，要么债权人申请法院指定清算人。投资人的继承人无权自行清算，也无权请求法院指定清算。

（二）通知与公告程序

投资人自行清算的，应当在清算前十五日内书面通知债权人，无法通知的，应当予以公告。债权人应当在接到通知之日起三十日内，未接到通知的应当在公告之日起六十日内，向投资人申报其债权。

（三）财产清偿顺序

个人独资企业解散的，财产应当按照下列顺序清偿：所欠职工工资和社会保险费用；所欠税款；其他债务。

> ⚠ **特别提示 2-4** 个人独资企业清算时的财产清偿顺序中第一顺序并非清算费用。

个人独资企业财产不足以清偿债务的，投资人应当以其个人的其他财产予以清偿。

（四）责任消灭制度

个人独资企业解散后，原投资人对个人独资企业存续期间的债务仍应承担偿还责任，但债权人在五年内未向债务人提出偿债请求的，该责任消灭。

（五）注销登记程序

个人独资企业清算结束后，投资人或者人民法院指定的清算人应当编制清算报告，并于十五日内到原登记机关办理注销登记。注销登记一旦完成，个人独资企业即告消灭。

法条链接：《个人独资企业法》第三十一条规定："个人独资企业财产不足以清偿债务的，投资人应当以其个人的其他财产予以清偿。"

课后思考题

1. 什么是个人独资企业？其有哪些法律特征？
2. 个人独资企业的设立条件有哪些？
3. 个人独资企业事务管理的方式有哪些？
4. 关于投资人委托或聘用的管理个人独资企业事务人员的竞业禁止，法律是如何规定的？

课后案例

【背景资料】 2022年3月，银行职员甲出资5万元，拟设立个人独资企业，取名为宏远实业公司。假设该个人独资企业成立，聘请朋友乙管理企业事务，同时规定，凡是乙对外签订标的额超过1万元的合同，必须经甲同意。同年4月，乙未经过甲同意，以该个人独资企业的名义与善意第三人丙签订了购买5万元原材料的合同。2023年5月，因为企业严重亏损，甲决定解散企业。2023年10月，债权人丁要求甲偿还企业所欠货款2万元。甲以企业已经解散为由，拒绝偿还债务。

【问题】

1. 该个人独资企业设立过程中有无不合法之处？
2. 乙与丙签订的合同是否有效？为什么？
3. 甲以企业已经解散为由，拒绝偿还货款是否有法律依据？为什么？

同步训练

第三章 合伙企业法

内容提示

1. 合伙企业的概念及分类
2. 普通合伙企业
3. 有限合伙企业
4. 合伙企业的解散与清算

学习目标

★ 知识目标

1. 掌握普通合伙企业和有限合伙企业的设立、财产、事务执行、债务的清偿、入伙与退伙。
2. 了解合伙企业的概念、特征、解散及清算。

★ 能力目标

1. 依法组建合伙企业的创业能力。
2. 实践中运用法律处理合伙企业设立、变更、终止及经营过程中涉及的事项。

★ 素养目标

1. 解决"青春之问",树立正确的择业观和创业观,弘扬中国精神之伟大的奋斗精神和团结精神,奉献社会,做中华民族伟大复兴的筑梦者。
2. 通过订立合伙协议、设立合伙企业,遵循自愿、平等、公正、诚实信用原则,自觉践行社会主义核心价值观。
3. 培养遵纪守法、文明经商、诚实无欺的正确的商业道德价值取向。

课前案例导入

【背景资料】 甲、乙、丙、丁四人于2022年5月10日书面订立了一份合伙协议,约定开办一合伙企业。甲出资8万元,乙、丙各出资6万元,丁提供技术入伙折合人民币7万元。四人按出资比例分享收益,分担亏损。2022年5月25日,四人按出资比例缴清了全部出资,并经登记管理机关核准领取了营业执照。2022年11月10日,乙欲将该合伙企业自己的一部分财产份额转让给戊,甲、丁同意,但丙不同意,并表示愿意受让乙转让的那部分财产份额。因多数合伙人同意戊成为新的合伙人,于是丙提出退伙,甲、乙、丁同意。此后,企业经营状况恶化,2023年4月企业散伙,负债14万元。

【问题】
1. 该合伙关系是否成立?
2. 戊是否可以成为合伙人?
3. 乙转让财产份额的行为是否有效?
4. 若企业解散后,债权人提出偿还债务的请求,该债务应由谁承担?

第一节 合伙企业法概述

一、合伙企业的概念和分类

合伙企业是指依照《中华人民共和国合伙企业法》(以下简称《合伙企业法》)的规定,由自然人、法人和其他组织在中国境内设立的普通合伙企业和有限合伙企业。

普通合伙企业由普通合伙人组成,合伙人对合伙企业债务承担无限连带责任。

有限合伙企业由普通合伙人和有限合伙人组成,普通合伙人对合伙企业债务承担无限连带责任,有限合伙人以其认缴的出资额为限对合伙企业债务承担责任。

微课
隐名合伙

法条链接:
《合伙企业法》第一条规定:"为了规范合伙企业的行为,保护合伙企业及其合伙人、债权人的合法权益,维护社会经济秩序,促进社会主义市场经济的发展,制定本法。"

法条链接:
《合伙企业法》第二条规定:"本法所称合伙企业,是指自然人、法人和其他组织依照本法在中国境内设立的普通合伙企业和有限合伙企业。"

二、合伙企业的特征

(1)合伙协议依法由全体合伙人协商一致,以书面形式订立。

(2)合伙企业必须由全体合伙人共同出资、合伙经营,出资是每个合伙人的法定义务,也是出资人取得合伙人资格的前提。

(3)合伙人共负盈亏、共担风险,对合伙企业债务承担无限连带责任,有限合伙人除外。

(4)合伙企业是不具备法人资格的营利性经济组织。

(5)合伙企业的生产经营所得和其他所得,按照国家有关税收规定,由合伙人分别缴纳所得税。

> ⚠ **特别提示 3-1**　按照现在税收规定,合伙企业不缴纳企业所得税。为了防止合伙企业故意不分配企业利润而逃避纳税义务,《合伙企业法》第六条规定:"合伙企业的生产经营所得和其他所得,按照国家有关税收规定,由合伙人分别缴纳所得税。"

三、合伙企业法的概念和适用范围

合伙企业法是调整合伙企业的设立、运行、解散以及合伙企业内部事务管理和外部交易关系的法律规范的总称。

《合伙企业法》于1997年2月23日第八届全国人民代表大会常务委员会第二十四次会议通过,自1997年8月1日起施行。2006年第一次修订。

合伙企业法的适用范围:

(1)适用于以自然人、法人和其他组织为合伙人的企业,不包括企业法人之间的合伙型联营。

(2)适用于按照现行行政管理划分应由市场监督管理机关登记管理的企业。对于由其他行政主管部门登记管理的组织不适用该法。

(3)不具备企业形态的契约型合伙也不适用该法。

合伙企业作为民营企业的重要形式之一,是我国基本经济制度的重要组成部分,二十大报告指出优化民营企业发展环境,依法保护民营企业产权和企业家权益,促进民营经济发展壮大,这一论述将有利于保护民营经济的发展,促进民营企业发挥其对国有企业必要的、有益的补充作用。

法条链接:
《合伙企业法》第五条规定:"订立合伙协议、设立合伙企业,应当遵循自愿、平等、公平、诚实信用原则。"

第二节　普通合伙企业

一、普通合伙企业的设立

(一)普遍合伙企业的设立条件

(1)有两个以上合伙人。合伙人可以是自然人、法人或其他组织。合伙人为自然人的,应当具备完全民事行为能力。

法律、行政法规禁止从事营利性活动的人不得成为合伙人。

> ⚠ **特别提示 3-2**　我国法律规定,国有独资公司、国有企业、上市公司以及公益性的事业单位、社会团体不得成为普通合伙人。

法条链接:
《合伙企业法》第七条规定:"合伙企业及其合伙人必须遵守法律、行政法规,遵守社会公德、商业道德,承担社会责任。"

(2)有书面合伙协议。合伙协议是指两个以上合伙人签订的以各自提供资金、实物、技术,共同经营、共同劳动等为内容的合同。

合伙协议应当载明下列事项:①合伙企业的名称和主要经营场所的地点;②合伙目的和合伙企业的经营范围;③合伙人的姓名或者名称住所;④合伙人的出资方式、数额和缴付期限;⑤利润分配和亏损分担方式;⑥合伙事务的执行;⑦入伙与退伙;⑧争议解决办法;⑨合伙企业的解散与清算;⑩违约责任。

合伙协议必须采用书面形式。合伙协议经全体合伙人签名、盖章后生效。

> **特别提示3-3** 修改或者补充合伙协议,应当经全体合伙人一致同意;但是,合伙协议另有约定的除外。

(3)有各合伙人认缴或者实际缴付的出资。合伙人可以用货币、实物、知识产权、土地使用权或者其他财产权利出资,也可以用劳务等出资。

合伙人以货币、实物、知识产权、土地使用权或者其他财产权利出资,需要评估作价的,可以由全体合伙人协商确定,也可以由全体合伙人委托法定评估机构评估。

合伙人以劳务出资的,其评估办法由全体合伙人协商确定,并在合伙协议中载明合伙人应当按照合伙协议约定的出资方式、数额和缴付期限履行出资义务。

以非货币财产出资的,依照法律、行政法规的规定,需要办理财产转移手续的,应当依法办理。

> **特别提示3-4** 普通合伙企业的出资可以是任何财产的使用权出资,不强调转移出资的所有权,因为合伙企业不是法人。

(4)有合伙企业的名称和主要生产经营场所。合伙企业的名称和生产经营场所的地点应当在合伙协议中规定,并在市场监督管理部门进行登记。

合伙企业的名称中应当标明"普通合伙"字样。普通合伙企业的名称中不得出现"有限"或"有限责任"的字样。

(5)法律、行政法规规定的其他条件。

【例3-1】 甲、乙、丙拟设立一普通合伙企业,其合伙协议部分内容如下:(1)甲的出资为现金3万元和劳务作价2万元;(2)乙的出资为注册商标使用权,作价3万元,于合伙企业成立后半年内缴纳;(3)丙的出资为作价10万元的房产一栋,不办理产权转移手续;(5)合伙企业的经营期限,于合伙企业成立满2年时再协商确定。

请分析该合伙协议约定的内容是否符合《合伙企业法》的规定。

【解析】 (1)甲的出资合法。合伙人可以用货币、实物等出资,也可

法条链接:
《合伙企业法》第十七条规定:"合伙人应当按照合伙协议约定的出资方式、数额和缴付期限,履行出资义务。

以非货币财产出资的,依照法律、行政法规的规定需要办理财产转移手续的,应当依法办理。"

以用劳务出资。(2)乙的出资合法。合伙人可以先认缴出资额,等合伙企业成立后再缴付出资。(3)丙的出资不符合法律规定。非货币财产出资的,应当依法办理财产转移手续。(4)协议中未约定合伙企业经营期限,符合法定形式。合伙企业经营期限不是合伙协议中应当记载事项。

(二)普通合伙企业的设立登记

1.申请人向企业登记机关提交相关文件

申请设立合伙企业,应当向企业登记机关提交登记申请书、合伙协议书、合伙人身份证明等文件。

2.企业登记机关核发营业执照

申请人提交的登记申请材料齐全,符合法定形式,企业登记机关能够当场登记的,应予当场登记,发给营业执照。除此之外,企业登记机关应当自受理申请之日起二十日内,作出是否登记的决定。予以登记的,发给营业执照;不予登记的,应当给予书面答复,并说明理由。

合伙企业的营业执照签发日期,为合伙企业成立日期。

合伙企业在领取营业执照前,合伙人不得以合伙企业的名义从事合伙业务。

3.普通合伙企业的分支机构

合伙企业可以设立分支机构,分支机构的民事责任由设立该分支机构的合伙企业承担。合伙企业设立分支机构,应当向分支机构所在地的企业登记机关申请登记,领取营业执照。

【例3-2】 甲、乙、丙、丁打算设立一家普通合伙企业。下列表述正确的是( )。

A.各合伙人不得以劳务作为出资
B.如果乙以其房屋使用权出资,则不必办理房屋产权过户登记
C.该合伙企业名称中不得以任何一个合伙人的名字作为商号或字号
D.合伙协议经全体合伙人签名、盖章并经登记后生效

【解析】 答案B。A选项错误,普通合伙人可以以劳务出资。B选项正确,乙可以以其房屋使用权出资,房屋所有权并没有变更,所以不必办理房屋产权过户登记。C选项错误,合伙企业可以选择以任何一个合伙人的名字作为商号或字号。D选项错误,合伙协议经全体合伙人签名、盖章后生效,不需要登记。

二、普通合伙企业的财产

(一)普通合伙企业财产的构成

根据《合伙企业法》的规定,合伙人的出资、以合伙企业的名义取得的收益和依法取得的其他财产,均为合伙企业的财产。

法条链接:
《合伙企业法》第二十条规定:"合伙人的出资、以合伙企业名义取得的收益和依法取得的其他财产,均为合伙企业的财产。"

(二)普通合伙企业财产的性质

合伙企业的财产具有共有性质,由全体合伙人共有或共用。合伙企业存续期间除了合伙人退伙或合伙企业解散,合伙人不得主张分割合伙企业财产。合伙人在合伙企业清算前私自转移或者处分合伙企业财产的,合伙企业不得以此对抗善意第三人。

知识拓展
原始财产的构成需要注意的问题

(三)普通合伙企业财产的转让

1.合伙人对其财产份额进行外部转让

即在合伙企业存续期间,合伙人将其在合伙企业中的全部或部分财产份额转让给合伙人以外的第三人的行为。

(1)合伙企业存续期间,除合伙协议另有约定外,合伙人向合伙人以外的人转让其在合伙企业中的全部或者部分财产份额时,须经其他合伙人一致同意。

(2)在同等条件下,其他合伙人有优先购买权,但是合伙协议另有约定的除外。

(3)经全体合伙人同意,合伙人以外的人依法受让合伙企业财产份额的,经修改合伙协议后即成为合伙企业的合伙人,依照《合伙企业法》和修改后的合伙协议享有权利,履行义务。

2.合伙人对其财产份额进行内部转让

合伙人将其在合伙企业中的全部或者部分财产份额转让给其他合伙人的行为即为合伙人财产份额的内部转让,因不涉及原合伙人以外的人参加,合伙企业存续的基础没有发生根本性变更,所以不需要经其他合伙人一致同意,只需要通知其他合伙人即可。

(四)普通合伙企业财产的出质

在合伙企业存续期间,各个合伙人对合伙企业的财产均享有预先确定的相应的份额。对此,每个合伙人都可以将自己的份额出质给第三人,以保证其债权的实现。合伙人以其在合伙企业中的财产份额出质的,须经其他合伙人一致同意;未经其他合伙人一致同意的,其行为无效,由此给善意第三人造成损失的,由行为人依法承担赔偿责任。

【例3-3】 甲、乙、丙三人各自出资4万元成立普通合伙企业。后来甲因家中急需用钱,想把自己份额的一半2万元予以转让。甲通知了乙、丙后,乙表示愿意以1.5万元买下,丙未表态。丁知道后,表示愿意以2万元买下甲的份额。丙见丁想买,随即向甲表示愿意以2万元买下甲的份额。根据《合伙企业法》的规定,甲应将份额转让给谁?

【解析】 甲应当将自己财产份额转让给丙。根据《合伙企业法》第二十三条的规定,合伙人向合伙人以外的人转让其在合伙企业中的财产份额的,在同等条件下,其他合伙人有优先购买权。

法条链接:

《合伙企业法》第二十二条规定:"除合伙协议另有约定外,合伙人向合伙人以外的人转让其在合伙企业中的财产份额的,须经其他合伙人一致同意。

合伙人之间转让在合伙企业中的全部或者部分财产份额时,应当通知其他合伙人。"

三、普通合伙企业的事务执行和损益分配

(一)普通合伙企业的事务执行

1.普通合伙企业事务执行的形式

合伙企业不必像法人那样设立专门的意思机关,每一个合伙人都有权利参与合伙企业事务的决策、执行和监督。

2.在普通合伙企业事务执行中合伙人的权利和义务

(1)合伙人的权利:

①执行权。依照《合伙企业法》第二十六条的规定,合伙人对执行合伙企业事务享有同等的权利。按照合伙协议的约定或者经全体合伙人决定,可以委托一个或数个合伙人对外代表合伙企业,执行合伙企业事务。作为合伙人的法人、其他组织执行合伙事务的,由其委派的代表执行。

②监督权。依照《合伙企业法》第二十七条的规定,不执行合伙企业事务的合伙人有权监督执行事务合伙人执行合伙企业事务的情况。

③了解权。依照《合伙企业法》第二十八条的规定,由一个或者数个合伙人执行合伙事务的,执行事务合伙人应当定期向其他合伙人报告事务执行情况以及合伙企业的经营和财务状况,其执行合伙事务所产生的收益归合伙企业,所产生的费用和亏损由合伙企业承担。

合伙人为了解合伙企业的经营状况和财务状况,有权查阅合伙企业会计账簿等财务资料。

④执行异议权。依照《合伙企业法》第二十九条的规定,合伙人分别执行合伙企业事务的,执行事务合伙人可以对其他合伙人执行的事务提出异议。提出异议时,应当暂停该项事务的执行。

(2)合伙人的义务:

为保障合伙企业的利益,合伙人不得自营或者同他人合作经营与本合伙企业相竞争的业务;除合伙协议另有约定或经全体合伙人一致同意外,合伙人不得同本合伙企业进行交易;合伙人不得从事损害本合伙企业利益的活动。如果合伙人违反上述义务给合伙企业或其他合伙人造成损失的,依法承担赔偿责任。合伙企业存续期间,合伙人依照合伙协议约定或经全体合伙人决定,可以增加或减少对合伙企业的出资。

3.普通合伙企业事务执行的决议办法

合伙人对合伙企业有关事项作出决议,按照合伙协议约定的表决办法办理。合伙协议未约定或者约定不明确的,实行合伙人一人一票并经全体合伙人过半数通过的表决办法。

本法对合伙企业的表决办法另有规定的,从其规定。

除合伙协议另有约定外,合伙企业的下列事项应当经全体合伙人一致同意:

(1)改变合伙企业名称;

法条链接:

《合伙企业法》第三十六条规定:"合伙企业应当依照法律、行政法规的规定建立企业财务、会计制度。"

(2)改变合伙企业的经营范围、主要经营场所的地点;

(3)处分合伙企业的不动产;

(4)转让或处分合伙企业的知识产权和其他财产权利;

(5)以合伙企业名义为他人提供担保;

(6)聘任合伙人以外的人担任合伙企业的经营管理人员。

【例3-4】 甲、乙、丙三人成立一普通合伙企业,推举甲为负责人并管理合伙企业的日常事务。甲在执行企业事务时,未经其他合伙人同意,独自决定以合伙企业的房屋为丁公司向银行提供贷款抵押。甲的行为符合法律规定吗?

【解析】 甲的行为不符合法律规定。按照法律规定,以合伙企业名义为他人提供担保,应当经全体合伙人一致同意。

4.非合伙人参与经营管理

聘任合伙人以外的人参与合伙企业的经营管理,应当经全体合伙人的一致同意。被聘任的合伙企业的经营管理人员应当在合伙企业授权范围内履行职务。被聘任的合伙企业的经营管理人员,超越合伙企业授权范围履行职务,或者在履行职务过程中因故意或者重大过失给合伙企业造成损失的,依法承担赔偿责任。

(二)普通合伙企业的损益分配

合伙企业的利润分配、亏损分担,按照合伙协议的约定办理;合伙协议未约定或者约定不明确的,由合伙人协商决定;协商不成的,由合伙人按照实缴出资比例分配、分担;无法确定出资比例的,由合伙人平均分配、分担。合伙协议不得约定将全部利润分配给部分合伙人或者由部分合伙人承担全部亏损。

> ⚠ **特别提示3-5** 合伙人按照合伙协议的约定或者经全体合伙人决定,可以增加或者减少对合伙企业的出资。

四、普通合伙企业与第三人的关系

(一)合伙人对外行为的效力

合伙企业对合伙人执行合伙企业事务以及对外代表合伙企业权利的限制,不得对抗善意第三人。善意第三人又称善意取得人,是指不知道或不能知道自己取得的财产是无权让与人所让与并且是有偿取得的人。

(二)普通合伙企业的债务清偿与合伙人的关系

合伙企业对其债务,应先以其全部财产进行清偿。合伙企业不能清偿到期债务的,合伙人承担无限连带责任。

无限责任指当合伙企业的全部财产不足以清偿到期债务时,各合伙

法条链接:
《合伙企业法》第三十八条规定:"合伙企业对其债务,应先以其全部财产进行清偿。"

法条链接:
《合伙企业法》第三十九条规定:"合伙企业不能清偿到期债务的,合伙人承担无限连带责任。"

人承担合伙企业债务不以出资额为限。连带责任指合伙企业的债权人可以向任何一个合伙人主张债权,该合伙人不得拒绝。

合伙企业的债权人向合伙人主张债权时,合伙人不得以其出资的份额大小、合伙协议的特别规定、合伙企业债务另有保证人或已经清偿其应当承担的数额相对抗。合伙人承担连带责任后,对超过其应该承担部分的数额有权向其他合伙人追偿。

(三)合伙人的债务清偿与合伙企业的关系

(1)合伙人的债权人不得行使抵销权,即合伙企业中某一个合伙人的债权人,不得以该债权抵销其对合伙企业的债务,即合伙人个人的债务与合伙企业的债权各自独立,不得相互抵销。

> ⚠️ **特别提示 3-6** 之所以抵销权不可以行使,是因为抵销权的行使,必须是双方当事人互负债务,因此并不具备行使抵销权的条件。

(2)合伙人的债权人不得行使代位权,即合伙人个人负有债务的,其债权人不得代为行使该合伙人在合伙企业中的权利。因为合伙企业是基于合伙人之间的信任关系建立的,其权利不是单一的财产权。

> ⚠️ **特别提示 3-7** 之所以代位权不可以行使,是因为代位权应当代位的是债权,合伙人在合伙企业中的权利是综合性的权利,包含管理权,因而不可以被代位。

(3)合伙人自有财产不足以清偿其与合伙企业无关的债务的,该合伙人可以以其从合伙企业中分取的收益用于清偿;债权人也可以依法请求人民法院强制执行,该合伙人在合伙企业中的财产份额用于清偿。对该合伙人的财产份额,其他合伙人有优先购买权。其他合伙人未购买,又不同意将该财产份额转让给他人的,依照《合伙企业法》第五十一条规定为该合伙人办理退伙结算,或者办理削减该合伙人相应财产份额的结算。

五、普通合伙企业的入伙、退伙

(一)入伙

入伙是指在合伙企业存续期间,合伙人以外的第三人加入合伙企业并取得合伙人地位、身份的法律行为。

1.入伙的条件和程序

(1)经全体合伙人一致同意。合伙企业接纳新的合伙人入伙,涉及合伙人的出资比例、盈余分配比例、债务分担比例等的变动,需要对原有的合伙协议进行重大的变更。

(2)订立书面入伙协议。入伙协议一般应包括以下内容:入伙的条

法条链接:
《合伙企业法》第四十三条第一款规定:"新合伙人入伙除合伙协议另有约定外,应当经全体合伙人同意,并依法订立书面入伙协议。"

件、程序、方式及时间,入伙的出资比例、盈余分配比例、债务分担比例等。入伙协议需采用书面形式。

（3）订立入伙协议时,原合伙人应当履行告知义务,告知的内容主要是原合伙企业的经营状况和财务状况。

（4）合伙企业登记事项因入伙发生变更,应当于作出变更决定或者发生变更事由之日起十五日内,向企业登记机关办理有关变更登记手续。

2. 新合伙人的权利和责任

入伙的新合伙人与原合伙人享有同等权利,承担同等责任。入伙协议另有约定的,从其约定。新合伙人对入伙前合伙企业的债务承担连带责任。

(二)退伙

退伙是指使合伙人的身份归于消灭的法律行为。

1. 退伙的形式

退伙的原因可以基于合伙人的意思表示,也可以基于与合伙人本人意志无关的事件。根据退伙发生的原因,退伙分为声明退伙、法定退伙和开除退伙。

（1）声明退伙又称自愿退伙,是指基于合伙人的自愿而退伙。一般须有正当理由,否则擅自退伙属于违约行为,应当赔偿由此给其他合伙人造成的损失。

声明退伙有两种情况:

①合伙协议约定合伙期限的,在合伙企业存期间,有下列情形出现之一的,合伙人可以声明退伙:第一,合伙协议约定的退伙事由出现;第二,经全体合伙人一致同意;第三,发生合伙人难以继续参加合伙的事由;第四,其他合伙人严重违反合伙协议约定的义务。

②合伙协议未约定合伙期限的,合伙人可以退伙,但必须在不给合伙企业的事务执行造成不利影响的情况下,并应当提前三十天通知其他合伙人。

（2）法定退伙又称当然退伙,是指并非基于合伙人的自愿而是由于法律明确规定的事由而退伙。

合伙人有下列情形之一的,当然退伙:

①作为合伙人的自然人死亡或者被依法宣告死亡;

②个人丧失偿债能力;

③作为合伙人的法人或者其他组织依法被吊销营业执照、责令关闭、撤销或者被宣告破产;

④法律规定或者合伙协议约定合伙人必须具有相关资格而丧失该资格;

⑤合伙人在合伙企业中的全部财产份额被人民法院强制执行。

合伙人被依法认定为无民事行为能力人或限制民事行为能力人的,经其他合伙人一致同意,可以依法转为有限合伙人,普通合伙企业依法转为有限合伙企业。其他合伙人未能一致同意的,该无民事行为能力或者限制民事行为能力的合伙人退伙。

上述退伙事由实际发生之日为退伙生效日。

【例3-5】 甲合伙人死亡给合伙企业带来损失150万元,合伙企业要求甲的继承人以甲的财产承担损失,甲的继承人是否应当承担该损失?

【解析】 不应该承担。因为自法定的退伙事由,即死亡实际发生之日起,甲已经不是合伙人了,对于他退伙后的损失是不承担责任的。

（3）开除退伙是指合伙人因其他合伙人的一致要求而被强制退出合伙企业的退伙。

合伙人有下列情形之一的,经其他合伙人一致同意,可以决议将其除名：

①未履行出资义务；

②因故意或重大过失给合伙企业造成损失；

③执行合伙事务时有不正当行为；

④发生合伙协议约定的其他事由。

对被除名人的除名决议应当采用书面通知。被除名人自接到除名通知之日起,除名生效,被除名人退伙。被除名人对除名决议有异议,可以在接到除名通知之日起三十日内向人民法院起诉。

合伙人死亡或者被依法宣告死亡的,对该合伙人在合伙企业中的财产份额享有合法继承权的继承人,按照合伙协议的约定或者经全体合伙人一致同意,从继承开始之日起,取得该合伙企业的合伙人资格。

有下列情形之一的,合伙企业应当向合伙人的继承人退还被继承合伙人的财产份额：①继承人不愿意成为合伙人；②法律规定或者合伙协议约定合伙人必须具有相关资格,而该继承人未取得该资格；③合伙协议约定不能成为合伙人的其他情形。

合伙人的继承人为无民事行为能力人或者限制民事行为能力人的,经全体合伙人一致同意,可以依法成为有限合伙人,普通合伙企业依法转为有限合伙企业。全体合伙人未能一致同意的,合伙企业应当将被继承合伙人的财产份额退还该继承人。

> ⚠ **特别提示 3-8** 开除退伙和法定退伙的区别是：开除退伙的合伙人主观上有过错或有重大过失,而法定退伙没有。

2.退伙结算

合伙人退出合伙企业即丧失了合伙人资格,应进行退伙结算：

（1）退还财产份额。合伙人退伙,其他合伙人应当与该退伙人按照退伙时合伙企业的财产状况进行结算,退还退伙人的财产份额。退伙人对给合伙企业造成的损失负有赔偿责任的,相应扣减其应当赔偿的数额。但退伙时有未了结的合伙企业事务的,待了结后进行结算。退还财产份额的具体办法,由合伙人协议约定或者由全体合伙人决定,可以退还货币,也可以退还实物。

（2）分担亏损。合伙人退伙时,合伙企业财产少于合伙企业债务的,退伙人应按《合伙企业法》的规定分担亏损。

（3）退伙人对基于其退伙前的原因发生的合伙企业债务,承担无限连带责任。

（4）因退伙导致合伙企业已经不具备法定人数或合伙目的无法实现而使合伙企业解散的,合伙企业终止。

法条链接：
《合伙企业法》第五十三条规定："退伙人对基于其退伙前的原因发生的合伙企业债务,承担无限连带责任。"

【例3-6】 被告于某与另一被告王某2021年合伙经营砖厂,由于经营理念存在分歧,2022年5月5日,双方经过合伙清算,达成退伙协议,于某退出砖厂经营。协议还约定自退伙后合伙期间的债权债务与于某无关。合伙经营期间,原告杨某向该砖厂供应煤泥15车,价款共计6万元。后经原告杨某多次索要,砖厂仍欠杨某煤泥款3万元,杨某索要无果,于是将合伙人于某和王某诉至法院。请问:法院会如何审理?

【解析】 法院经审理认为,砖厂欠原告煤泥款属实,该煤泥款属两被告合伙经营期间的债务。根据我国《合伙企业法》规定,合伙人之间签订的退伙协议中关于债务承担的约定,只在合伙人之间发生法律效力,不能对抗债权人。据此,法院判决两被告支付杨某煤泥款3万元,于某和王某就该债务承担连带责任。

六、特殊的普通合伙企业

(一)特殊的普通合伙企业的设立

以专业知识和专门技能为客户提供有偿服务的专业服务机构,可以设立为特殊的普通合伙企业。特殊的普通合伙企业名称中应当标明"特殊普通合伙"字样。

(二)特殊的普通合伙企业的责任

(1)一个合伙人或者数个合伙人在执业活动中因故意或者重大过失造成合伙企业债务的,应当承担无限责任或者无限连带责任,其他合伙人以其在合伙企业中的财产份额为限承担责任。

(2)合伙人在执业活动中非因故意或者重大过失造成的合伙企业债务以及合伙企业的其他债务,由全体合伙人承担无限连带责任。

(3)合伙人执业活动中因故意或者重大过失造成合伙企业债务,以合伙企业财产对外承担责任后,该合伙人应当按照合伙协议的约定对给合伙企业造成的损失承担赔偿责任。

特殊的普通合伙企业应当建立执业风险基金,办理职业保险。执业风险基金用于偿付合伙人执业活动造成的债务,执业风险基金应当单独立户管理。

第三节 有限合伙企业

一、有限合伙企业的设立条件

(1)有限合伙企业由二个以上五十个以下合伙人设立,但是法律另有规定的除外。有限合伙企业至少应当有一个普通合伙人。

(2)有书面合伙协议。合伙协议除符合普通合伙企业合伙协议的规定外,还应当载明下列事项:①普通合伙人和有限合伙人的姓名或者名称、住所;②执行事务合伙人应具备的条件和选择程序;③执行事务合伙人权限与违约处理办法;④执行事务合伙人的除名条件和更换程序;⑤有限合伙人入伙、退伙的条件和程序以及相关责任;⑥有限合伙人和普通合伙人相互转变程序。

(3)有限合伙人认缴或实际缴付的出资。有限合伙人可以用货币、实物、知识产权、土地使用权或者其他财产权利作价出资。有限合伙人不得以劳务出资。

有限合伙人应当按照合伙协议的约定按期足额缴纳出资;未按期足额缴纳的,应当承担补缴义务,并对其他合伙人承担违约责任。有限合伙企业登记事项中应当载明有限合伙人的姓名或者名称及认缴的出资数额。

(4)有限合伙企业的应有名称和生产经营场所。有限合伙企业的名称中应当标明"有限合伙"字样。有限合伙企业要有经营场所,以便开展经济活动。

(5)法律、法规规定的其他条件。

【例3-7】 关于有限合伙企业的设立,下列说法正确的是(　　)。

A.设立有限合伙企业,应当至少有1名有限合伙人和1名普通合伙人

B.有限合伙企业由2个以上50个以下合伙人组成

C.有限合伙企业的名称中应当标明"有限合伙"的字样

D.其登记事项中应当载明有限合伙人的姓名或名称及认缴的出资数额

【解析】 答案 ABCD。以上说法均符合有限合伙企业设立的条件要求。

法条链接:
《合伙企业法》第六十二条规定:"有限合伙企业名称中应当标明'有限合伙'字样。"

二、有限合伙企业的财产

(1)有限合伙人可以将其在有限合伙企业中的财产份额出质,但是合伙协议另有约定的除外。

(2)有限合伙人可以按照合伙协议的约定向合伙人以外的人转让其在有限合伙企业中的财产份额,但应当提前三十日通知其他合伙人。

> ⚠ **特别提示 3-9** 有限合伙人对外转让财产份额,其他合伙人有优先购买权。

(3)有限合伙人的自有财产不足以清偿与其合伙企业无关的债务的,该合伙人可以其从有限合伙企业中分取的收益用于清偿;债权人也可以依法请求人民法院强制执行该合伙人在有限合伙企业中的财产份额用于清偿。

人民法院强制执行有限合伙人的财产份额时,应当通知全体合伙人。在同等条件下,其他合伙人有优先购买权。

有限合伙企业仅剩有限合伙人的,应当解散;有限合伙企业仅剩普通合伙人的,转为普通合伙企业。

三、有限合伙企业的事务执行与利润分配

(一)有限合伙企业的事务执行

有限合伙企业由普通合伙人执行合伙企业事务,执行事务的合伙人可以要求在合伙协议中确定执行事务的报酬及报酬提取方式。

有限合伙人不执行合伙企业事务,不得对外代表有限合伙企业。有限合伙人的下列行为,不视为执行合伙企业事务:

(1)参与决定普通合伙人入伙、退伙;

(2)对企业的经营管理提出建议;

(3)参与选择承办有限合伙企业审计业务的会计师事务所;

(4)获取经审计的有限合伙企业的财务会计报告;

(5)对涉及自身利益的情况,查阅有限合伙企业财务会计账簿等财务资料;

(6)在有限合伙企业中的利益受到侵害时,向有责任的合伙人主张权利或者提起诉讼;

(7)执行事务合伙人怠于行使权利时,督促其行使权利或者为了本企业的利益以自己的名义提起诉讼;

(8)依法为本企业提供担保。

第三人有理由相信有限合伙人为普通合伙人并与其交易的,该有限合伙人对该笔交易承担与普通合伙人同样的责任。

有限合伙人未经授权以有限合伙企业名义与他人进行交易,给有限合伙企业或者其他合伙人造成损失的,该有限合伙人应当承担赔偿责任。

(二)有限合伙企业的利润分配

有限合伙企业不得将全部利润分配给部分合伙人,但是合伙协议另有约定的除外。

有限合伙人可以同本有限合伙企业进行交易,但是合伙协议另有约定的除外。合伙人可以自营或者同他人合作经营与本有限合伙企业相竞争的业务,但是合伙协议另有约定的除外。

四、有限合伙企业的入伙、退伙

(1)新入伙的有限合伙人对入伙前有限合伙企业的债务,以其认缴的出资额为限承担责任。

(2)作为有限合伙人的自然人在有限合伙企业存续期间丧失民事行为能力的,其他合伙人不得因此要求其退伙。

(3)作为有限合伙人的自然人死亡、被依法宣告死亡或者作为有限合伙人的法人及其他组织终止时,其继承人或者权利承受人可以依法取得该有限合伙人在有限合伙企业中的资格。

(4)其他关于有限合伙人的退伙,适用普通合伙企业的法定退伙。

(5)有限合伙人退伙后,对基于其退伙前的原因发生的有限合伙企业债务,以其退伙时从有限合伙企业取回的财产承担责任。

五、有限合伙人与普通合伙人的转变

(1)除合伙协议另有约定外,普通合伙人转变为有限合伙人,或者有限合伙人转变为普通合伙人,应当经全体合伙人一致同意。

(2)有限合伙人转变为普通合伙人的,对其作为有限合伙人期间有限合伙企业发生的债务承担无限连带责任。

(3)普通合伙人转变为有限合伙人的,对其作为普通合伙人期间合伙企业发生的债务承担无限连带责任。

【例3-8】 甲、乙、丙三人拟共同设立一个有限合伙企业,下列表述中错误的有(   )。

A.该有限合伙企业至少有一个普通合伙人

B.经过合伙协议约定,有限合伙人可以以货币、实物、劳务、知识产权和其他财产权利出资

C.经合伙协议约定,有限合伙人可以执行部分合伙事务

D.如果有限合伙人转为普通合伙人,则对其作为有限合伙人期间企业的债务不承担连带责任

【解析】 答案BCD。选项A说法正确;选项B说法错误,有限合伙人不能以劳务出资;选项C说法错误,法条原文是:"有限合伙人不执行合伙事务";选项D说法错误,不管是有限合伙人变成普通合伙人,还是反之,对于以前的债务都承担无限连带责任。

第四节 合伙企业的解散与清算

一、合伙企业的解散

合伙企业的解散是指合伙企业因某些法律事实的发生而使其民事主体资格归于消灭的行为。

《合伙企业法》第八十五条规定,合伙企业有下列情形之一的,应当解散:

(1)合伙期限届满,合伙人决定不再经营;

(2)合伙协议约定的解散事由出现;

(3)全体合伙人决定解散;

(4)合伙人已不具备法定人数满三十天;

(5)合伙协议约定的合伙目的已经实现或者无法实现;

(6)依法被吊销营业执照、责令关闭或者被撤销;

(7)法律、行政法规规定的其他原因。

二、合伙企业的清算

合伙企业的清算是指合伙企业宣告解散后,为了终结合伙企业现存的各种法律关系,依法清理合伙企业债权债务的行为。

合伙企业的清算主要包括以下程序:

(一)确定清算人

清算人由全体合伙人担任;经全体合伙人过半数同意,可以自合伙企业解散事由出现后十五日内指定一个或数个合伙人,或者委托第三人担任清算人;自合伙企业解散事由出现之日起十五日内未确定清算人的,合伙人或者其他利害关系人可以申请人民法院指定清算人。清算人在清算期间执行下列事务:

(1)清理合伙企业财产,分别编制资产负债表和财产清单;
(2)处理与清算有关的合伙企业未了结事务;
(3)清缴所欠税款;
(4)清理债权、债务;
(5)处理合伙企业清偿债务后的剩余财产;
(6)代表合伙企业参与诉讼或仲裁活动。

(二)通知和公告债权人

清算人自被确定之日起十日内,将合伙企业解散事项通知债权人,并于六十日内在报纸上公告。债权人应当自接到通知书之日起三十日内,未接到通知书的自公告之日起四十五日内,向清算人申报债权。清算期间,合伙企业存续,但不得开展与清算无关的经营活动。

(三)清偿顺序

合伙企业财产按下列顺序清偿:支付清算费用、职工工资、社会保险费用、法定补偿金;缴纳所欠税款;清偿合伙企业债务。合伙企业财产按照上述顺序清偿后仍有剩余的,按照合伙协议约定的比例分配;合伙协议未约定或者约定不明确的,合伙人协商决定;协商不成的,由合伙人按照实缴的出资比例分配;无法确定出资比例的,由合伙人平均分配。

合伙企业不能清偿到期债务的,债权人可以依法向人民法院提出破产清算申请,也可以要求普通合伙人清偿。合伙企业依法被宣告破产的,普通合伙人对合伙企业债务仍应承担无限连带责任。

(四)合伙企业注销登记

清算结束,清算人应当编制清算报告,经全体合伙人签名、盖章后,在十五日内向企业登记机关报送清算报告,申请办理合伙企业注销登记。合伙企业注销后,原普通合伙人对合伙企业存续期间的债务仍承担无限连带责任。

法条链接:
《合伙企业法》第九十一条规定:"合伙企业注销后,原普通合伙人对合伙企业存续期间的债务仍应承担无限连带责任。"

课后思考题

1. 什么是普通合伙企业？设立普通合伙企业需要具备哪些条件？
2. 《合伙企业法》对普通合伙企业的财产份额的转让和出质做了哪些法律规定？
3. 简述普通合伙企业退伙的情形。
4. 简述普通合伙企业的事务执行。
5. 什么是有限合伙企业？设立有限合伙企业需要具备哪些条件？

课后案例

【背景资料】 甲、乙、丙拟设立一普通合伙企业，其合伙协议部分内容如下：①甲的出资为现金1万元和劳务作价2万元；②乙的出资为注册商标使用权，作价2万元，于合伙企业成立后半年内缴纳；③丙的出资为作价5万元的房产一栋，不办理产权转让手续；④合伙企业的经营期限，于合伙企业成立满2年时再协商确定。

【问题】 该合伙协议上述内容是否符合法律规定？为什么？

第四章

公司法

内容提示

1. 公司的概念、特征和分类
2. 公司的一般规定
3. 有限责任公司
4. 股份有限公司
5. 国家出资公司
6. 公司的董事、监事和高级管理人员
7. 公司债券和公司财务会计
8. 公司合并、分立、解散和清算

学习目标

知识目标

1. 掌握公司的一般规定,有限责任公司和股份有限公司的设立及组织机构,股份有限公司股份的发行与转让,公司债券,国家出资公司的特别法律规定,公司董事、监事、高级管理人员的资格和义务,上市公司的特殊规定。
2. 了解公司的概念、分类、财务会计及其解散与清算。

能力目标

1. 依法客观选择公司形式并组建公司。
2. 实践中能够运用法律处理公司设立、变更、终止及运营中涉及的事项。
3. 对公司进行依法治理。

素养目标

1. 树立人生目标和正确的择业观,培养创业的勇气和能力,培养奋斗意识和自立自强的精神。
2. 在从事经营管理过程中,遵守法律、行政法规,遵守社会公德、商业道德,奉行公正、法治、平等、敬业、诚实守信,自觉践行社会主义核心价值观,引领社会风尚。
3. 培养在未来职业生涯中"干一行、爱一行、专一行"的工匠精神和"爱岗敬业、争创一流,艰苦奋斗、勇于创新、淡泊名利、甘于奉献"的劳模精神。

4.正确理解个人利益和社会利益的关系,培养社会责任意识。

课前案例导入

【背景资料】 2024年7月1日,甲公司、乙公司、丙公司和张某、李某共同出资设立了丁有限责任公司(以下简称丁公司),其中甲公司出资40%,乙公司和丙公司各出资20%,张某和李某各出资10%。公司设立后,乙公司未征求其他股东的意见,直接将自己10%的股权转让给丙公司。

不久后,张某拟将自己的股权转让给陈某,将股权转让的数量、价格、支付方式和期限等事项书面通知了其他股东,甲公司和李某都表示要购买张某的股权,乙公司一直不作回复,丙公司明确表示不购买。张某与甲公司、李某和陈某谈判,甲公司、李某和陈某的出价均为50万元,但甲公司和李某表示要分期支付,陈某同意一次性支付,于是张某将股权转让给陈某。陈某受让股权后,向董事会提议召开股东会临时会议更换公司董事,董事会不予理会。陈某要求丁公司购买自己的股权,丁公司拒绝,陈某起诉丁公司要求收购自己的股权,法院判决陈某败诉。

一次采购中,丁公司总经理王某为公司购买的新设备质次价高,李某经调查了解到王某收受了对方公司的贿赂,李某向监事会反映,监事会迟迟不予答复。

【问题】

根据上述情况,回答下列问题。

1.乙公司直接将股权转让给丙公司的做法是否合法?请说明理由。

2.张某将股权转让给陈某的做法是否合法?请说明理由。

3.法院判决陈某败诉是否正确?请说明理由。

4.李某应如何保护公司利益?

第一节 公司法概述

一、公司的概念和特征

公司是指股东依照《公司法》设立并以其认缴的出资额或认购的股份为限对公司承担责任,公司以其全部独立法人财产对公司债务承担责任的企业法人。

公司具有以下特征:

1.公司有自己独立的财产

独立财产是指公司作为一个以营利为目的的法人,必须有其可控制、可支配的财产,以从事经营活动。公司的原始财产由股东出资构成,股东一经履行了出资义务,其出资标的的所有权即属于公司,构成公司的财产,公司独立享有法人财产权,股东则对公司享有股权。公司的财产与股

法条链接:
《公司法》第一条:"为了规范公司的组织和行为,保护公司、股东、职工和债权人的合法权益,完善中国特色现代企业制度,弘扬企业家精神,维护社会经济秩序,促进社会主义市场经济的发展,根据宪法,制定本法。"

东个人的财产相分离。

2.公司以其财产独立承担责任

公司的债务为公司本身的债务,由公司自己承担,公司的债权人必须向公司请求履行,而不能向股东请求履行;公司股东仅以其出资额所认购的股份对公司的债务承担责任。

3.公司是一个组织体

公司作为组织体,主要体现为:公司有自己的名称;有自己的住所和经营场所;有符合法律规定的组织机构;有一定的生产经营条件与从业人员;有健全的财务会计制度。

4.公司以营利为目的,具有营利性

公司以营利为目的,是指设立公司的目的及公司的运作,都是为了谋求经济利益。公司的营利性是公司区别于非营利性法人组织的重要特征。

5.公司必须依法设立

依法设立是指设立公司应当依法向公司登记机关申请设立登记。法律、行政法规规定设立公司必须报经批准的,应当在公司登记前依法办理批准手续。公司营业执照签发日为公司成立日期。

二、公司的分类

按照不同的标准,从不同的角度,可以对公司进行不同的分类。

(一)根据公司股东责任的不同进行划分

根据公司股东责任的不同,可将公司分为无限公司、有限责任公司、股份有限公司、两合公司和股份两合公司。

无限公司是指由两个以上的股东出资组成,所有股东对公司的债务承担无限连带责任的公司。

有限责任公司是指由股东出资组成,每个股东以其认缴的出资额对公司债务承担有限责任,公司以其全部资产对其债务承担责任的公司。

股份有限公司是指由一定人数以上的股东组成,资本分为等额股份,股东以其所持股份对公司承担有限责任,公司以其全部资产对公司债务承担责任的公司。

两合公司是指公司股东由两种责任形式的股东组成,其中一部分股东以其出资额为限承担有限责任,另一部分股东承担无限连带责任的公司。

股份两合公司,是由股份有限公司与两合公司结合组成的公司。

有限责任公司与股份有限公司是《公司法》规定的我国公司形式。

> ⚠ **特别提示 4-1**　记住一句口诀:股东的责任是有限的,公司的责任是独立的。

(二)根据公司的信用基础不同进行划分

根据公司的信用基础不同,可将公司分为人合公司、资合公司及人合兼资合公司。

人合公司是指以股东个人的能力、财力、声望和信誉等作为公司信用基础的公司。无限公司是最典型的人合公司。

资合公司是指以公司资本和资产条件作为公司信用基础的公司。股份有限公司是最典型的资合公司,有限责任公司具有资合公司的特点。

人合兼资合公司是指同时以公司资本和股东个人信用作为公司信用基础的公司。其典型代表是两合公司和股份两合公司。

(三) 根据公司股票是否上市交易进行划分

根据公司股票是否上市交易,可将公司分为上市公司与不上市公司。

在英美法中,不上市公司称为少数人公司或不公开公司,是指其股份全部由设立公司的股东所拥有,股票不能在证券交易所公开挂牌、不能在证券交易市场自由交易的公司。

上市公司称为多数人公司或公开公司,是指可以公开招股,股票在证券交易所公开挂牌,可以在证券交易所交易的公司。

在大陆法中,上市公司是指股票获准上市的公司。与上市公司相对应的公司均为不上市公司。

> ⚠️ **特别提示 4-2** 通常认为,我国有限责任公司属于封闭式公司,而股份有限公司属于开放式公司。

(四) 根据公司内部的管理关系进行划分

根据公司内部的管理关系,可将公司分为本公司与分公司。

本公司又称为总公司,是指依法设立的具有法人资格的公司本身。

分公司是指公司在公司住所地以外设立的从事生产经营活动的分支机构。分公司的经营后果由总公司承担。

(五) 根据公司之间的控制或者从属关系进行划分

根据公司之间的控制或者从属关系,可将公司分为母公司与子公司。

母公司,或称控股公司,是指拥有另一家公司一定比例以上股份的公司,或者能够通过协议控制另一家公司的经营。

> ⚠️ **特别提示 4-3** 母公司有时指仅专注于股权控制而不直接参与生产经营的公司,如某些投资公司。

子公司,是指其一定比例以上的股份被另一家公司所持有或实际受到另一家公司所控制的公司。

母公司和子公司二者都是独立的法人实体,各自有自己的名称、章程、组织机构,独立地对外进行经营活动。

(六) 根据公司所属国家的不同进行划分

根据公司所属国家的不同,可将公司分为本国公司、外国公司与跨国公司。

凡是依照中国法律在中国境内登记设立的公司,都是中国公司。凡是依照外国的法律在中国境外登记设立的公司,则是外国公司。

法条链接:
《公司法》第二条规定:"本法所称公司,是指依照本法在中华人民共和国境内设立的有限责任公司和股份有限公司。"

严格来说,跨国公司的"公司"一词并非严格的公司法概念,而实际上指的是国际性的公司集团,反映的是公司之间的特殊关系。

【例 4-1】 甲是乙公司依法设立的分公司。下列表述中,符合公司法律制度规定的是(　　)。

A.甲应有自己的营业执照,并独立承担民事责任

B.甲应有独立的法人资格,并独立承担民事责任

C.甲应有自己的营业执照,可以没有独立的财产,但独立承担民事责任

D.甲应有自己的营业执照,但不独立承担民事责任

【解析】 答案 D。本题考察分公司,分公司只是总公司管理的一个分支机构,不具备法人资格,但可以依法独立从事生产经营活动,其民事责任由总公司承担。

三、公司法的概念与适用范围

公司法是规范公司的设立、组织、经营、解散以及对内、对外关系的法律规范的总称。公司法是我国法律体系中的重要组成部分,是规范市场主体的重要法律。

《中华人民共和国公司法》(以下简称《公司法》)于 1993 年 12 月 29 日第八届全国人民代表大会常务委员会第五次会议通过,自 1994 年 7 月 1 日起施行。1999 年 12 月 25 日第九届全国人民代表大会常务委员会第十三次会议第一次修正,2004 年 8 月 28 日第十届全国人民代表大会常务委员会第十一次会议第二次修正,2005 年 10 月 27 日第十届全国人民代表大会常务委员会第十八次会议第一次修订,2013 年 12 月 28 日第十二届全国人民代表大会常务委员会第六次会议第三次修正,2018 年 10 月 26 日第十三届全国人民代表大会常务委员会第六次会议第四次修正,2023 年 12 月 29 日第十四届全国人民代表大会常务委员会第七次会议第二次修订。

法条链接:
《公司法》第四十一条规定:"公司登记机关应当优化公司登记办理流程,提高公司登记效率,加强信息化建设,推行网上办理等便捷方式,提升公司登记便利化水平。

国务院市场监督管理部门根据本法和有关法律、行政法规的规定,制定公司登记注册的具体办法。"

第二节　公司的一般规定

一、公司登记

2023 年《公司法》新增"公司登记"专章,对公司设立、变更、注销登记做了具体法律规定。

(一)公司设立登记

1.公司设立的含义

公司设立,是指公司设立人依照法定的条件和程序,为组建公司并取

得法人资格而必须采取和完成的法律行为。

公司设立的原则可以概括为自由设立主义、特许设立主义、核准设立主义和准则设立主义。我国现行公司法规定的公司设立原则是准则设立主义和核准设立主义相结合。

2.公司设立申请和登记事项

根据我国《公司法》的规定设立公司,应当依法向公司登记机关申请设立登记。

法律、行政法规规定设立公司必须报经批准的,应当在公司登记前依法办理批准手续。

申请设立公司,应当提交设立登记申请书、公司章程等文件,提交的相关材料应当真实、合法和有效。申请材料不齐全或者不符合法定形式的,公司登记机关应当一次性告知需要补正的材料。

根据《公司法》第三十二条的规定,公司登记事项包括:(1)名称;(2)住所;(3)注册资本;(4)经营范围;(5)法定代表人的姓名;(6)有限责任公司股东、股份有限公司发起人的姓名或者名称。公司登记机关应当将上述规定的公司登记事项通过国家企业信用信息公示系统向社会公示。

3.公司成立

申请设立公司,符合《公司法》规定的设立条件的,由公司登记机关分别登记为有限责任公司或者股份有限公司;不符合法定设立条件的,不得登记为有限责任公司或者股份有限公司。

依法设立的公司,由公司登记机关发给公司营业执照。公司营业执照签发日期为公司成立日期。

公司营业执照应当载明公司的名称、住所、注册资本、经营范围、法定代表人姓名等事项。

公司登记机关可以发给电子营业执照。电子营业执照与纸质营业执照具有同等法律效力。

公司设立分公司,应当向公司登记机关申请登记,领取营业执照。

4.公司登记信息的公示制度

《公司法》第四十条规定,公司应当按照规定通过国家企业信用信息公示系统公示下列事项:

(1)有限责任公司股东认缴和实缴的出资额、出资方式和出资日期,股份有限公司发起人认购的股份数;

(2)有限责任公司股东、股份有限公司发起人的股权、股份变更信息;

(3)行政许可取得、变更、注销等信息;

(4)法律、行政法规规定的其他信息。

公司应当确保上述公示信息真实、准确、完整。

(二)公司变更登记

根据《公司法》规定,公司登记事项发生变更的,应当依法办理变更登记。

公司申请变更登记,应当向公司登记机关提交公司法定代表人签署的变更登记申请书、依法作出的变更决议或者决定等文件。

公司变更登记事项涉及修改公司章程的,应当提交修改后的公司章程。

公司变更法定代表人的,变更登记申请书由变更后的法定代表人签署。

公司营业执照记载的事项发生变更的,公司办理变更登记后,由公司登记机关换发营业执照。

> ⚠️ **特别提示 4-4** 公司登记事项未经登记或者未经变更登记,不得对抗善意相对人。

(三)公司注销登记

公司因解散、被宣告破产或者其他法定事由需要终止的,应当依法向公司登记机关申请注销登记,由公司登记机关公告公司终止。

公司撤销登记制度是指公司虚报注册资本、提交虚假材料或者采取其他欺诈手段隐瞒重要事实取得公司设立登记的,公司登记机关应当依照法律、行政法规的规定予以撤销。

公司强制注销登记制度是指公司被吊销营业执照、责令关闭或者被撤销,满三年未向公司登记机关申请注销公司登记的,公司登记机关可以通过国家企业信用信息公示系统予以公告,公告期限不少于六十日。公告期限届满后,未有异议的,公司登记机关可以注销公司登记。该制度对于净化公司登记信息系统、防止公司登记中的垃圾信息误导交易相对方或者市场监督部门具有实践意义。

> ⚠️ **特别提示 4-5** 依法强制注销登记的公司,原公司股东、清算义务人的责任不受影响。

二、公司名称和住所

公司名称是公司在生产经营活动中区别于其他民事主体的人格特定化的标记,它是公司章程的必要记载事项之一,也是公司设立的必要条件。

我国《公司法》第六条规定,公司应当有自己的名称,公司名称应当符合国家有关规定。公司的名称权受法律保护。

公司名称具有唯一性,一个公司只能有一个名称。在同一公司登记机关的辖区内,同一行业的公司不允许有相同或类似的名称。

公司的名称一般依次由以下四个部分组成:①公司注册机关的行政区划;②商号(字号),它是公司名称的核心内容;③行业;④组织形式。根据《公司法》规定,依法设立的有限责任公司,应当在公司名称中标明有限责任公司或有限公司字样;依法设立的股份有限公司,应当在公司名称中标明股份有限公司或股份公司字样。

我国公司名称实行预先核准制,预先核准的公司名称保留期为二个月。预先核准的公司名称在保留期内不得用于从事经营活动,不得转让。

公司以其主要办事机构所在地为住所。

公司住所也是公司章程的必要记载事项之一,也是公司设立登记的必要条件。

公司住所的法律意义主要体现在:确定诉讼管辖地和诉讼文书送达地;履行地不明确时,住所是确认合同履行地的唯一标准;据以确认公司的登记机关;等等。

⚠ **特别提示 4-6** 名称中冠以"中国""中华""全国""国际"等字样的公司,必须经国家市场监督管理总局的核准。

三、公司章程

(一)公司章程的概念和特点

公司章程是公司必备的,规定其名称、宗旨、资本、组织机构等对内、对外事务的基本法律文件。设立公司必须依法制定公司章程。

公司章程具有公开性(主要对股份有限公司而言),公司章程的内容要对投资人以及包括债权人在内的一般社会公众公开。

公司章程由公司依法自行制定,由公司自己执行,公司章程一经生效,即发生法律约束力。公司章程对公司、股东、董事、监事、高级管理人员具有约束力,不具有普遍约束力。

(二)公司章程的订立与变更

公司章程的订立通常有两种方式:一是部分订立,是指由股东或发起人中的部分成员负责起草、制定公司章程,再经其他股东或发起人签字同意的制定方式。二是共同订立,是指由全体股东或发起人共同起草、协商制定公司章程,否则公司章程不得生效。公司章程必须采取书面形式,经全体股东或发起人同意并在章程上签名盖章,才能生效。

公司章程的变更是指对已经生效的公司章程的修改,变更程序如下:首先,由董事会提出修改公司章程的提议;其次,将该提议通知其他股东;最后,由股东会表决通过。章程变更后,董事会应向公司行政管理机关申请变更登记。

法条链接:《公司法》第五条规定:"设立公司应当依法制定公司章程。公司章程对公司、股东、董事、监事、高级管理人员具有约束力。"

四、公司的法定代表人

(一)公司法定代表人的产生和辞任规则

《公司法》第十条规定,公司的法定代表人按照公司章程的规定,由代表公司执行公司事务的董事或者经理担任。

担任法定代表人的董事或者经理辞任的,视为同时辞去法定代表人。同时法律又规定了法定代表人的补任规则,即法定代表人辞任的,公司应当在法定代表人辞任之日起三十日内确定新的法定代表人。

(二)法定代表人代表行为的效果归属

法定代表人以公司名义从事的民事活动,其法律后果由公司承受。

公司章程或者股东会对法定代表人职权的限制,不得对抗善意相对人。

法定代表人因执行职务造成他人损害的,由公司承担民事责任。公司承担民事责任后,依照法律或者公司章程的规定,可以向有过错的法定代表人追偿。

第三节　有限责任公司

一、有限责任公司的设立

微课
公司资本的特点

微课
股东出资的方式

(一)有限责任公司设立的条件

(1)股东符合法定人数。有限责任公司由一个以上五十个以下股东出资设立。股东可以是自然人、法人或其他经济组织。

(2)有符合公司章程规定的全体股东认缴的出资额。股东可以用货币出资,也可以用实物、知识产权、土地使用权、股权、债权等可以用货币估价并可以依法转让的非货币财产作价出资;但是,法律、行政法规规定的不得作为出资的财产除外。

对作为出资的非货币财产应当评估作价,核实财产,不得高估或者低估作价。法律、行政法规对评估作价有规定的,从其规定。

> ⚠ **特别提示 4-7**　根据《公司法》的规定,股东不得以劳务、信用、自然人姓名、商誉、特许经营权或者设定担保的财产等作价出资。

(3)股东共同制定公司章程。

(4)有公司名称,建立符合有限责任公司要求的组织机构。

(5)有公司住所。

(二)有限责任公司设立过程中的法律责任

(1)股东应当按期足额缴纳公司章程中规定的各自所认缴的出资额。股东以货币出资的,应当将货币出资足额存入有限责任公司在银行开设的账户;以非货币财产出资的,应当依法办理其财产权的转移手续。股东未按期足额缴纳出资的,除应当向公司足额缴纳出资外,还应当对给公司造成的损失承担赔偿责任。

(2)有限责任公司设立时,股东未按照章程规定实际缴纳出资,或者实际出资的非货币财产的实际价额显著低于所认缴的出资额的,设立时的其他股东与该股东在出资不足的范围内承担连带责任。

(3)董事会的催缴义务。有限责任公司成立后,董事会应当对股东的出资情况进行核查,发现股东未按期足额缴纳公司章程规定的出资的,应当由公司向该股东发出书面催缴书,催缴出资。未及时履行规定的义务,给公司造成损失的,负有责任的董事应当承担赔偿责任。

(4)股东失权制度。股东未按照公司章程规定的出资日期缴纳出资,公司依法发出书面催缴书催缴出资的,可以载明缴纳出资的宽限期;宽限期自公司发出催缴书之日起,不得少于六十日。宽限期届满,股东仍未履行出资义务的,公司经董事会决议可以向该股东发出失权通知。通知应当以书面形式发出,自通知发出之日起,该股东丧失其未缴纳出资的股权。

丧失的股权应当依法转让,或者相应减少注册资本并注销该股权;六个月内未转让或者注销的,由公司其他股东按照其出资比例足额缴纳相应出资。

股东对失权有异议的,应当自接到失权通知之日起三十日内,向人民法院提起诉讼。

(5)股东抽逃出资的责任。公司成立后,股东不得抽逃出资。股东违反规定抽逃出资的,应当返还抽逃的出资;给公司造成损失的,负有责任的董事、监事、高级管理人员应当与该股东承担连带赔偿责任。

(6)股东出资加速到期制度。公司不能清偿到期债务的,公司或者到期债权的债权人有权要求已认缴出资但未届出资期限的股东提前缴纳出资。

【例4-2】 某有限责任公司有股东甲、乙、丙、丁四人,公司成立后,发现作为股东甲出资的机器设备实际价值低于公司章程所定价额4万元,作为股东乙出资的技术实际价值低于公司章程所定价额8万元。根据法律规定,不足出资应由谁补足?

【解析】《公司法》第三十条规定,有限责任公司成立后,发现作为设立公司出资的非货币财产的实际价额显著低于公司章程所定价额的,应当由交付该出资的股东补足其差额;公司设立时的其他股东与该股东在出资不足的范围内承担连带责任。所以甲、乙应当分别补足其差额,丙、丁在出资不足的范围内承担连带责任。

(三)股权的取得和证明

1.股权的取得

股东出资即取得股权,其出资的资金来源不影响股权的取得。

2.股权的证明

有限责任公司成立后,应当向股东签发出资证明书,记载下列事项:公司名称;公司成立日期;公司注册资本;股东的姓名或者名称、认缴和实缴的出资额、出资方式和出资日期;出资证明书的编号和核发日期。出资证明书由法定代表人签名,并由公司盖章。

⚠ **特别提示4-8** 有限责任公司不使用股票的概念,使用相对应的出资证明书的概念。

有限责任公司应当置备股东名册,记载于股东名册的股东,可以依股东名册主张行使股东权利。公司应当将股东的姓名或者名称向公司登记机关登记;登记事项发生变更的,应当办理变更登记。

微课
股权代持

二、有限责任公司的组织机构

有限责任公司的组织机构包括三部分:股东会、董事会及经理、监事会,即权力机构、执行机构和监察机构。它们就是公司的法人机关和议事机关。

(一)股东会

1.股东会的性质和组成

股东会是有限责任公司最高的权力机构,由全体股东组成。

2.股东会的职权

股东会行使下列职权:

(1)选举和更换董事、监事,决定有关董事、监事的报酬事项;

(2)审议批准董事会的报告;

(3)审议批准监事会的报告;

(4)审议批准公司的利润分配方案和弥补亏损方案;

(5)对公司增加或者减少注册资本作出决议;

(6)对发行公司债券作出决议;

(7)对公司合并、分立、解散、清算或者变更公司形式作出决议;

(8)修改公司章程;

(9)公司章程规定的其他职权。

股东会可以授权董事会对发行公司债券作出决议。

对上述所列事项股东以书面形式一致表示同意的,可以不召开股东会会议,直接作出决定,并由全体股东在决定文件上签名或盖章。

只有一个股东的有限责任公司不设股东会。股东作出上述所列事项决定时,应当采用书面形式,并由股东签名或者盖章后置备于公司。

3.股东会的召开

股东会会议分为定期会议和临时会议两种。定期会议应当按照公司章程的规定按时召开。代表十分之一以上表决权的股东、三分之一以上的董事或者监事会提议召开临时会议的,应当召开临时会议。

【例4-3】 下列选项中有权提议召开有限责任公司临时股东会会议的有( )。

A.代表百分之八以上表决权的股东　　B.三分之一以上的董事

C.监事会主席　　D.董事长

【解析】 答案B。选项A代表表决权的股东不够十分之一;监事会主席没有权利单独提议召开临时股东会,所以选项C不正确;董事长并不代表三分之一以上的董事,所以选项D不正确。

首次股东会会议由出资最多的股东召集和主持,依照《公司法》规定行使职权。

股东会会议由董事会召集,董事长主持;董事长不能履行职务或者不履行职务的,由副董事长主持;副董事长不能履行职务或者不履行职务的,由过半数的董事共同推举一名董事主持。

董事会不能履行或者不履行召集股东会会议职责的,由监事会召集和主持;监事会不召集和主持的,代表十分之一以上表决权的股东可以自行召集和主持。

召开股东会会议,应当于会议召开十五日前通知全体股东;但是,公司章程另有规定或者全体股东另有约定的除外。

股东会应当对所议事项的决定作成会议记录,出席会议的股东应当在会议记录上签名或者盖章。

4.股东会的决议

股东会会议由股东按照出资比例行使表决权;但是,公司章程另有规定的除外。股东会的议事方式和表决程序,除《公司法》有规定的外,由公司章程规定。股东会作出决议,应当经代表过半数表决权的股东通过。

股东会作出修改公司章程、增加或者减少注册资本的决议,以及公司合并、分立、解散或者变更公司形式的决议,应当经代表三分之二以上表决权的股东通过。

> ⚠ **特别提示 4-9**　有限责任公司和股份有限公司在重大事项的表决上所需要的表决比例都是三分之二以上,但其基数是完全不同的,有限责任公司的基数是总表决权,股份有限公司(上市公司)的基数是出席会议的表决权。

(二)董事会

1.董事会的性质和组成

董事会是股东会的执行机构。有限责任公司设董事会,董事会成员为三人以上,其成员中可以有公司职工代表。董事会中的职工代表由公司职工通过职工代表大会、职工大会或者其他形式民主选举产生。

董事会设董事长一人,可以设副董事长。董事长、副董事长的产生办法由公司章程规定。规模较小或者股东人数较少的有限责任公司,可以不设董事会,设一名董事,行使董事会职权。该董事可以兼任董事会公司经理。

2.审计委员会

有限责任公司可以按照公司章程的规定,在董事会中设置由董事组成的审计委员会,行使监事会的职权,不设监事会或者监事。公司董事会成员中的职工代表可以成为审计委员会成员。

> ⚠ **特别提示 4-10**　《公司法》取消了执行董事的说法。

董事任期由公司章程规定,但每届任期不得超过三年。董事任期届满,连选可以连任。

董事辞任的,应当以书面形式通过公司,公司收到通知之日辞任生效,但董事任期届满未及时改选或者董事在任期内辞任导致董事会成员低于法定人数的,在改选出的董事就任前,原董事仍应当履行董事职务。

法条链接:
《公司法》第六十六条规定:"股东会的议事方式和表决程序,除本法有规定的外,由公司章程规定。

股东会作出决议,应当经代表过半数表决权的股东通过。

股东会作出修改公司章程、增加或者减少注册资本的决议,以及公司合并、分立、解散或者变更公司形式的决议,应当经代表在三分之二以上表决权的股东通过。"

法条链接:
《公司法》第六十九条规定:"有限责任公司可以按照公司章程的规定在董事会中设置由董事组成的审计委员会,行使本法规定的监事会的职权,不设监事会或者监事。公司董事会成员中的职工代表可以成为审计委员会成员。"

3. 董事会的职权

董事会对股东会负责，行使下列职权：

(1) 召集股东会会议，并向股东会报告工作；

(2) 执行股东会的决议；

(3) 决定公司的经营计划和投资方案；

(4) 制订公司的利润分配方案和弥补亏损方案；

(5) 制订公司增加或者减少注册资本以及发行公司债券的方案；

(6) 制订公司合并、分立、解散或者变更公司形式的方案；

(7) 决定公司内部管理机构的设置；

(8) 决定聘任或者解聘公司经理及其报酬事项，并根据经理的提名决定聘任或者解聘公司副经理、财务负责人及其报酬事项；

(9) 制定公司的基本管理制度；

(10) 公司章程规定或者股东会授予的其他职权。

> ⚠ **特别提示 4-11** 公司章程对董事会职权的限制不得对抗善意相对人。

> ⚠ **特别提示 4-12** 2023年《公司法》删除了董事会"制定公司的年度财务预算方案、决算方案"职权。

4. 董事会会议的召开和议事规则

董事会会议由董事长召集和主持；董事长不能履行职务或者不履行职务的，由副董事长召集和主持；副董事长不能履行职务或者不履行职务的，由过半数的董事共同推举一名董事召集和主持。

董事会的议事方式和表决程序，除《公司法》有规定的外，由公司章程规定。董事会会议应当有过半数的董事出席方可举行。董事会作出决议，应当经全体董事的过半数通过。董事会应当对所议事项的决定作成会议记录，出席会议的董事应当在会议记录上签名。董事会决议的表决，应当一人一票。

(三) 经理

有限责任公司可以设经理，由董事会决定聘任或者解聘。经理对董事会负责。

经理列席董事会会议。

微课
公司决议撤销纠纷案

> ⚠ **特别提示 4-13** 经理法定职权被删除。

(四) 监事会（监事）

1. 监事会的性质和组成

监事会是公司内部的监督机构。

有限责任公司设监事会,其成员为三人以上。规模较小或者股东人数少的有限责任公司,可以不设监事会,设一名监事,行使监事会职权;经全体股东一致同意,也可以不设监事。监事会应当包括股东代表和适当比例的公司职工代表,其中职工代表的比例不得低于三分之一,具体比例由公司章程规定。监事会中的职工代表由公司职工通过职工代表大会、职工大会或者其他形式民主选举产生。

监事会设主席一人,由全体监事过半数选举产生。

董事、高级管理人员不得兼任监事。

> **特别提示 4-14** 公司法修订后,有限责任公司监事会成员由原来"不得少于三人"改为"三人以上"。

监事的任期每届为三年。监事任期届满,连选可以连任。

2.监事会(监事)的职权

监事会、不设监事会的公司的监事行使下列职权:

(1)检查公司财务;

(2)对董事、高级管理人员执行公司职务的行为进行监督,对违反法律、行政法规、公司章程或者股东会决议的董事、高级管理人员提出解任的建议;

(3)当董事、高级管理人员的行为损害公司的利益时,要求董事、高级管理人员予以纠正;

(4)提议召开临时股东会会议,在董事会不履行本法规定的召集和主持股东会会议职责时召集和主持股东会会议;

(5)向股东会会议提出提案;

(6)依照《公司法》的规定,对董事、高级管理人员提起诉讼;

(7)公司章程规定的其他职权。

监事可以列席董事会会议,并对董事会决议事项提出质询或者建议。监事会可以要求董事、高级管理人员提交执行职务的报告。

3.监事会会议的召开

监事会每年度至少召开一次会议,监事可以提议召开临时监事会会议。监事会的议事方式和表决程序,除《公司法》有规定的外,由公司章程规定。

监事会主席召集和主持监事会会议;监事会主席不能履行职务或者不履行职务的,由过半数的监事共同推举一名监事召集和主持监事会会议。

监事会决议应当经全体监事的过半数通过,监事会决议的表决,应当一人一票。

监事会应当对所议事项的决定作成会议记录,出席会议的监事应当在会议记录上签名。

法条链接:
《公司法》第八十条规定:"监事会可以要求董事、高级管理人员提交执行职务的报告。

董事、高级管理人员应当如实向监事会提供有关情况和资料,不得妨碍监事会或者监事行使职权。"

【例 4-4】 甲、乙、丙三人出资 10 万元设立一有限责任公司。其中甲出资 2 万元,乙出资 3 万元,丙出资 5 万元。公司成立后,召开了第一次股东会,会议由丙召集和主持。会议决定:不设董事会,由乙任董事兼总经理;公司设监事 1 名,由丙担任,任期 2 年。该股东会的哪些决定不符合《公司法》的规定?

【解析】 根据法律规定,股东会有权力选举和更换董事和监事,人数比较少和规模小的有限责任公司可以不设董事会,设一名董事,该董事可以兼任经理,可以不设监事会,设一名监事,行使监事会职权,经全体股东一致同意,也可以不设监事。所以股东会决议不设董事会,由乙任董事兼总经理,公司设监事一名,由丙担任,这些决议是符合法律规定的。监事任期两年,此决议违反法律规定,法律规定监事任期每届为三年。

三、有限责任公司的股权转让

(一)股权转让的一般规则和手续

1.股东之间的转让
有限责任公司的股东之间可以相互转让其全部或者部分股权。

2.向股东以外的人转让
股东向股东以外的人转让股权,应当将股权转让的数量、价格、支付方式和期限等事项书面通知其他股东,其他股东同等条件下有优先购买权。股东应就其事项书面通知其他股东,股东自接到书面通知之日起满三十日未答复的,视为放弃优先购买权。

> ⚠ **特别提示 4-15** 注意修改后的《公司法》删除了有限责任公司股东对外转让股权时其他股东的同意权规则。

在同等条件下,其他股东有优先购买权。两个以上股东行使优先购买权的,协商确定各自的购买比例;协商不成的,按照转让时各自的出资比例行使优先购买权。公司章程对股权转让另有规定的,从其规定。

3.人民法院依法强制转让
人民法院依照法律规定的强制执行程序转让股东的股权时,应当通知公司及全体股东,其他股东在同等条件下有优先购买权。其他股东自人民法院通知之日起满二十日不行使优先购买权的,视为放弃优先购买权。

4.转让股权后应当履行的手续
股东依法转让股权后,公司应当及时注销原股东的出资证明书,向新股东签发出资证明书,并相应修改公司章程和股东名册中有关股东及其出资额的记载。对公司章程的该项修改不需再由股东会表决。

5.未届期股权转让后的出资责任
股东转让已认缴出资但未届出资期限的股权的,由受让人承担缴纳该出资的义务;受让人未按期足额缴纳出资的,转让人对受让人未按期缴纳的出资承担补充责任。未按照公司章程规定的出资日期缴纳出资或者作为出资的非货币财产的实际价额显著低于所认缴的出资额的股东转让股权的,转让人与受让人在出资不足的范围内承担连带责任;受让人不知道且不应当知道存在上述情形的,由转让人承担责任。

(二)异议股东的股权回购请求权

有下列情形之一的,对股东会该项决议投反对票的股东可以请求公司按照合理的价格收购其股权:

(1)公司连续五年不向股东分配利润,而公司该五年连续盈利,并且符合《公司法》规定的分配利润条件的;

(2)公司合并、分立、转让主要财产的;

(3)公司章程规定的营业期限届满或者章程规定的其他解散事由出现,股东会通过决议修改章程使公司存续。

自股东会决议通过之日起六十日内,股东与公司不能达成股权收购协议的,股东可以自股东会决议作出之日起九十日内向人民法院提起诉讼。

公司的控股股东滥用股东权利,严重损害公司或者其他股东利益的,其他股东有权请求公司按照合理的价格收购其股权。公司收购的本公司股权,应当在六个月依法转让或注销。

(三)自然人股东资格的继承

自然人股东死亡后,其合法继承人可以继承股东资格;但是,公司章程另有规定的除外。

第四节　股份有限公司

一、股份有限公司的设立

(一)股份有限公司设立的方式

设立股份有限公司,可以采取发起设立或者募集设立的方式。发起设立,是指由发起人认购设立公司时应发行的全部股份而设立公司。募集设立,是指由发起人认购设立公司时应发行股份的一部分,其余股份向特定对象募集或者向社会公开募集而设立公司。

(二)股份有限公司设立的条件

(1)发起人符合法定人数。设立股份有限公司,应当有一人以上二百人以下为发起人,其中应当有半数以上的发起人在中华人民共和国境内有住所。

> ⚠ **特别提示 4-16**　修订后的《公司法》承认一人股份有限公司的法律地位。

法条链接:
《公司法》第九十二条"设立股份有限公司,应当有一人以上二百人以下为发起人,其中应当有半数以上的发起人在中华人民共和国境内有住所。"

⚠ **特别提示 4-17**　应当有半数以上的发起人在中国境内有住所,并不是要求发起人有半数以上是中国人。《民法典》第二十五条规定:"自然人以户籍登记或者其他有效身份登记记载的居所为住所;经常居所与住所不一致的,经常居所视为住所。"

(2)有符合公司章程规定的全体发起人认购的股本总额。股份有限公司的注册资本为在公司登记机关登记的已发行股份的股本总额。在发起人认购的股份缴足前,不得向他人募集股份。法律、行政法规以及国务院决定对股份有限公司注册资本最低限额另有规定的,从其规定。

发起人的出资方式与有限责任公司股东出资方式的要求相同。

(3)股份发行、筹办事项符合法律规定。

(4)发起人共同制定公司章程。

(5)有公司名称,建立符合股份有限公司要求的组织机构。

(6)有公司住所。

【例 4-5】　下列关于股份有限公司设立条件的表述中,正确的是(　　)。

A.发起人应有 5 人以上,且半数以上的发起人是中国人

B.设立股份有限公司法定注册资本的最低限额为 500 万元

C.采取发起设立方式的,发起人认购的股份不得少于公司股份总数的 35%

D.股份发行、筹办事项符合法律规定

【解析】　答案 D。《公司法》第九十二条规定,股份有限公司应当有一人以上二百人以下发起人,半数以上的发起人在中华人民共和国境内有住所,并不等于半数以上的发起人是中国人,所以 A 选项错误;股份有限公司的设立没有法定最低注册资本的限制,所以 B 选项错误;发起设立方式的,由发起人认购设立公司时应发行的全部股份,所以 C 选项错误。

(三)股份有限公司设立的程序

1.发起设立的程序

公司名称预先核准→认购股份→缴清股款→选举董事会、监事会→董事会申请设立登记→公告成立。

2.募集设立的程序

(1)办理公司名称预先核准。

(2)发起人认购股份。

(3)制作招股说明书。

(4)签订承销协议和代收股款协议。

(5)申请批准募股。公司向社会公开募集股份时,应当向国务院证券监督管理机构递交募股申请。

(6)公开募股。发起人向社会公开募集股份,应当公告招股说明书,并制作认股书。认股人按照所认股缴纳股款。向社会公开募集股份的,股款募足后,应当经法定验资机构验资并出具证明。

(7)召开成立大会。募集设立股份有限公司的发起人应当自公司设立时应发行股份的股款缴足之日起三十日内召开公司成立大会。

> ⚠ **特别提示 4-18** 创立大会改为成立大会。

成立大会应当持有表决权过半数的认股人出席,方可举行。

以发起设立方式设立股份有限公司成立大会的召开和表决程序由公司章程或者发起人协议规定。

成立大会行使下列职权:审议发起人关于公司筹办情况的报告;通过公司章程;选举董事、监事;对公司的设立费用进行审核;对发起人非货币财产出资的作价进行审核;发生不可抗力或者经营条件发生重大变化直接影响公司设立的,可以作出不设立公司的决议。

成立大会对前款所列事项作出决议,必须经出席会议的认股人所持表决权过半数通过。

(8)申请设立登记。董事会应当授权代表,于公司创立大会结束后三十日内,向公司登记机关申请设立登记。经公司登记机关核准发给《企业法人营业执照》,公司即告成立。

(9)公示。股份有限公司的公示要求与有限责任公司相同,应该依照《市场主体登记管理条例》的规定,通过企业信用信息公示系统依法公示。

(四)股份有限公司发起人的义务和责任

1.发起人的出资义务与责任

(1)以发起设立方式设立股份有限公司的,发起人应当认足公司章程规定的公司设立时应发行的股份。

(2)以募集设立方式设立股份有限公司的,发起人认购的股份不得少于公司章程规定的公司设立时应发行股份总数的百分之三十五。但是,法律、行政法规另有规定的,从其规定。

(3)发起人不按照其认购的股份缴纳股款,或者作为出资的非货币财产的实际价额显著低于所认购的股份的,其他发起人与该发起人在出资不足的范围内承担连带责任。

2.公司设立中发起人的责任

公司设立时应发行的股份未募足,或者发行股份的股款缴足后,发起人在三十日内未召开成立大会的,认股人可以按照所缴股款并加算银行同期存款利息,要求发起人返还。

发起人、认股人缴纳股款或者交付非货币财产出资后,除未按期募足股份、发起人未按期召开成立大会或者成立大会决议不设立公司的情形外,不得抽回其股本。

3.其他责任

有限责任公司设立中的相关民事责任、股东未出资和瑕疵出资的赔偿责任、其他股东的连带责任、催缴失权制度、股东抽逃出资的责任及董

法条链接:
《公司法》第九十七条第二款规定:"以募集设立方式设立股份有限公司的,发起人认购的股份不得少于公司章程规定的公司设立时应发行股份总数的百分之三十五;但是,法律、行政法规另有规定的,从其规定。"

监高的连带责任适用于股份有限公司。

二、股份有限公司的组织机构

(一)股东会

1.股东会的性质和组成

股份有限公司的股东会由全体股东组成,股东会是公司的权力机构。

> ⚠️ **特别提示 4-19** 2023年《公司法》将公司权力机构的称谓统一为"股东会",不再区分"股东会"与"股东大会"。

2.股东会的职权

有限责任公司股东会职权的规定,适用于股份有限公司股东会。只有一个股东的有限责任公司不设股东会的规定,适用于只有一个股东的股份有限公司。

3.股东会的召开

股东会会议分为股东会年会和股东会临时会议。股东会应当每年召开一次年会。有下列情形之一的,应当在二个月内召开临时股东会:

(1)董事人数不足《公司法》规定人数或者公司章程所定人数的三分之二时;

(2)公司未弥补的亏损达股本总额三分之一时;

(3)单独或者合计持有公司百分之十以上股份的股东请求时;

(4)董事会认为必要时;

(5)监事会提议召开时;

(6)公司章程规定的其他情形。

4.股东会的召集和主持

股东会会议由董事会召集,董事长主持;董事长不能履行职务或者不履行职务的,由副董事长主持;副董事长不能履行职务或者不履行职务的,由半数以上董事共同推举一名董事主持。

董事会不能履行或者不履行召集股东大会会议职责的,监事会应当及时召集和主持;监事会不召集和主持的,连续九十日以上单独或者合计持有公司百分之十以上股份的股东可以自行召集和主持。

单独或者合计持有公司百分之十以上股份的股东请求召开临时股东会会议的,董事会、监事会应当在收到请求之日起十日内作出是否召开临时股东会会议的决定,并书面答复股东。

5.股东会的保障措施

召开股东会会议,应当将会议召开的时间、地点和审议的事项于会议召开二十日前通知各股东;临时股东会会议应当于会议召开十五日前通知各股东。

法条链接:
《公司法》第一百一十一条规定:"股份有限公司股东会由全体股东组成。股东会是公司的权力机构,依照本法行使职权。"

> ⚠️ **特别提示 4-20** 2023年《公司法》将提出临时提案股东的持股比例要求由原《公司法》的百分之三降低为百分之一。

单独或者合计持有公司百分之一以上股份的股东,可以在股东会召开十日前提出临时提案并书面提交董事会;董事会应当在收到提案后二日内通知其他股东,并将该临时提案提交股东大会审议。临时提案应当有明确议题和具体决议事项。但临时提案违反法律、行政法规或者公司章程的规定,或者不属于股东会职权范围的除外。公司不得提高提出临时提案股东的持股比例。公开发行股份的公司,应当以公告方式作出前两款规定的通知。

股东会不得对通知中未列明的事项作出决议。

6.股东会的决议

股东出席股东会会议,所持每一股份有一表决权,类别股股东除外。公司持有的本公司股份没有表决权。股东会作出决议,应当经出席会议的股东所持表决权过半数通过。

股东会作出修改公司章程、增加或者减少注册资本的决议,以及公司合并、分立、解散或者变更公司形式的决议,必须经出席会议的股东所持表决权的三分之二以上通过。

股东会选举董事、监事,可以按照公司章程的规定或者股东会的决议,实行累积投票制。累积投票制,是指股东会选举董事或者监事时,每一股份拥有与应选董事或者监事人数相同的表决权,股东拥有的表决权可以集中使用。

股东委托代理人出席股东会会议的,应当明确代理人代理的事项、权限和期限;代理人应当向公司提交股东授权委托书,并在授权范围内行使表决权。

股东会应当对所议事项的决定作成会议记录,主持人、出席会议的董事应当在会议记录上签名。会议记录应当与出席股东的签名册及代理出席的委托书一并保存。

【**例 4-6**】 股份有限公司股东委托代理人出席股东会会议的,授权委托书应明确的内容包括( )。

A.代理人代理的事项
B.代理权限
C.代理期限
D.表决权行使方式

【**解析**】 答案 ABC。根据《公司法》的规定,股东委托代理人出席股东会会议的,应当明确代理人代理的事项、权限和期限;代理人应当向公司提交股东授权委托书,并在授权范围内行使表决权。

> **法条链接:**
> 《公司法》第一百一十六条规定:"股东出席股东会会议,所持每一股份有一表决权,类别股股东除外。公司持有的本公司股份没有表决权。
> 股东会作出决议,应当经出席会议的股东所持表决权过半数通过。
> 股东会作出修改公司章程、增加或者减少注册资本的决议,以及公司合并、分立、解散或者变更公司形式的决议,必须经出席会议的股东所持表决权的三分之二以上通过。"

> **法条链接:**
> 《公司法》第一百一十八条规定:"股东委托代理人出席股东会会议的,应当明确代理人代理的事项、权限和期限;代理人应当向公司提交股东授权委托书,并在授权范围内行使表决权。"

⚠ **特别提示 4-21** 股东会的签名主体是主持人、出席会议的董事。

(二)董事会

1.董事会的性质和组成

股份有限公司董事会是公司的经营决策和业务执行机构,依法对公司进行经营和管理。

股份有限公司设董事会,董事会成员为三人以上,其成员中可以有公司职工代表。

董事会设董事长一人,可以设副董事长。董事长和副董事长由董事会以全体董事的过半数选举产生。

董事任期每届不得超过三年。

2.审计委员会的设置

股份有限公司可以按照公司章程的规定在董事会中设置由董事组成的审计委员会,行使公司法规定的监事会的职权,不设监事会或者监事。

审计委员会成员为三名以上,过半数成员不得在公司担任除董事以外的其他职务,且不得与公司存在任何可能影响其独立客观判断的关系。公司董事会成员中的职工代表可以成为审计委员会成员。

审计委员会作出决议,应当经审计委员会成员的过半数通过。

审计委员会决议的表决,应当一人一票。

审计委员会的议事方式和表决程序,除本法有规定的外,由公司章程规定。

公司可以按照公司章程的规定在董事会中设置其他委员会。

3.董事会的职权

有限责任公司董事会职权的规定,适用于股份有限公司。

4.董事会会议的召开

董事会每年度至少召开两次会议,每次会议应当于会议召开十日前通知全体董事和监事。

代表十分之一以上表决权的股东、三分之一以上董事或者监事会,可以提议召开临时董事会会议。董事长应当自接到提议后十日内,召集和主持董事会会议。董事会召开临时会议,可以另定召集董事会的通知方式和通知时限。

董事长召集和主持董事会会议,检查董事会决议的实施情况。副董事长协助董事长工作,董事长不能履行职务或者不履行职务的,由副董事长履行职务;副董事长不能履行职务或者不履行职务的,由过半数的董事共同推举一名董事履行职务。

5.董事会会议的决议

董事会会议应有过半数的董事出席方可举行。董事会作出决议,应当经全体董事的过半数通过。

董事会决议的表决,应当一人一票。

董事会会议,应当由董事本人出席;董事因故不能出席,可以书面委托其他董事代为出席,委托书应当载明授权范围。

董事会应当对所议事项的决定作成会议记录,出席会议的董事应当在会议记录上签名。

知识拓展
董事对董事会决议的责任

董事应当对董事会的决议承担责任。

6.不设董事会的情形

规模较小或者股东人数较少的股份有限公司,可以不设董事会,设一名董事,行使董事会的职权。该董事可以兼任公司经理。

(三)经理

股份有限公司设经理,由董事会决定聘任或解聘。

经理对董事会负责,根据公司章程的规定或者董事会的授权行使职权。经理列席董事会会议。

> ⚠ **特别提示 4-22** 股份有限公司经理的职权由公司章程或董事会授权。

(四)监事会

1.监事会的性质和组成

监事会是股份有限公司的监督机构。

股份有限公司设监事会,法律另有规定的除外。

监事会成员为三人以上。监事会成员应当包括股东代表和适当比例的公司职工代表,其中职工代表的比例不得低于三分之一,具体比例由公司章程规定。监事会中的职工代表由公司职工通过职工代表大会、职工大会或者其他形式民主选举产生。

监事会设主席一人,可以设副主席。监事会主席和副主席由全体监事过半数选举产生。

2.监事会的职权

有限责任公司监事会职权的规定,适用于股份有限公司监事会。监事会行使职权所必需的费用,由公司承担。

3.监事会会议的召开和议事规则

监事会每六个月至少召开一次会议。监事可以提议召开临时监事会会议。

监事会主席召集和主持监事会会议;监事会主席不能履行职务或者不履行职务的,由监事会副主席召集和主持监事会会议;监事会副主席不能履行职务或者不履行职务的,由过半数的监事共同推举一名监事召集和主持监事会会议。

监事会的议事方式和表决程序,除本法有规定的外,由公司章程规定。

监事会决议应当经全体监事的过半数通过。

监事会决议的表决,应当一人一票。

监事会应当对所议事项的决定作成会议记录,出席会议的监事应当在会议记录上签名。

法条链接:

《公司法》第一百二十八条规定:"规模较小或者股东人数较少的股份有限公司,可以不设董事会,设一名董事,行使本法规定的董事会的职权。该董事可以兼任公司经理。"

董事、高级管理人员不得兼任监事。

4. 不设监事会

规模较小或者股东人数较少的股份有限公司,可以不设监事会,设一名监事,行使监事会的职权。

> ⚠️ **特别提示 4-23** 2023年《公司法》明确了监事会表决应采用一人一票。

法条链接:《公司法》第一百三十三条规定:"规模较小或者股东人数较少的股份有限公司,可以不设监事会,设一名监事,行使本法规定的监事会的职权。"

【例 4-7】 某市经济协作发展公司与长征汽车集团公司(私营)等三家公司订立了以募集方式设立某汽车配件股份有限公司的发起人协议,公司注册资本5000万元。同年,省有关部门批准同意组建该公司。三家发起人公司按协议制定章程,认购部分股份,起草招股说明书,签订股票承销协议、代收股款协议,经国务院证券监督管理机构批准,向社会公开募股。因为该汽车配件股份有限公司发展前景光明,所以股份募集顺利,发行股份股款缴足后经约定的验资机构验资证明后,发起人认为已完成任务,迟迟不召开成立大会,经股民强烈要求才在2个月后召开成立大会,发起人为图省事,只通知了代表股份总数的1/3以上的发起人、认股人出席,会议决定了一些法定事项。

请分析:(1)该汽车配件股份有限公司的募集设立是否存在问题?
(2)本案中召开成立大会的程序存在什么问题?

【解析】(1)《公司法》第九十二条规定,设立股份有限公司,应当有一人以上二百人以下为发起人,其中应当有半数以上的发起人在中华人民共和国境内有住所。本案中,发起人有三家公司,符合设立条件。

(2)关于成立大会,《公司法》第一百零三条规定,募集设立股份有限公司的发起人应当自公司设立时应发行股份的股款缴足之日起三十日内召开公司成立大会。成立大会应当有持有表决权过半数的、认股人出席,方可举行。本案中,该汽车配件股份有限公司的发起人在股款缴足并验资后不及时召开成立大会,拖延两个月,损害了股东与公司的合法利益。同时,成立大会的股东人数低于法定比例,成立大会的召开不合法。

三、股份有限公司股份的发行与转让

(一)股份有限公司股份的发行

1. 股份的概念和股份发行的原则

股份是指按照相等金额或者相同比例,平均划分公司资本的基本计量单位,它是公司资本的构成单位,是股东权利与义务的产生根据。

公司的资本划分为股份。公司的全部股份,根据公司章程的规定择一采用面额股或者无面额股。采用面额股的,每一股的金额相等。

公司可以根据公司章程的规定将已发行的面额股全部转换为无面额

股或者将无面额股全部转换为面额股。

采用无面额股的,应当将发行股份所得股款的二分之一以上计入注册资本。

股份具有如下特征:①股份一律平等;②股份不可分割;③股份可以转让;④股份表现为有价证券,具有流通性。

股份的发行,实行公平、公正的原则,同类别的每一股份应当具有同等权利。同次发行的同种类股,每股的发行条件和价格应当相同;认购人所认购的股份,每股应当支付相同价额。

2.类别股制度

类别股,也称种类股,是同一公司发行的在权利义务内容上具有差异的不同类别的股份的统称。

公司可以按照公司章程的规定发行下列与普通股权利不同的类别股:

(1)优先或者劣后分配利润或者剩余财产的股份;

(2)每一股的表决权数多于或者少于普通股的股份;

(3)转让须经公司同意等转让受限的股份;

(4)国务院规定的其他类别股。

3.股票的概念和形式

公司的股份采取股票的形式,股票是公司签发的证明股东所持股的凭证。股票与股份有密切联系,股份是股票的价值内容,股票是股份的存在形式。股票必须以一定的形式表现出来,明示股份的价值、股票种类等事项。《公司法》第一百四十九条规定,股票采用纸面形式或者国务院证券监督管理机构规定的其他形式。

股票采用纸面形式的,应当载明下列有关事项:①公司名称;②公司成立日期或者股票发行的时间;③股票种类、票面金额及代表的股份数,发行表面额股的,股票代表的股份数。

股票采用纸面形式的,还应当载明股票的编号,由法定代表人签名,公司盖章。发起人股票采用纸面形式的,应当标明发起人股票字样。

《公司法》第一百四十七条规定,公司发行的股票,应当为记名股票。

> ⚠️ **特别提示 4-24** 2023年《公司法》删除公司可发行无记名股票的规定。

记名股票是指代表股份的股票明确记载了股东姓名和名称。

面额股股票的发行价格可以按票面金额,也可以超过票面金额,但不得低于票面金额。

4.发行新股的决议

根据《公司法》第一百五十一条的规定,公司发行新股,股东会应当对下列事项作出决议:

法条链接:
《公司法》第一百五十条规定:"股份有限公司成立后,即向股东正式交付股票。公司成立前不得向股东交付股票。"

(1)新股种类及数额；

(2)新股发行价格；

(3)新股发行的起止日期；

(4)向原有股东发行新股的种类及数额；

(5)发行无面额股的,新股发行所得股款计入注册资本的金额。

公司发行新股,可以根据公司经营情况和财务状况,确定其作价方案。

5.股份发行中的授权资本制

股份发行中的授权资本制,是指公司章程或者股东会可以授权董事会在三年内决定发行不超过已发行股份百分之五十的股份。但以非货币财产作价出资的应当经股东会决议。

董事会依法决定发行股份导致公司注册资本、已发行股份数发生变化的,对公司章程该项记载事项的修改不需再由股东会表决。

授权资本制中董事会决议发行新股的表决机制,即公司章程或者股东会授权董事会决定发行新股的,董事会决议应当经全体董事三分之二以上通过。

(二)股份有限公司股份的转让

1.股份的转让规则

《公司法》第一百五十七条规定,股份有限公司的股东持有的股份可以向其他股东转让,也可以向股东以外的人转让;公司章程对股份转让有限制的,其转让按照公司章程的规定进行。其主要体现在：

(1)转让场所。股东转让其股份,应当在依法设立的证券交易所进行或者按照国务院规定的其他方式进行。

(2)转让方式。股票的转让,由股东以背书方式或者法律、行政法规规定的其他方式;转让后由公司将受让人的姓名或者名称及住所记载于股东名册。股东会会议召开前二十日内或者公司决定分配股利的基准日前五日内,不得变更股东名册。法律、行政法规或者国务院证券监管管理机构对上市公司股东名册变更另有规定的,从其规定。

2.对特殊主体转让股份的限制性规定

(1)发起人持有的本公司股份,自公司成立之日起一年内不得转让。公司公开发行股份前已发行的股份,自公司股票在证券交易所上市交易之日起一年内不得转让。法律、行政法规或者国务院证券监督管理机构对上市公司的股东、实际控制人转让其所持有的本公司股份另有规定的,从其规定。

(2)公司董事、监事、高级管理人员应当向公司申报所持有的本公司的股份及其变动情况;在就任时确定的任职期间每年转让的股份不得超过其所持有本公司股份总数的百分之二十五;所持本公司股份自公司股票上市交易之日起一年内不得转让。上述人员离职后半年内,不得转让其所持有的本公司股份。公司章程可以对公司董事、监事、高级管理人员

法条链接：《公司法》第一百五十三条规定:"公司章程或者股东会授权董事会决定发行新股的,董事会决议应当经全体董事三分之二以上通过。"

转让其所持有的本公司股份作出其他限制性规定。

股份在法律、行政法规规定的限制转让期间内出质的，质权人不得在限制转让期限内行使质权。

(3)公司不得收购本公司股份。但是，有下列情形之一的除外：

①减少公司注册资本；

②与持有本公司股份的其他公司合并；

③将股份用于员工持股计划或者股权激励；

④股东因对股东会作出的公司合并、分立决议持异议，要求公司收购其股份；

⑤将股份用于转换上市公司发行的可转换为股票的公司债券；

⑥上市公司为维护公司价值及股东权益所必需。

公司因上述第一项、第二项规定的情形收购本公司股份的，应当经股东会决议；公司因上述第三项、第五项、第六项规定的情形收购本公司股份的，可以按照公司章程或者股东会的授权，经三分之二以上董事出席的董事会会议决议。

公司收购本公司股份后，属于第一项情形的，应当自收购之日起十日内注销；属于第二项、第四项情形的，应当在六个月内转让或者注销；属于第三项、第五项、第六项情形的，公司合计持有的本公司股份数不得超过本公司已发行股份总数的百分之十，并应当在三年内转让或者注销。

上市公司收购本公司股份的，应当依照《中华人民共和国证券法》的规定履行信息披露义务。上市公司因第三项、第五项、第六项规定的情形收购本公司股份的，应当通过公开的集中交易方式进行。

公司不得接受本公司的股份作为质权的标的。

3.股份有限公司股东的异议股东回购请求权

有下列情形之一的，对股东会该项决议投反对票的股东可以请求公司按照合理的价格收购其股份，公开发行股份的公司除外：

(1)公司连续五年不向股东分配利润，而公司该五年连续盈利，并且符合本法规定的分配利润条件；

(2)公司转让主要财产；

(3)公司章程规定的营业期限届满或者章程规定的其他解散事由出现，股东会通过决议修改章程使公司存续。

自股东会决议作出之日起六十日内，股东与公司不能达成股份收购协议的，股东可以自股东会决议作出之日起九十日内向人民法院提起诉讼。

公司因(1)规定的情形收购的本公司股份，应当在六个月内依法转让或者注销。

4.禁止财务资助制度及例外规则

禁止财务资助制度，是指公司不得为他人取得本公司或者其母公司的股份提供赠与、借款、担保以及其他财务资助，公司实施员工持股计划的除外。

法条链接：
法条链接《公司法》第一百六十七条规定："自然人股东死亡后，其合法继承人可以继承股东资格；但是，股份转让受限的股份有限公司的章程另有规定的除外。"

为公司利益,经股东会决议,或者董事会按照公司章程或者股东会的授权作出决议,公司可以为他人取得本公司或者其母公司的股份提供财务资助,但财务资助的累计总额不得超过已发行股本总额的百分之十。董事会作出决议应当经全体董事的三分之二以上通过。

违反上述规定,给公司造成损失的,负有责任的董事、监事、高级管理人员应当承担赔偿责任。

四、上市公司组织机构的特别规定

《公司法》所称上市公司,是指其股票在证券交易所上市交易的股份有限公司。为了规范上市公司,《公司法》第五节对上市公司的组织机构作了特别规定。

(一)上市公司重大事项决策制度

上市公司在一年内购买、出售重大资产或者向他人提供担保的金额超过公司资产总额百分之三十的,应当由股东大会作出决议,并经出席会议的股东所持表决权的三分之二以上通过。

> ⚠ **特别提示 4-25** 上市公司设独立董事,具体管理办法由国务院证券监督管理机构规定。

(二)上市公司独立董事制度

上市公司设立独立董事。上市公司独立董事是指不在公司担任除董事外的其他职务,并与其任职的上市公司及其主要股东不存在可能妨碍其进行独立客观判断的关系的董事。

上市公司的公司章程除载明股份有限公司章程的法定事项外,还应当依照法律、行政法规的规定载明董事会专门委员会的组成、职权以及董事、监事、高级管理人员薪酬考核和机制等事项。

(三)上市公司的审计委员会

上市公司在董事会中设置审计委员会的,董事会对下列事项作出决议前应当经审计委员会全体成员过半数通过:
(1)聘用、解聘承办公司审计业务的会计师事务所;
(2)聘任、解聘财务负责人;
(3)披露财务会计报告;
(4)国务院证券监督管理机构规定的其他事项。

(四)上市公司董事会秘书制度

上市公司设董事会秘书,负责公司股东会和董事会会议的筹备、文件保管以及公司股东资料的管理,办理信息披露事务等事宜。

(五)上市公司关联董事的回避制度

上市公司董事与董事会会议决议事项所涉及的企业或者个人有关联关系的,该董事应当及时向董事会书面报告。有关联关系的董事不得对该项决议行使表决权,也不得代理其他董事行使表决权。该董事会会议由过半数的无关联关系董事出席即可举行,董事会会议所作决议须经无关联关系董事过半数通过。出席董事会会议的无关联关系董事人数不足三人的,应当将该事项提交上市公司股东会审议。

(六)上市公司披露股东、实际控制人的信息义务

上市公司应当依法披露股东、实际控制人的信息,相关信息应当真实、准确、完整。

禁止违反法律、行政法规的规定代持上市公司股票。

(七)上市公司控股子公司的行为禁止

上市公司控股子公司不得取得该上市公司的股份。

上市公司控股子公司因公司合并、质权行使等原因持有上市公司股份的,不得行使所持股份对应的表决权,并应当及时处分相关上市公司股份。

> **法条链接:**
> 《公司法》第一百四十条规定:"上市公司应当依法披露股东、实际控制人的信息,相关信息应当真实、准确、完整。
> 禁止违反法律、行政法规的规定代持上市公司股票。"

第五节 国家出资公司

一、国家出资公司的概念和类型

国家出资公司,是指国家出资的、由国务院或者地方人民政府,或者国务院或地方人民政府授权的国有资产监督管理机构或者其他部门、机构履行出资人职责的国有独资公司和国有资本控股公司。

国家出资公司包括国有独资公司和国有资本控股公司两种类型的公司,包括国家出资的有限责任公司、股份有限公司。

二、国家出资公司组织机构的一般规则

(一)出资人职责的履行

国家出资公司,由国务院或者地方人民政府分别代表国家依法履行出资人职责,享有出资人权益。国务院或者地方人民政府可以授权国有资产监督管理机构或者其他部门、机构代表本级人民政府对国家出资公司履行出资人职责。

代表本级人民政府履行出资人职责的机构、部门,以下统称为履行出资人职责的机构。

(二)党的领导

国家出资公司中中国共产党的组织,按照中国共产党章程的规定发挥领导作用,研究讨论公司重大经营管理事项,支持公司的组织机构依法行使职权。

坚持党的领导,是国家出资公司的本质特征和独特优势,也是国家出资公司必须一以贯之的重大政治原则和必须坚守的政治方向。

> **法条链接:**
> 《公司法》第一百七十条规定:"国家出资公司中中国共产党的组织,按照中国共产党章程的规定发挥领导作用,研究讨论公司重大经营管理事项,支持公司的组织机构依法行使职权。"

(三)合规治理

国家出资公司的合规治理,依照新《公司法》的规定,国家出资公司应当依法建立健全内部监督管理和风险控制制度,加强内部合规管理。

三、国有独资公司

(一)国有独资公司的概念

国有独资公司是指国家单独出资、由国务院或者地方人民政府授权本级人民政府国有资产监督管理机关、其他部门或机构履行出资人职责的一人公司,包括一人有限公司和一人股份公司两类。

国有独资公司作为一种特殊的公司形态,既是特殊的一人公司,也是特殊的有限责任公司或股份有限公司。

(二)国有独资公司的特别规定

1.国有独资公司的章程

国有独资公司的章程由履行出资人职责的机构制定。

2.股东权的行使

国有独资公司不设股东会,由履行出资人职责的机构行使股东会职权。

履行出资人职责的机构可以授权公司董事会行使股东会的部分职权,但公司章程的制定和修改,公司的合并、分立、解散、申请破产,增加或者减少注册资本,分配利润,应当由履行出资人职责的机构决定。

3.董事会与经理

国有独资公司设董事会,董事会的职权与普通有限责任公司的相同。

董事会成员中应当有过半数为外部董事,并应当有公司职工代表。董事会成员由履行出资人职责的机构委派,董事会成员中的职工代表由公司职工代表大会选举产生。

董事会设董事长一人,可以设副董事长。董事长和副董事长由履行出资人职责的机构从董事会成员中指定。

国有独资公司设经理,由董事会聘任或者解聘。经理的职权与普通有限责任公司的相同。经履行出资人职责的机构同意,董事会成员可以兼任经理。

国有独资公司的董事长、副董事长、董事、高级管理人员,未经履行出资人职责的机构同意,不得在其他有限责任公司、股份有限公司或者其他经济组织兼职。

4.审计委员会

国有独资公司在董事会中设置由董事组成的审计委员会行使监事会职权,不设监事会或者监事。

审计委员会由董事组成,可以包括履行出资人职责

法条链接:

《公司法》第一百七十七条规定:"国家出资公司应当依法建立健全内部监督管理和风险控制制度,加强内部合规管理。"

法条链接:

《公司法》第一百七十六条规定:"国有独资公司在董事会中设置由董事组成的审计委员会行使本法规定的监事会职权的,不设监事会或者监事。"

的机构委派的董事、外部董事、职工董事。

审计委员会全部承接监事会的职权。

第六节 公司的董事、监事和高级管理人员

高级管理人员,是指公司的经理、副经理、财务负责人,上市公司董事会秘书和公司章程规定的其他人员。

【例4-8】 下列属于公司高级管理人员的是( )。

A.财务部门经理 B.会计

C.董事会秘书 D.董事长秘书

【解析】 答案 A。A 属于财务负责人,属于公司高级管理人员;B 错误,会计不是财务部门负责人;C 错误,上市公司的董事会秘书是高级管理人员,非上市公司的董事会秘书则不一定是高级管理人员;D 错误,董事长秘书不是公司高级管理人员。

⚠️ **特别提示 4-26** 高级管理人员是和董事、监事并列的概念,没有包含的关系;财务负责人不可以是一般的财务工作人员。

一、公司的董事、监事和高级管理人员的资格

根据《公司法》第一百七十八条的规定,有下列情形之一的,不得担任公司的董事、监事和高级管理人员:

(1)无民事行为能力或者限制民事行为能力;

(2)因贪污、贿赂、侵占财产、挪用财产或者破坏社会主义市场经济秩序,被判处刑罚,执行期满未逾五年,或者因犯罪被剥夺政治权利,执行期满未逾五年,被宣告缓刑的,自缓刑考验期满之日起未逾二年;

(3)担任破产清算的公司、企业的董事或者厂长、经理,对该公司、企业的破产负有个人责任的,自该公司、企业破产清算完结之日起未逾三年;

(4)担任因违法被吊销营业执照、责令关闭的公司、企业的法定代表人,并负有个人责任的,自该公司、企业被吊销营业执照、责令关闭之日起未逾三年;

(5)个人所负数额较大的债务到期未清偿被人民法院列为失信被执行人。

公司违反上述规定选举、委派董事、监事或者聘任高级管理人员的,该选举、委派或者聘任无效。董事、监事、高级管理人员在任职期间出现上述所列情形的,公司应当解除其职务。

二、公司的董事、监事和高级管理人员的义务

董事、监事、高级管理人员应当遵守法律、行政法规和公司章程。

董事、监事、高级管理人员对公司负有忠实义务，即应当采取措施避免自身利益与公司利益冲突，不得利用职权牟取不正当利益。

董事、监事、高级管理人员对公司负有勤勉义务，即执行职务应当为公司的最大利益尽到管理者通常应有的合理注意。勤勉义务，又被称为善良管理人的注意义务或审慎义务。

公司的控股股东、实际控制人不担任公司董事但实际执行公司事务的，适用上述规定。

(一)董事、监事、高级管理人员对公司的忠实义务

董事、监事、高级管理人员不得有下列行为：
(1)侵占公司财产、挪用公司资金；
(2)将公司资金以其个人名义或者以其他个人名义开立账户存储；
(3)利用职权贿赂或者收受其他非法收入；
(4)接受他人与公司交易的佣金归为己有；
(5)擅自披露公司秘密；
(6)违反对公司忠实义务的其他行为。

公司董事、监事、高级管理人员对公司的其他忠实义务：

(1)公司董事、监事、高级管理人员禁止篡夺公司机会。即公司董事、监事、高级管理人员，不得利用职务便利为自己或者他人谋取属于公司的商业机会。

(2)公司董事、监事、高级管理人员的关联交易事项的特别规定。即公司董事、监事、高级管理人员，直接或者间接与本公司订立合同或者进行交易，应当就与订立合同或者进行交易有关的事项向董事会或者股东会报告，并按照公司章程的规定经董事会或者股东会决议通过。

> ⚠ **特别提示 4-27** 2023年《公司法》新增加了董事、监事、高级管理人员关于利益冲突事项的报告义务。

(3)公司董事、监事、高级管理人员的竞业禁止。即公司董事、监事、高级管理人员未向董事会或者股东会报告，并按照公司章程的规定经董事会或者股东会决议通过，不得自营或者为他人经营与其任职公司同类的业务。

董事、监事、高级管理人员违反上述规定所得的收入应当归公司所有。

【例 4-9】 刘某是甲有限责任公司的董事兼总经理，该公司主要经营计算机销售业务。任职期间，刘某代理乙公司从国外进口的一批计算机并将其销售给丙公司，甲公司得知后提出异议。本案应如何认定和处理？

【解析】 刘某违反了《公司法》竞业禁止的规定。依据《公司法》的规定，公司董事、监事、高级管理人员未向董事会或者股东会报告，并按照公司章程的规定经董事会或者股东会决议通过，不得自营或者为他人经营与其任职公司同类的业务。其违反上述规定所得的收入应当归公司所有。

（二）董事、监事、高级管理人员对公司的特别忠实义务

公司不得直接或通过子公司向董事、监事、高级管理人员提供借款。公司应当定期向股东披露董事、监事、高级管理人员从公司获得报酬的情况。

（三）董事、监事、高级管理人员对公司和第三人的赔偿责任

董事、监事、高级管理人员执行职务时违反法律、行政法规或者公司章程的规定，给公司造成损失的，应当承担赔偿责任。

董事、高级管理人员执行职务，给他人造成损害的，公司应当承担赔偿责任；董事、高级管理人员存在故意或者重大过失的，也应当承担赔偿责任。

公司的控股股东、实际控制人指示董事、高级管理人员从事损害公司或者股东利益的行为的，与该董事、高级管理人员承担连带责任。

什么是控股股东和实际控制人

法条链接：
《公司法》第一百九十二条规定，"公司的控股股东、实际控制人指示董事、高级管理人员从事损害公司或者股东利益的行为的，与该董事、高级管理人员承担连带责任。"

（四）董事、监事、高级管理人员对公司的其他义务和责任

股东会要求董事、监事、高级管理人员列席会议的，董事、监事、高级管理人员应当列席并接受股东的质询。董事、高级管理人员应当如实向监事会或者不设监事会的有限责任公司的监事提供有关情况和资料，不得妨碍监事会或者监事行使职权。

三、董事、监事、高级管理人员的责任追究

为保护股东权益，《公司法》第二十五条规定，公司股东会、董事会的决议内容违反法律、行政法规的无效。

公司股东会、董事会的会议召集程序、表决方式违反法律、行政法规或者公司章程，或者决议内容违反公司章程的，股东自决议作出之日起六十日内，可以请求人民法院撤销。

1.通过监事会或监事提起诉讼维权

董事、高级管理人员执行职务时违反法律、行政法规或者公司章程的规定，给公司造成损失的，有限责任公司的股东、股份有限公司连续一百八十日以上单独或者合计持有公司百分之一以上股份的股东，可以书面请求监事会或者不设监事会的有限责任公司的监事向人民法院提起诉讼。

2.通过董事会或董事提起诉讼维权

监事执行职务时违反法律、行政法规或者公司章程的规定，给公司造成损失的，有限责任公司的股东、股份有限公司连续一百八十日以上单独或者合计持有公司百分之一以上股份的股东，可以书面请求董事会向人民法院提起诉讼。

3.股东直接维权

监事会或者董事会收到有限责任公司的股东、股份有限公司连续一

百八十日以上单独或者合计持有公司百分之一以上股份的股东的书面请求后拒绝提起诉讼,或者自收到请求之日起三十日内未提起诉讼,或者情况紧急、不立即提起诉讼将会使公司利益受到难以弥补的损害的,上述规定的股东有权为了公司的利益以自己的名义直接向人民法院提起诉讼。

他人侵犯公司合法权益,给公司造成损失的,有限责任公司的股东、股份有限公司连续一百八十日以上单独或者合计持有公司百分之一以上股份的股东可以按照前文规定向人民法院提起诉讼。

4.股东双重代表诉讼

公司全资子公司的董事、监事、高级管理人员执行职务违反法律、行政法规或者公司章程的规定,给公司造成损失的,或者他人侵犯公司全资子公司合法权益造成损失的,有限责任公司的股东、股份有限公司连续一百八十日以上单独或者合计持有公司百分之一以上股份的股东,可以依法书面请求全资子公司的监事会、董事会向人民法院提起诉讼或者以自己的名义直接向人民法院提起诉讼。

四、董事责任保险制度

《公司法》第一百九十三条明确规定,公司可以在董事任职期间为董事因执行公司职务承担的赔偿责任投保责任保险。

公司为董事投保责任保险或者续保后,董事会应当向股东会报告责任保险的投保金额、承保范围及保险费率等内容。

第七节　公司债券和公司财务会计制度

一、公司债券

(一)公司债券的概念

公司债券,是指公司发行的约定按期还本付息的有价证券。

(二)公司债券的种类

1.记名公司债券和无记名公司债券

> ⚠️ **特别提示 4-28**　我国《公司法》第一百九十七条规定,公司债券应当为记名债券。

以是否在公司债券上载明持有人的姓名或者名称为标准,将公司债券划分为记名公司债券和无记名公司债券。记名公司债券是指在债券票面上载明持有人姓名或者名称的公司债券。无记名公司债券是指在债券票面上不记载持有人姓名或者名称的公司债券。

法条链接:
《公司法》第一百九十六条规定:"公司以纸面形式发行公司债券的,应当在债券上载明公司名称、债券票面金额、利率、偿还期限等事项,并由法定代表人签名,公司盖章。"

2.可转换公司债券和不可转换公司债券

以是否可以转换为发行公司的股票为分类标准,公司债券分为可转换公司债券和不可转换公司债券。

可转换公司债券是指赋予债券持有人附条件地将公司债券转换为发行公司股份的请求权的公司债。

股份有限公司经股东会决议,或者经公司章程、股东会授权由董事会决议,可以发行可转换为股票的公司债券,并规定具体的转换办法。上市公司发行可转换为股票的公司债券,应当经国务院证券监督管理机构注册。

发行可转换为股票的公司债券,应当在债券上标明可转换公司债券字样,并在公司债券持有人名册上载明可转换公司债券的数额。

发行可转换为股票的公司债券的,公司应当按照其转换办法向债券持有人换发股票,但债券持有人对转换股票或者不转换股票有选择权。法律、行政法规另有规定的除外。

> ⚠️ **特别提示 4-29** 仅股份有限公司可以发行可转换公司债券,有限责任公司不能公开发行可转换公司债券。

(三)公司债券公开发行的一般条件

公司债券可以公开发行,也可以非公开发行。

> ⚠️ **特别提示 4-30** 非公开发行证券,不得采用广告、公开劝诱和变相公开方式。

公司债券的发行和交易应当符合《中华人民共和国证券法》等法律、行政法规的规定。根据我国《证券法》第十五条的规定,公开发行公司债券,应当符合下列条件:

(1)具备健全且运行良好的组织机构;
(2)最近三年平均可分配利润足以支付公司债券一年的利息;
(3)国务院规定的其他条件。

公开发行公司债券筹集的资金,必须按照公司债券募集办法所列资金用途使用;改变资金用途,必须经债券持有人会议作出决议。公开发行公司债券筹集的资金,不得用于弥补亏损和非生产性支出。

根据《证券法》第十七条的规定,有下列情形之一的,不得再次公开发行公司债券:

(1)对已公开发行的公司债券或者其他债务有违约或者延迟支付本息的事实,仍处于继续状态;
(2)违反本法规定,改变公开发行公司债券所募资金的用途。

(四)公司债券的转让

公司债券可以转让,转让价格由转让人与受让人约定。公司债券的转让应当符合法律、行政法规的规定。

公司债券由债券持有人以背书方式或者法律、行政法规规定的其他方式转让;转让后由公司将受让人的姓名或者名称及住所记载于公司债券持有人名册。

(五)公司债券公开发行的程序

1.形成公司决议
发行公司债券决议可以由股东会作出,也可以由股东会授权的董事会作出决议。

2.注册程序
在注册制下,各证券交易所的公司债公开发行注册程序都大致相同。

3.置备公司债券持有人名册
《公司法》第一百九十八条规定,公司发行公司债券应当置备公司债券持有人名册。

> ⚠️ **特别提示 4-31** 2023 年《公司法》在公司债券发行过程中取消置备债券存根簿的规定,改为置备债券持有人名册。

4.公告公司债券募集办法
完成公司债券发行的注册程序后,应当公告公司债券募集办法。

二、公司财务会计制度

公司应当依照法律、行政法规和国务院财政部门的规定建立本公司的财务、会计制度。

(一)财务会计报告制度

公司应当在每一会计年度终了时编制财务会计报告,并依法经会计师事务所审计。财务会计报告应当依照法律、行政法规和国务院财政部门的规定制作。有限责任公司应当按照公司章程规定的期限将财务会计报告送交各股东。股份有限公司的财务会计报告应当在召开股东会年会的二十日前置备于本公司,供股东查阅;公开发行股票的股份有限公司应当公告其财务会计报告。

(二)公积金制度

公积金是指公司为了未来弥补公司的亏损、扩大公司生产经营或者转为增加公司注册资本,依照法律和公司章程的规定以及股东会决议而从公司税后利润中提取的累积资金,又称公司储备金。

1.公积金的提取

公司分配当年税后利润时,应当提取利润的百分之十列入法定公积金。公司法定公积金累计额为公司注册资本的百分之五十以上的,可以不再提取。

公司的法定公积金不足以弥补以前年度亏损的,在依照上述规定提取法定公积金之前,应当先用当年利润弥补亏损。

公司从税后利润中提取法定公积金后,经股东会决议,还可以从税后利润中提取任意公积金。

2.资本公积金的构成

公司以超过股票票面金额的发行价格发行股份所得的溢价款、发行无面额股所得股数未计入注册资本的金额以及国务院财政部门规定列入资本公积金的其他收入,应当列为公司资本公积金。

3.公积金的用途

公司的公积金用于弥补公司的亏损、扩大公司生产经营或者转为增加公司资本。公积金弥补公司亏损,应当先使用任意公积金和法定公积金;仍不能弥补的,可以按照规定使用资本公积金。

法定公积金转为增加注册资本时,所留存的该项公积金不得少于转增前公司注册资本的百分之二十五。

> ⚠️ **特别提示 4-32** 2023年《公司法》取消资本公积金不得用于弥补公司的亏损,新增公积金弥补亏损的顺序规则。

(三)公司的利润分配

公司弥补亏损和提取公积金后所余税后利润,有限责任公司按照股东实缴的出资比例分配利润,全体股东约定不按照出资比例分配利润的除外;股份有限公司按照股东所持有的股份比例分配利润,公司章程另有规定的除外。

公司持有的本公司股份不得分配利润。

公司违反规定向股东分配利润的,股东应当将违反规定分配的利润退还公司;给公司造成损失的,股东及负有责任的董事、监事、高级管理人员应当承担赔偿责任。

股东会作出分配利润的决议的,董事会应当在股东会决议作出之日起六个月内进行分配。

(四)公司与中介机构的关系

1.聘请程序

公司聘用、解聘承办公司审计业务的会计师事务所,按照公司章程的规定,由股东会、董事会、或者监事会决定。

2.赔偿责任

承担资产评估、验资或验证的机构因其出具的评估结果、验资或者验证证明不实,给公司债权人造成损失的,除能够证明自己没有过错的外,在其评估或者证明不实的金额范围内承担赔偿责任。

第八节 公司合并、分立、解散和清算

一、公司合并

(一)公司合并的概念

公司合并,是指两个或者两个以上公司,签订合并协议,并根据公司法的规定,不经清算而直接合并成一个公司的法律行为。

法条链接:
《公司法》第二百二十一条规定:"公司合并时,合并各方的债权、债务,应当由合并后存续的公司或者新设的公司承继。"

公司合并可以采取吸收合并或者新设合并。一个公司吸收其他公司为吸收合并,被吸收的公司解散。两个以上公司合并设立一个新的公司为新设合并,合并各方解散。

(二)简易合并制度和小规模合并制度

简易合并制度,是指公司与其持股百分之九十以上的公司合并,被合并的公司不需经股东会决议,但应当通知其他股东,其他股东有权请求公司按照合理的价格收购其股权或者股份。

小规模合并制度,是指公司合并支付的价款不超过本公司净资产百分之十的,可以不经股东会决议;但是,公司章程另有规定的除外。

公司依照上述规定合并不经股东会决议的,应当经董事会决议。

(三)公司合并的程序

1.签订合并协议

公司合并,应当由合并各方签订合并协议,并编制资产负债表及财产清单。

2.通知和公告

公司应当自作出合并决议之日起十日内通知债权人,并于三十日内在报纸上或者国家企业信用信息公示系统公告。

3.清偿债务或提供担保

债权人自接到通知之日起三十日内,未接到通知的债权人自公告之日起四十五日内,可以要求公司清偿债务或者提供相应的担保。

4.登记

公司的合并完成以上程序后,应当向公司登记机关办理变更、注销或设立登记。

5.债务承担

公司合并时,合并各方的债权、债务,应当由合并后存续的公司或者新设的公司承继。

【例4-10】 A有限责任公司由甲、乙股东投资设立,B有限责任公司由丙、丁投资设立。2020年,A有限责任公司被B有限责任公司合并,股东为甲、乙、丙、丁。合并前,A有限责任公司尚有600万元债务未偿还。合并完成后,该债务应由谁偿还?

【解析】 公司合并时,合并各方的债权、债务,应当由合并后存续的公司或者新设的公司承继。所以该债务应当由B有限责任公司偿还。

二、公司分立

(一)公司分立的概念

公司分立,即一个公司不经由清算程序,通过签订分立协议的方式被划分为两个或两个以上公司。

公司分立的方式一般有两种:一是派生分立,即公司以其部分财产和业务另设立新的公司,原公司存续;二是新设分立,即公司的全部财产分别归入两个或两个以上新设立的公司,原公司解散。

(二)公司分立的程序

1.作出公司分立决定和决议,订立分立协议

公司分立应当编制资产负债表及财产清单,由股东会作出分立决议。订立公司分立协议。

2.通知和公告

公司应当自作出分立决议之日起十日内通知债权人,并于三十日内在报纸上或者国家企业信用信息公示系统公告。

3.登记

公司的分立完成以上程序后,应当向公司登记机关办理登记。

4.债务承担

公司分立前的债务由分立后的公司承担连带责任。但是,公司在分立前与债权人就债务清偿达成的书面协议另有约定的除外。

三、公司解散

(一)公司解散的概念

公司解散,是指公司因发生章程规定或法律规定的解散事由而停止经营活动,并导致其主体资格消灭的法律行为。一般来说,公司解散要经过法定的清算程序。

(二)公司解散的原因

(1)公司章程规定的营业期限届满或者公司章程规定的其他解散事由出现。
(2)股东会决议解散。
(3)因公司合并或者分立需要解散。
(4)依法被吊销营业执照、责令关闭或者被撤销。
(5)股东请求法院解散公司。公司经营管理发生严重困难,继续存续会使股东利益受到重大损失,通过其他途径不能解决的,持有公司表决权百分之十以上的股东,可以请求人民法院解散公司。

公司出现上述规定的解散事由,应当在十日内将解散事由通过国家企业信用信息公示系统予以公示。

(三)公司免于解散而存续

公司出现公司章程规定的营业期限届满或者公司章程规定的其他解散事由及股东会决议解散二项解散情形,且尚未向股东分配财产的,可以通过修改公司章程或者经股东会决议而存续。

依照上述规定修改公司章程或者经股东会决议,有限责任公司须经持有三分之二以上表决权的股东通过,股份有限公司须经出席股东会会议的股东所持表决权的三分之二以上通过。

四、公司清算

公司清算,是指解散的公司清理债权债务、分配剩余财产、了结公司的法律关系,从而使公司法人资格归于消灭的程序。除公司合并、分立外,其他公司解散的情形都需要清算。

(一)成立清算组

公司解散的,应当清算。董事为公司清算义务人,应当在解散事由出现之日起十五日内组成清算组进行清算。

清算组由董事组成,但是公司章程另有规定或者股东会决议另选他人的除外。

清算义务人未及时履行清算义务,给公司或者债权人造成损失的,应当承担赔偿责任。

公司应当清算,逾期不成立清算组进行清算或者成立清算组后不清算的,利害关系人可以申请人民法院指定有关人员组成清算组进行清算。人民法院应当受理该申请,并及时组织清算组进行清算。

公司因依法被吊销营业执照、责令关闭或者被撤销而解散的,作出吊销营业执照、责令关闭或者撤销决定的部门或者公司登记机关,可以申请人民法院指定有关人员组成清算组进行清算。

(二)清算组成员的忠实义务和勤勉义务

清算组成员履行清算职责,负有忠实义务和勤勉义务。

清算组成员怠于履行清算职责,给公司造成损失的,应当承担赔偿责任;因故意或者重大过失给债权人造成损失的,应当承担赔偿责任。

(三)清算组的职权

1. 清理公司财产,分别编制资产负债表和财产清单。
2. 通知、公告债权人。
3. 处理与清算有关的公司未了结的业务。
4. 清缴所欠税款以及清算过程中产生的税款。
5. 清理债权、债务。
6. 分配公司清偿债务后的剩余财产。
7. 代表公司参与民事诉讼活动。

(四)清算程序

1. 通知和公告

清算组应当自成立之日起十日内通知债权人,并于六十日内在报纸上或者国家企业信用信息公示系统公告。债权人应当自接到通知书之日起三十日内,未接到通知书的自公告之日起四十五日内,向清算组申报其债权。在申报债权期间,清算组不得对债权人进行清偿。

法条链接:

《公司法》第二百三十八条规定:"清算组成员履行清算职责,负有忠实义务和勤勉义务。

清算组成员怠于履行清算职责,给公司造成损失的,应当承担赔偿责任;因故意或者重大过失给债权人造成损失的,应当承担赔偿责任。"

2.制订清算方案和处分公司财产

清算组在清理公司财产、编制资产负债表和财产清单后,应当制订清算方案,并报股东会或者人民法院确认。

公司财产在分别支付清算费用、职工的工资、社会保险费用和法定补偿金,缴纳所欠税款,清偿公司债务后的剩余财产,有限责任公司按照股东的出资比例分配,股份有限公司按照股东持有的股份比例分配。

3.申请注销

公司清算结束后,清算组应当制作清算报告,报股东会或者人民法院确认,并报送公司登记机关,申请注销公司登记。

(五)公司的简易注销和强制注销制度

公司的简易注销,是指公司在存续期间未产生债务,或者已清偿全部债务的,经全体股东承诺,可以按照规定通过简易程序注销公司登记。

通过简易程序注销公司登记,应当通过国家企业信用信息公示系统予以公告,公告期限不少于二十日。公告期限届满后,未有异议的,公司可以在二十日内向公司登记机关申请注销公司登记。

特别提示 4-33 公司通过简易程序注销公司登记,股东承诺不实的,应当对注销登记前的债务承担连带责任。

公司的强制注销,是指公司被吊销营业执照、责令关闭或者被撤销,满三年未向公司登记机关申请注销公司登记的,公司登记机关可以通过国家企业信用信息公示系统予以公告,公告期限不少于六十日。公告期限届满后,未有异议的,公司登记机关可以注销公司登记。

依照上述规定注销公司登记的,原公司股东、清算义务人的责任不受影响。

课后思考题

1. 简述有限责任公司设立的条件及其组织机构的法律规定。
2. 什么是国家出资公司?简述国家出资公司组织机构的特别规定。
3. 简述股份有限公司设立的条件及其组织机构的法律规定。
4. 比较股份有限公司和有限责任公司的法律特征。
5. 公司董事、监事、高级管理人员的资格和义务有哪些具体规定?
6. 什么是公司债券?公司债券有哪些种类?发行公司债券的主体和条件是什么?
7. 简述上市公司的特别法律规定。

 课后案例

【背景资料】 单某为某市电器商场股份有限公司董事兼总经理。2022年11月,单某以本市百货公司名义从国外进口一批家电产品,共计价值80多万元。之后,单某将该批家电产品销售给了本市五金交化公司。电器商场董事会得知此事后,认为单某身为本公司董事兼总经理,负有竞业禁止义务,不得经营与本公司同类的业务,单某的行为违反了有关法律规定,该销售行为应属无效。于是,决议责成单某取消该销售合同,而将该批家电产品由电器商场买下。五金交化公司认为,该批家电产品的买卖,是在本公司与百货公司之间进行的,与电器商场无关。合同的成立基于双方当事人意思表示一致,而且合同的内容不违法,所以是有效的。至于单某作为电器商场董事而经营与电器商场相同的业务,属于电器商场的内部事务,与百货公司和五金交化公司无关。双方争执不下,电器商场遂诉至人民法院。法院查明,单某曾于2021年12月以电器商场一幢楼房为电器商场的第四大股东——本市建筑工程公司的债务提供担保;于2021年10月将自己的一辆小轿车卖给电器商场。

【问题】

1.单某买卖家电的行为是否合法?为什么?

2.电器商场的主张有依据吗?为什么?

3.对单某买卖家电的行为应如何处理?

4.对单某为建筑工程公司提供担保的行为,电器商场可能作出哪些处理?

5.单某卖小轿车给电器商场的行为是否有效?为什么?

第五章 企业破产法

内容提示

1. 企业破产法的适用范围
2. 破产申请和受理
3. 破产管理人
4. 债务人财产
5. 破产费用和共益债务
6. 债权申报和债权人会议
7. 重整与和解
8. 破产清算

学习目标

★ 知识目标

1. 掌握破产界限、破产的申请与受理、破产管理人的职责、破产财产、破产费用与共益债务、债权申报的要求、债权人会议的职权和决议、重整计划的制订和执行、和解的效力和终止、破产财产的分配。

2. 了解破产管理人的组成、债权人会议的组成、破产宣告、破产程序的终结。

★ 能力目标

1. 依法对企业是否破产做出客观分析判断。
2. 实践中依法配合法院等相关部门处理企业破产事务。

★ 素养目标

自觉弘扬和践行企业破产法所倡导的诚信、公正等社会主义核心价值观,培养维护社会公平正义之心,引导社会风尚。

课前案例导入

【背景资料】 H市A化工厂是一家国有企业法人,主要生产化肥,其拥有固定资产3 000多万元,现有职工近千人。由于化肥市场竞争激烈,自2017年以来,A化工厂连续亏损。虽然采取一系列挽救措施,但由于企业设备老化,产品单一,加上管理方面的原因,没有收到预期的效果,最终被迫停产。至2021年A化工厂累计负债22 000万元,企业无力清偿到期债务,无力生存下去。在这种情况下,A化工厂向H市中级人民法院申请破产。

【问题】
1. A化工厂的破产原因是什么?
2. A化工厂要申请破产,哪个法院有管辖权?
3. A化工厂需要向人民法院提交哪些材料?
4. 除了A化工厂外,还有哪些主体可以向法院申请A化工厂破产?

第一节 企业破产法概述

一、破产的概念

破产是在债务人不能清偿到期债务,并且资产不足以清偿全部债务或者明显缺乏清偿能力的情况下,由人民法院主持强制执行其全部财产公平清偿全体债权人的法律制度。

二、企业破产法的概念

企业破产法是指在企业法人不能清偿到期债务,并且资产不足以清偿全部债务或者明显缺乏清偿能力的情况下,人民法院强制对其全部财产清算分配,公平清偿债权人,或通过和解、整顿延缓清偿债务,避免企业法人破产的法律规范的总称。

企业破产法有广义和狭义之分。狭义的企业破产法仅指2006年8月27日第十届全国人民代表大会常务委员会第二十三次会议通过的《中华人民共和国企业破产法》(以下简称《企业破产法》),该法自2007年6月1日起实施。广义的企业破产法还包括以避免企业法人破产为主要目的的各种和解与重整方面的法律规范。现代意义上的企业破产法均指广义而言。

法条链接:《企业破产法》第一条规定:"为规范企业破产程序,公平清理债权债务,保护债权人和债务人的合法权益,维护社会主义市场经济秩序,制定本法。"

三、企业破产法的适用范围

企业破产法适用于所有的企业法人,不论是国有企业、私有企业,还是外资企业;不论是有限责任公司,还是股份有限公司。依照企业破产法开始的破产程序,对债务人在中华人民共和国领域外的财产发生效力。

第二节　破产申请和受理

一、破产界限

破产界限是指人民法院据以宣告债务人破产的法律标准，亦称破产原因。

二、破产申请

（一）破产申请的主体

只有债权人和债务人才是合格的破产申请人。因此，破产案件的申请分为三类：一是债权人申请；二是债务人申请；三是依法负有清算责任的人申请。

> ⚠ **特别提示 5-1**　在企业破产法中，如无特殊指明，债务人指的就是破产企业；所谓依法负有清算责任的人，如银监会对某些金融机构的破产负有相应的清算责任。

（二）破产案件的管辖

破产申请应向对破产案件有管辖权的人民法院提出。企业破产案件由债务人住所地人民法院管辖。

（三）当事人提出破产申请时的举证责任

当事人向人民法院提出破产申请，应当提交破产申请书和有关证据。破产申请书应当载明下列事项：
(1)申请人、被申请人的基本情况；
(2)申请目的，即申请破产清算还是申请重整或和解；
(3)申请的事实和理由；
(4)人民法院认为应当载明的其他事项。

债权人提出破产申请时，应当提交债务人不能清偿到期债务的有关证据。

债务人提出申请的，还应当向人民法院提交企业财产状况说明、债务清册、债权清册、有关财务会计报告、职工安置预案以及职工工资的支付和社会保险费用的缴纳情况等有关材料。

三、破产受理

债权人提出破产申请的，人民法院应当自收到申请之日起五日内通

法条链接：
《企业破产法》第二条规定："企业法人不能清偿到期债务，并且资产不足以清偿全部债务或者明显缺乏清偿能力的，依照本法规定清理债务。

企业法人有前款规定情形，或者有明显丧失清偿能力可能的，可以依照本法规定进行重整。"

知债务人。债务人对申请有异议的,应当自收到人民法院通知之日起七日内向人民法院提出。人民法院应当自异议期满之日起十日内裁定是否受理。

人民法院受理破产申请的,应当自裁定作出之日起五日内送达申请人。债权人提出申请的,人民法院应当自裁定作出之日起五日内送达债务人。债务人应当自裁定送达之日起十五日内,向人民法院提交财产状况说明、债务清册、债权清册、有关财务会计报告以及职工工资的支付和社会保险费用的缴纳情况。人民法院裁定受理破产申请的,应当同时指定管理人。

第三节　破产管理人

一、管理人的概念

管理人也称破产管理人,是人民法院依法受理破产申请的同时指定的全面接管破产企业并负责破产财产的保管、清理、估价、处理和分配,总管破产事务的人。

二、管理人的产生和组成

(一)管理人的产生

《企业破产法》第二十二条规定,管理人由人民法院指定。债权人会议认为管理人不能依法、公正地执行职务或者有其他不能胜任职务情形的,可以申请人民法院予以更换。管理人没有正当理由不得辞去职务。管理人辞去职务应当经人民法院许可。管理人的报酬由人民法院确定。

【例 5-1】　根据《企业破产法》的规定,下列关于管理人产生的表述中,正确的是(　　)。

A.人民法院指定　　　　　　　　B.债权人会议选举
C.债权人会议聘请　　　　　　　D.市场监督管理部门组织成立

【解析】　答案 A。《企业破产法》第二十二条规定,管理人由人民法院指定。

(二)管理人的组成

《企业破产法》第二十四条规定,管理人可以由有关部门、机构的人员组成的清算组或者依法设立的律师事务所、会计师事务所、破产清算事务所等社会中介机构担任。管理人除了可以由有关组织担任外,也可以由自然人担任。

> ⚠ **特别提示 5-2**　清算组就是管理人中的一种,管理人也可以由自然人担任,小企业的破产由一个人担任管理人是完全可以的。

三、管理人的职责

《企业破产法》第二十五条规定,管理人履行下列职责:

(1)接管债务人的财产、印章和账簿、文书等资料;
(2)调查债务人财产状况,制作财产状况报告;
(3)决定债务人的内部管理事务;
(4)决定债务人的日常开支和其他必要开支;
(5)在第一次债权人会议召开之前,决定继续或者停止债务人的营业;
(6)管理和处分债务人的财产;
(7)代表债务人参加诉讼、仲裁或者其他法律程序;
(8)提议召开债权人会议;
(9)人民法院认为管理人应当履行的其他职责。

《企业破产法》对管理人的职责另有规定的,适用其规定。

【例5-2】 根据《企业破产法》的规定,决定继续或者停止债务人营业的是( )。
A.人民法院　　　B.债权人会议　　　C.管理人　　　D.工商行政管理部门
【解析】 答案C。《企业破产法》第二十五条规定,在第一次债权人会议召开之前,管理人决定继续或者停止债务人的营业。

第四节　债务人财产

一、债务人财产的概念及范围

债务人财产是指破产申请受理时属于债务人的全部财产,以及破产申请受理后至破产程序终结前债务人取得的财产。

以人民法院受理破产申请为标准,债务人财产包括以下三个部分:
(1)破产申请受理时属于债务人的全部财产,包括动产、不动产、财产权利。
(2)破产申请受理后至破产程序终结前债务人取得的财产,包括动产、不动产、财产权利。
(3)应当由破产企业行使的其他财产权利。

二、破产撤销权

(一)破产撤销权的概念

破产撤销权是指因债务人实施的减少其财产的行为危及债权人的债权时,管理人可以请求人民法院撤销该行为的权利。

(二)可撤销行为

《企业破产法》第三十一规定,人民法院受理破产申请前一年内,涉及债务人财产的下列行为,管理人有权请求人民法院予以撤销:
(1)无偿转让财产的;
(2)以明显不合理的价格进行交易的;
(3)对没有财产担保的债务提供财产担保的;
(4)对未到期的债务提前清偿的;
(5)放弃债权的。

(三)破产撤销权的行使

破产撤销权的行使应当符合下列要求：

(1)必须由管理人行使破产撤销权；

(2)可撤销的行为必须发生在人民法院受理破产申请前一年内，超过一年的，债务人即使发生上述行为，也不属于可撤销的行为。

经管理人的请求，被人民法院撤销的行为即归于消灭。

(四)个别清偿的撤销

人民法院受理破产申请前六个月内，债务人有不能清偿到期债务，并且资产不足以清偿全部债务或者明显缺乏清偿能力，仍对个别债权人进行清偿的，管理人有权请求人民法院予以撤销。但是，个别清偿使债务人财产受益的除外。

【例5-3】 假设法院于2023年9月10日受理某企业法人破产案件，12月10日作出破产宣告裁定。在破产企业清算时，下列选项中，管理人可依法行使破产撤销权的有( )。

A.该企业于2022年3月1日对应于同年10月1日到期的债务提前予以清偿

B.该企业上级主管部门于2022年4月1日从该企业无偿调出价值10万元的机器设备一套

C.该企业于2023年5月8日与其债务人签订协议，放弃其15万元的债权

D.该企业于2022年9月1日将价值25万元的车辆作价8万元转让他人

【解析】 答案C。A、B、D选项中企业行为发生的时间均不在人民法院受理破产申请前一年内。

三、债务人的无效行为

《企业破产法》第三十三条规定，涉及债务人财产的下列行为无效：

(1)为逃避债务而隐匿、转移财产的；

(2)虚构债务或者承认不真实的债务的。

四、破产抵销权

破产抵销权是指当事人双方互负债务，又互享债权，各自以自己的债权充抵对方所负债务，使自己的债务与对方的债务在等额内消灭的制度。

《企业破产法》第四十条规定，有下列情形之一的，不得抵销：

(1)债务人的债务人在破产申请受理后取得他人对债务人的债权的；

(2)债权人已知债务人有不能清偿到期债务或者破产申请的事实，对债务人负担债务的；但是，债权人因为法律规定或者有破产申请一年前所发生的原因而负担债务的除外；

(3)债务人的债务人已知债务人有不能清偿到期债务或者破产申请的事实，对债务人取得债权的；但是，债务人的债务人因为法律规定或者有破产申请一年前所发生的原因而取得债权的除外。

第五节 破产费用和共益债务

一、破产费用

破产费用是指人民法院受理破产申请后,为破产程序的顺利进行及对债务人财产的管理、变价、分配过程中,必须支付的且用债务人财产优先支付的费用。

人民法院受理破产申请后发生的下列费用为破产费用:
(1)破产案件的诉讼费用,包括调查费、公告送达费、财产保全费、鉴定费等;
(2)管理、变价和分配债务人财产的费用;
(3)管理人执行职务的费用、报酬和聘用工作人员的费用。

二、共益债务

共益债务是指人民法院受理破产申请后,管理人为全体债权人的共同利益,管理债务人财产时所负担或产生的债务,以及因债务人财产而产生的、以债务人财产优先支付的债务。

共益债务的范围

> ⚠ **特别提示 5-3** 上述事项若发生在案件受理之前,则只能按照普通债权来清偿,就是最后清偿;因此,上述事项发生的时间必须在破产案件受理之后,才能属于共益债务,获得最优先清偿的待遇。

三、破产费用和共益债务的清偿

《企业破产法》第四十三条规定,破产费用和共益债务的清偿,按照下列原则进行:
(1)破产费用和共益债务由债务人财产随时清偿;
(2)债务人财产不足以清偿所有破产费用和共益债务的,先行清偿破产费用;
(3)债务人财产不足以清偿所有破产费用或者共益债务的,按照比例清偿;
(4)债务人财产不足以清偿破产费用的,管理人应当提请人民法院终结破产程序。人民法院应当自收到请求之日起十五日内裁定终结破产程序,并予以公告。

第六节 债权申报

一、债权申报的概念

债权申报是指债权人在接到人民法院的破产申请受理裁定通知或者公告后,在法定期限内向人民法院申请登记债权,以取得破产债权人地位的行为。债权人在法定期限内申报了债权即成为破产债权人,因而享有破产债权人的权利,但是如未在法定期限内申报债权,则视为放弃债权。

二、债权申报的期限

债权申报期限自人民法院发布受理破产申请公告之日起计算,最短不得少于三十日,最长不得超过三个月。对于案件较为简单、债权人较少的,可以确定较短的申报期限,但不得短于三十日;对于案件较为复杂、债权人数较多且涉及金额巨大的,可以确定较长的申报期限,但不得长于三个月。

债权人也可以在破产最后分配前补充申报。

三、债权申报的要求

《企业破产法》规定,债权人申报债权时,应当按照下列要求进行:

(1)未到期的债权,在破产申请受理时视为到期。附利息的债权自破产申请受理时起停止计息。

(2)附条件、附期限的债权和诉讼、仲裁未决的债权,债权人可以申报。

(3)债权人应当在人民法院确定的债权申报期限内向管理人申报债权。

(4)债权人申报债权时,应当书面说明债权的数额和有无财产担保,并提交有关证据。申报的债权是连带债权的,应当说明。

(5)连带债权人可以由其中一人代表全体连带债权人申报债权,也可以共同申报债权。

(6)债务人的保证人或其他连带债务人已经代替债务人清偿债务的,以其对债务人的求偿权申报债权。

(7)连带债务人数人被裁定适用企业破产法规定程序的,其债权人有权就全部债权分别在各破产案件中申报债权。

(8)管理人或者债务人依照企业破产法规定解除合同的,对方当事人以因合同解除所产生的损害赔偿请求权申报债权。

(9)债务人是委托合同的委托人,被裁定适用企业破产法规定的程序,受托人不知该事实,继续处理委托事务的,受托人以由此产生的请求权申报债权。

(10)债务人是票据的出票人,被裁定适用企业破产法规定的程序,该票据的付款人继续付款或者承兑的,付款人以由此产生的请求权申报债权。

【例5-4】下列有关债权申报的表述中,符合企业破产法规定的有( )。

A.债务人所欠职工的工资和医疗、伤残补助、抚恤费用不必申报,由管理人调查后列出清单并予以公告

B.债务人的保证人或其他连带债务人已经代替债务人清偿债务的,以其对债务人的求偿权申报债权

C.管理人或者债务人依照规定解除合同的,对方当事人以因合同解除所产生的损害赔偿请求权申报债权

D.债务人是票据的出票人,被裁定适用企业破产法规定的程序,该票据的付款人继续付款或者承兑的,付款人以由此产生的请求权申报债权

【解析】 答案ABCD。四个选项均符合企业破产法中债权人申报债权的要求。

第七节 债权人会议

一、债权人会议的性质

债权人会议是破产程序中全体债权人的自治性组织,以维护债权人共同利益为目的,讨论决定有关破产事宜,是表达债权人意志的机构。

二、债权人会议的组成

《企业破产法》第五十九条规定,依法申报债权的债权人为债权人会议的成员,有权参加债权人会议,享有表决权。第六十条规定,债权人会议设主席一人,由人民法院从有表决权的债权人中指定,债权人会议主席主持债权人会议。

三、债权人会议的召集

第一次债权人会议由人民法院召集,自债权申报期限届满之日起十五日内召开,由人民法院主持。第一次债权人会议以后的债权人会议,在人民法院认为必要时,或者管理人、债权人委员会、占债权总额四分之一以上的债权人向债权人会议主席提议时召开。

召开债权人会议,管理人应当提前十五日将会议的时间、地点、内容、目的等事项通知已知的债权人。

四、债权人会议的职权

《企业破产法》第六十一条规定,债权人会议行使下列职权:
(1)核查债权;
(2)申请人民法院更换管理人,审查管理人的费用和报酬;
(3)监督管理人;
(4)选任和更换债权人委员会成员;
(5)决定继续或者停止债务人的营业;
(6)通过重整计划;
(7)通过和解协议;
(8)通过债务人财产的管理方案;
(9)通过破产财产的变价方案;
(10)通过破产财产的分配方案;
(11)人民法院认为应当由债权人会议行使的其他职权。

债权人会议所议事项都是破产程序中的重大事项,应当对所议事项的决议作成会议记录,以备今后查阅。

五、债权人会议的决议

债权人会议的决议,由出席会议的有表决权的债权人过半数通过,并且其所代表的债权额占无财产担保债权总额的二分之一以上。但企业破产法另有规定的除外。债权人会议的决议,对全体债权人均有法律约束力。

六、债权人委员会

债权人会议可以决定设立债权人委员会。由于债权人会议是债权人的非常设机构,在闭会期间无法行使其权利,不足以保护全体债权人的利益。因此债权人会议可以根据实际情况决定设立债权人委员会,专门行使日常监督权。

第八节 重整与和解

一、重整

(一)重整的概念

重整是指当企业法人不能清偿到期债务时,不立即进行破产清算,而是在人民法院的主持下,由债务人与债权人达成协议,制订债务人重整计划,债务人继续营业,并在一定期限内全部或部分清偿债务的制度。

(二)重整计划草案的制订、决议、批准和执行

1. 重整计划草案的制订

(1)重整计划草案由债务人或管理人制订。

(2)重整计划草案应当在法定期限内制订。债务人或者管理人应当自人民法院裁定债务人重整之日起六个月内,同时向人民法院和债权人会议提交重整计划草案。

(3)重整计划草案的内容。重整计划草案应当包括下列内容:①债务人的经营方案;②债权分类;③债权调整方案;④债权受偿方案;⑤重整计划的执行期限;⑥重整计划执行的监督期限;⑦有利于债务人重整的其他方案。

2. 重整计划草案的决议和批准

人民法院应当自收到重整计划草案之日起三十日内召开债权人会议,对重整计划草案进行表决。出席会议的同一表决组的债权人过半数同意重整计划草案,并且其所代表的债权额占该组债权总额的三分之二以上的,即为该组通过重整计划草案,各表决组均通过重整计划草案时,重整计划即通过。

⚠ **特别提示 5-4**　重整期间的限制性规范,可以总结为:限制别除权(有担保债权)、取回权、分红权和股权转让权,而且可以设定新担保。

(三)重整计划的执行

1.重整计划由债务人负责执行

重整计划由债务人负责执行的主要原因是债务人最了解企业的经营和财务状况,更易于执行重整计划。

2.重整计划的执行由管理人监督

《企业破产法》第九十条规定,自人民法院裁定批准重整计划之日起,在重整计划规定的监督期内,由管理人监督重整计划的执行。

3.重整计划执行的终止

债务人不能执行或者不执行重整计划的,人民法院经管理人或者利害关系人请求,应当裁定终止重整计划的执行,并宣告债务人破产。

按照重整计划减免的债务,自重整计划执行完毕时起,债务人不再承担清偿责任。

二、和解

(一)和解的概念

和解是指具备破产原因的债务人,为了避免破产清算,而与债权人会议达成协商解决债务的协议的制度。

和解并非人民法院作出破产宣告的必经程序,是否和解完全依债务双方当事人意思而定。

(二)和解申请

债务人可以依照《企业破产法》的规定,直接向人民法院申请和解;也可以在人民法院受理破产申请后、宣告债务人破产前,向人民法院申请和解。债务人申请和解,应当提出和解协议草案。

【例 5-5】　关于和解的申请,下列说法正确的是(　　)。
A.债务人不能直接向人民法院申请和解
B.债务人可以直接向人民法院申请和解
C.债务人可以在人民法院受理破产申请后、宣告债务人破产前,向人民法院申请和解
D.债务人在人民法院受理破产申请后不能向人民法院申请和解

【解析】　答案 BC。《企业破产法》第九十五条规定,债务人可以依照本法规定,直接向人民法院申请和解;也可以在人民法院受理破产申请后、宣告债务人破产前,向人民法院申请和解。

(三)和解协议的效力

和解协议的法律效力体现在以下几个方面:

(1)经人民法院裁定认可的和解协议,对债务人和全体和解债权人均有约束力。

(2)和解债权人对债务人的保证人和其他连带债务人所享有的权利,不受和解协议的影响。

(3)债务人应当按照和解协议规定的条件清偿债务。

(4)和解协议无强制执行效力。如债务人不履行协议,债权人不能请求人民法院强制执行,只能请求人民法院终止和解协议的执行,宣告其破产。

(四)和解协议的终止

(1)因债务人的欺诈或者其他违法行为而成立的和解协议,人民法院应当裁定无效,并宣告债务人破产。

(2)债务人不能执行或者不执行和解协议的,人民法院经和解债权人请求,应当裁定终止和解协议的执行,并宣告债务人破产。

按照和解协议减免的债务,自和解协议执行完毕时起,债务人不再承担清偿责任。

人民法院受理破产申请后,债务人与全体债权人就债权、债务的处理自行达成协议的,可以请求人民法院裁定认可,并终结破产程序。

债务人不能执行或者不执行和解协议的行为

第九节 破产清算

一、破产宣告

破产宣告是人民法院依据当事人的申请或法定职权裁定宣告债务人破产以清偿债务的活动。

有下列情形之一的,人民法院应当以书面裁定宣告债务人企业破产:

(1)企业不能清偿到期债务,又不具备法律规定的不予宣告破产条件的;

(2)企业被人民法院依法裁定终止重整程序的;

(3)企业被人民法院依法裁定终止和解协议执行的。

人民法院依法宣告债务人破产的,应当自裁定作出之日起五日内送达债务人和管理人,自裁定作出之日起十日内通知已知债权人,并予以公告。

债务人被宣告破产后,债务人称为破产人,债务人财产称为破产财产,人民法院受理破产申请时对债务人享有的债权称为破产债权。

《企业破产法》第一百零八条规定,破产宣告前,有下列情形之一的,人民法院应当裁定终结破产程序,并予以公告:

(1)第三人为债务人提供足额担保或者为债务人清偿全部到期债务的;

(2)债务人已清偿全部到期债务的。

二、破产财产的变价

(一)由管理人及时拟订破产财产变价方案

管理人应当及时拟订破产财产变价方案。但是破产财产变价方案关系破产案件当事人,尤其是债权人的利益,因此,管理人拟订的破产财产变价方案,应提交债权人会议讨论。

(二)破产财产变价方案的执行

管理人应当按照债权人会议通过的或者人民法院依法裁定的破产财产变价方案,适时变价出售破产财产。

(三) 破产财产变价出售的方式

《企业破产法》第一百一十二条对破产财产变价出售作出如下规定：
(1) 变价出售破产财产应当通过拍卖进行；
(2) 破产企业可以全部或者部分变价出售；
(3) 按照国家规定不能拍卖或者限制转让的财产，应当按照国家规定的方式处理。

三、破产财产的分配

(一) 破产财产的分配顺序

1. 破产财产优先清偿破产费用和共益债务

破产费用可随时用破产财产支付，破产财产不足以支付破产费用的，人民法院根据管理人的申请裁定终结破产程序。

2. 破产财产在清偿破产费用和共益债务后的清偿顺序

(1) 破产人所欠职工的工资和医疗、伤残补助、抚恤费用，所欠的应当划入职工个人账户的基本养老保险、基本医疗保险费用，以及法律、行政法规规定应当支付给职工的补偿金。
(2) 破产人欠缴的除前项规定以外的社会保险费用和破产人所欠税款。
(3) 普通破产债权。

破产财产不足以清偿同一顺序的清偿要求的，按照比例分配。

(二) 破产财产的分配方案

管理人应当及时拟订破产财产分配方案。

(三) 破产财产分配方案的实施

破产财产分配方案经人民法院裁定认可后，由管理人执行。管理人按照破产财产分配方案实施多次分配的，应当公告本次分配的财产额和债权额。管理人实施最后分配的，应当在公告中指明。

四、破产程序的终结

破产程序的终结又称破产程序的终止，是指人民法院受理破产案件后，在出现法定事由时，由人民法院依法裁定终结破产程序，结束破产案件的审理。

(一) 破产程序终结的事由

(1) 债务人财产不足以清偿破产费用的，管理人应当提请人民法院终结破产程序。
(2) 人民法院受理破产申请后，债务人与全体债权人就债权、债务的处理自行达成协议的，可以请求人民法院裁定认可，并终结破产程序。
(3) 破产人无财产可供分配的，管理人应当请求人民法院裁定终结破产程序。
(4) 破产财产分配完毕。

(二) 破产程序终结的裁定

破产程序的终结必须由人民法院依法作出裁定。人民法院应当自收到管理人终结破产程序的请求之日起十五日内作出是否终结破产程序的裁定。裁定终结的，应当予以公告。

管理人应当自破产程序终结之日起十日内,持人民法院终结破产程序的裁定,向破产人的原登记机关办理注销登记。管理人于办理注销登记完毕的次日终止执行职务。但是,存在诉讼或者仲裁未决情况的除外。

(三)破产财产的追加分配

破产程序终结后,债权人通过破产分配未能得到清偿的债权不再予以清偿,破产企业未偿清余债的责任依法免除。但是,自破产程序依法终结之日起二年内,有下列情形之一的,债权人可以请求人民法院按照破产财产分配方案进行追加分配:

(1)发现有依照规定应当追回的财产的。
(2)发现破产人有应当供分配的其他财产的。

课后思考题

1.如何理解《企业破产法》规定的破产界限?
2.债权人和债务人在什么情况下可以依法向人民法院提出破产申请?
3.什么是撤销权和抵销权?在什么情况下可以依法行使撤销权和抵销权?
4.债权人会议如何通过重整计划?
5.和解协议的效力表现在哪些方面?
6.破产企业的财产如何进行分配?

课后案例

【背景资料】 甲国有企业被人民法院宣告破产,有关清算情况如下:企业资产总额400万元,其中已经作为债务担保的厂房可以变现价值80万元,该厂房所担保的债务金额50万元。企业负债总额800万元,其中,应缴税金15万元,应付职工工资15万元、社会保险费5万元,应缴工商部门罚款5万元。破产费用共计20万元。

【问题】

1.该企业的破产财产是多少?
2.破产债权是多少?
3.应如何对破产财产进行分配?

第六章

合同法律制度

内容提示

1. 合同的概念、特征和分类
2. 合同法律制度的基本原则
3. 合同的订立
4. 合同的效力
5. 合同的履行
6. 合同的变更、转让与终止
7. 违约责任
8. 几种具体合同

学习目标

★知识目标

1. 掌握合同法律制度的基本原则,合同的基本内容,合同的订立程序,合同的效力,合同履行的规则,合同的抗辩权、代位权、撤销权,赠与合同、借款合同、买卖合同等具体合同的法律规定。
2. 了解合同的概念、缔约过失责任、合同违约承担的法律责任、合同的变更、合同权利义务的终止。

★能力目标

1. 依法独立订立、审查合同。
2. 实践中运用法律处理合同订立、效力、履行、变更、转让、终止涉及的事项。

★素养目标

1. 培养诚实守信的契约精神。
2. 继承和发扬合同法律制度所体现的"仁""义""信"等中华传统美德,增强文化自信。

课前案例导入

【背景资料】 某商贸公司采购员汪某,欲为公司采购一批竹签。为此,他专门来到南方竹林密集的地方进行采购。汪某与当地某公司在合同中约定,该公司供应竹签500捆,每捆50元。汪某回到公司两天后,某公司的竹签就到了,汪某收到货一看就傻眼了,汪某以前见到的竹签捆是200根,而这家公司发来的却是每捆100根。汪某立即电话告知对方,对方称他们当地的竹签都是一捆100根,从来没有200根一捆的。原来是汪某不了解当地情况,因重大误解下订立了该合同。汪某代表公司与这家公司协商,希望对方再发500捆每捆100根的竹签,但是对方不同意。

【问题】
汪某在不明真相的情况下与该贸易公司签订的合同有效吗?此合同该如何处理以维护汪某的权益?

第一节 合同法律制度概述

一、合同的概念和特征

《民法典》所称"合同",是指民事主体之间设立、变更、终止民事法律关系的协议。

合同具有以下特征:

1. 合同是平等主体之间的民事法律关系。任何一方不论其所有制性质及行政地位,都不能将自己的意志强加给对方。

2. 合同是双方民事法律行为。因此合同成立不单需要当事人有意思表示,而且要求当事人之间的意思表示一致。

3. 合同以设立、变更、终止民事法律关系为目的。

二、合同的分类

(一)有名合同与无名合同

根据《民法典》合同编是否对合同规定有明确的名称与调整规则为标准,可将合同分为有名合同与无名合同。有名合同是立法上规定了确定名称与规则的合同,又称典型合同,如《民法典》合同编在第二分编中规定的买卖合同、赠与合同、借款合同等19种合同。无名合同是立法上尚未规定有确定名称与规则的合同,又称非典型合同。区分二者的法律意义在于法律的适用不同。

法条链接:

《民法典》第四百六十三条规定:"本编调整因合同产生的民事关系。"

法条链接:

《民法典》第四百六十四条规定:"合同是民事主体之间设立、变更、终止民事法律关系的协议。

婚姻、收养、监护等有关身份关系的协议,适用有关该身份关系的法律规定;没有规定的,可以根据其性质参照适用本编规定。"

(二)诺成合同与实践合同

根据合同成立除当事人意思表示以外,是否还要其他现实给付为标准,可将合同分为诺成合同与实践合同。诺成合同是指合同当事人意思表示一致时合同即告成立。实践合同是指合同当事人达成合意之外,还需交付标的物或完成其他给付才能成立的合同。常见的实践合同有保管合同、自然人之间的借贷合同、定金合同,根据《民法典》的规定,赠与合同、质押合同不是实践合同。区别二者的法律意义在于合同成立的条件和时间上的不同。

(三)要式合同与不要式合同

根据法律、法规是否要求必须具备特定形式为标准,可将合同分为要式合同与不要式合同。法律要求具备一定的形式才成立的合同,称为要式合同。反之,法律不要求必须具备一定的形式就成立的合同,称为不要式合同。我国法律规定,要式合同包括法律要求采用书面形式的合同,以及要求鉴证或公证的合同,另有少数合同法律要求必须经过国家有关机关审批或者登记。区别二者的法律意义在于合同成立的要件不同。

(四)双务合同与单务合同

根据合同当事人是否互负对价义务,可将合同分为双务合同与单务合同。双务合同是当事人双方相互享有权利、负有义务的合同,如买卖合同、承揽合同等。单务合同是一方只负有义务而不享有权利,另一方只享有权利而不负有义务的合同,如赠与合同等。区别二者的法律意义在于确定履行义务的顺序不同。

> ⚠️ **特别提示 6-1** 此处的对价义务并不要求双方的给付价值相等,而只是要求双方的给付具有相互依存、相互牵连的关系即可。

(五)有偿合同与无偿合同

根据合同当事人权利的获得是否支付代价为标准,可将合同分为有偿合同与无偿合同。双方当事人取得权利互为对价给付的合同为有偿合同。反之,双方当事人取得权利不给付对价的合同为无偿合同。区分二者的法律意义在于当事人的责任不同以及在善意取得的意义上不同。

依不同的划分标准,还可以将合同分为:主合同与从合同;单边合同与双边合同;有效合同、无效合同、可撤销合同和效力待定合同等。

【例 6-1】 下列各项中属于实践合同的是( )。
A.租赁合同　　　　B.银行借款合同　　　C.买卖合同　　　　D.定金合同。

【解析】 答案 D。实践合同又称要物合同,是指除当事人的意思表示一致以外,尚需交付标的物或者完成其他给付才能成立的合同,如自然人之间的借贷合同、定金合同。

三、合同法律制度及其基本原则

(一)合同法律制度的概念

合同法律制度是规范市场交易的基本法律制度。2020 年 5 月 28 日,十三届全国人民代表大会第三次会议表决通过了《中华人民共和国民法典》,自 2021 年 1 月 1 日起施行,原

《中华人民共和国合同法》废止。《民法典》第三编为合同编,合同编分通则、典型合同、准合同三个分编,共计五百二十六条,占《民法典》条文总数的40%以上,足见在《民法典》中举足轻重的地位。

(二)合同法律制度的基本原则

合同法律制度的基本原则是合同当事人在合同活动中应当遵守的基本准则,同时,也是人民法院、仲裁机构在审理、仲裁合同纠纷时应当遵循的原则。

合同法律制度的基本原则包括:自愿原则、公平原则、诚实信用原则、守法原则、不得损害社会公共利益原则。

诚实信用原则贯穿合同订立、履行的全过程,二十大报告弘扬诚信文化,健全诚信建设长效机制的重要指示,把合同主体的道德自觉作为一种制度建设,有利于弘扬社会主义核心价值观,维护交易安全,实现合同目的,充分体现合同中的德法兼治。

(三)《民法典》合同编的适用范围

《民法典》合同编的适用范围较广。一方面,《民法典》合同编不仅调整因合同产生的债权债务关系,其部分规定还适用于非因合同产生的债权债务关系,如基于侵权行为产生的债权债务关系。另一方面,《民法典》合同编可以类推适用于有关身份关系的协议。根据《民法典》第四百六十四条第二款的规定,婚姻、收养、监护等有关身份关系的协议,适用有关该身份关系的法律规定;没有规定的,可以根据其性质参照适用合同编的规定。

> ⚠ **特别提示 6-2** 在涉外合同中,能否适用《民法典》合同编的规定要根据具体情况分析。

第二节 合同的订立

一、合同的形式与主要条款

(一)合同的形式

合同的形式是当事人协商一致的表现形式。《民法典》第四百六十九条规定,当事人订立合同,可以采用书面形式、口头形式或者其他形式。书面形式是合同书、信件、电报、电传、传真等可以有形地表现所载内容的形式。以电子数据交换、电子邮件等方式能够有形地表现所载内容,并可以随时调取查用的数据电文,视为书面形式。

> ⚠ **特别提示 6-3** 合同采用书面形式,对于固定证据、警告当事人郑重其事、区分磋商与缔约两个阶段均有重要意义。

(二)合同的主要条款

合同的主要条款即合同的主要内容,它要符合法律的规定。《民法典》第四百七十条规定,合同的内容由当事人约定,一般包括下列条款:①当事

微课
电子合同

人的名称或者姓名和住所;②标的;③数量;④质量;⑤价款或者报酬;⑥履行期限、地点和方式;⑦违约责任;⑧解决争议的方法。当事人可以参照各类合同的示范文本订立合同。根据此规定,合同的这些内容不是所有合同必须有的条款,不是法律的强制性规定。

二、合同的订立程序

合同的订立是指合同当事人之间就合同的主要条款经过协商达成一致的过程。当事人订立合同,可以采取要约、承诺方式或者其他方式。

(一)要约

1.要约与要约邀请

要约是希望和他人订立合同的意思表示。发出要约的当事人称要约人,接受要约的当事人称受要约人。

要约应具备的条件:①要约必须是特定人以订立合同为目的的意思表示;②该意思表示的内容具体确定;③该意思表示应表明经受要约人承诺,要约人即受该意思表示约束。

要约邀请是希望他人向自己发出要约的表示。拍卖公告、招标公告、招股说明书、债券募集办法、基金招募说明书、商业广告和宣传、寄送的价目表等为要约邀请。商业广告和宣传的内容符合要约条件的,构成要约。

2.要约生效的时间

要约生效的时间是指要约从何时开始发生法律效力。根据《民法典》第一百三十七条,以对话方式作出的意思表示,相对人知道其内容时生效。以非对话方式作出的意思表示,到达相对人时生效。以非对话方式作出的采用数据电文形式的意思表示,相对人指定特定系统接收数据电文的,该数据电文进入该特定系统时生效;未指定特定系统的,相对人知道或者应当知道该数据电文进入其系统时生效。当事人对采用数据电文形式的意思表示的生效时间另有约定的,按照其约定。

《民法典》第一百三十九条规定,以公告方式作出的意思表示,公告发布时生效。

3.要约的撤回与撤销

要约的撤回是指要约在发生法律效力之前,要约人对要约取消的意思表示。要约的撤销是指要约在发生法律效力之后,受要约人承诺之前,要约人对要约取消的意思表示。要约可以撤回,但撤回要约的通知应当在要约到达受要约人之前到达或者与要约同时到达受要约人。要约可以撤销,《民法典》第四百七十七条规定,撤销要约的意思表示以对话方式作出的,该意思表示的内容应当在受要约人作出承诺之前为受要约人所知道;撤销要约的意思表示以非对话方式作出的,应当在受要约人作出承诺之前到达受要约人。

> ⚠ **特别提示 6-4** 要约可以撤销,但有下列情形之一的除外:①要约人以确定承诺期限或者其他形式明示要约不可撤销;②受要约人有理由认为要约是不可撤销的,并且已经为履行合同做了合理准备工作。

⚠ **特别提示6-5** 要约的撤回与要约的撤销主要区别是:要约的撤回是针对没有生效的要约来讲的;而要约的撤销是针对已经生效的要约来说的。

4.要约的失效

要约的失效是指要约丧失法律效力。《民法典》第四百七十八条规定了要约失效的情形:①要约被拒绝;②要约被依法撤销;③承诺期限届满,受要约人未作出承诺;④受要约人对要约的内容作出实质性变更。

(二)承诺

承诺是受要约人同意要约的意思表示。

1.承诺的有效要件

(1)承诺应以明示的方式作出。《民法典》第四百八十条规定,承诺应当以通知的方式作出,但是,根据交易习惯或者要约表明可以通过行为作出承诺的除外。

(2)承诺的内容应当与要约的内容一致。受要约人对要约的内容作出实质性变更的,为新要约。有关合同标的、数量、质量、价格或者报酬、履行期限、履行地点和方式、违约责任和解决争议的方法等内容的变更,是对要约内容的实质性变更。

(3)承诺必须由受要约人向要约人发出。

(4)承诺必须在要约确定的期限到达要约人。

2.承诺的生效

以通知方式作出的承诺,生效的时间适用《民法典》第一百三十七条规定。即以对话方式作出的意思表示,相对人知道其内容时生效。以非对话方式作出的意思表示,到达相对人时生效。以非对话方式作出的采用数据电文形式的意思表示,相对人指定特定系统接收数据电文的,该数据电文进入该特定系统时生效;未指定特定系统的,相对人知道或者应当知道该数据电文进入其系统时生效。当事人对采用数据电文形式的意思表示的生效时间另有约定的,按照其约定。

3.承诺的撤回

承诺可以撤回。撤回承诺的通知应当在承诺到达要约人之前或者与承诺通知同时到达要约人时。承诺的撤回,是对没有生效的承诺予以取消。

⚠ **特别提示6-6** 与要约不同的是:要约可以撤回,也可以撤销,但承诺只能撤回,而不能撤销。因为承诺生效时,合同即告成立。

法条链接:
《民法典》第一百四十条规定:"行为人可以明示或者默示作出意思表示。

沉默只有在有法律规定、当事人约定或者符合当事人之间的交易习惯时,才可以视为意思表示。"

三、合同成立的要件、时间和地点

（一）合同成立的要件
(1)有订立合同的当事人。
(2)对合同的主要内容达成合意。
(3)经过要约和承诺的订立阶段。

（二）合同成立的时间和地点
《民法典》中包含很多合同成立的时间、地点的规定。在当事人未作特别约定时，应适用以下规定确定合同成立的时间、地点。

1.合同成立的时间
由于合同订立方式的不同，合同成立的时间也有不同：
(1)承诺生效时合同成立。这是大部分合同成立的时间标准。
(2)当事人采用合同书形式订立合同的，自当事人均签名、盖章或者按指印时合同成立。
(3)当事人采用信件、数据电文等形式订立合同要求签订确认书的，签订确认书时合同成立。当事人一方通过互联网等信息网络发布的商品或者服务信息符合要约条件的，对方选择该商品或者服务并提交订单成功时合同成立，但是当事人另有约定的除外。
(4)法律、行政法规规定采用书面形式或当事人约定合同应当采用书面形式订立合同，当事人未采用书面形式但一方已经履行主要义务，对方接受时，该合同成立。
(5)采用合同书形式订立合同的，签名、盖章或者按指印之前，当事人已经履行主要义务，对方接受时，该合同成立。

法条链接：
《民法典》第四百八十三条规定："承诺生效时合同成立，但是法律另有规定或者当事人另有约定的除外。"

2.合同成立的地点
承诺生效的地点为合同成立的地点。采用数据电文的形式订立合同的，收件人的主营业地为合同成立的地点；没有主营业地的，其所在地为合同成立的地点。当事人另有约定的，按照其约定。当事人采用合同书形式订立合同的，当事人最后签名、盖章或者按指印地点为合同成立的地点。但是当事人另有约定的除外。

四、实际履行与合同成立的关系

一般来讲，合同成立了才有合同的实际履行。但是，在《民法典》中却规定了两种特殊的情况：
(1)当事人采用合同书形式订立合同的，自当事人均签名、盖章或者按指印时合同成立。在签名、盖章或者按指印之前，当事人一方已经履行主要义务，对方接受时，该合同成立。

(2)法律、行政法规规定或者当事人约定合同应当采用书面形式订立,当事人未采用书面形式但是一方已经履行主要义务,对方接受时,该合同成立。

【例6-2】 甲商场(公司)在广告中称:"我公司现有某型号、某品牌的彩电1 000台,每台优惠售价2 100元,先来先买,欲购从速,售完为止(优惠期10天)。"张某得知此广告后(广告发布后第3天),给甲公司发了一函件称:贵公司的所有彩电,本人均同意购买,其他条件可以商量。该合同是否成立?为什么?

【解析】 关于承诺的方式,《民法典》第四百八十八条规定,承诺的内容应当与要约的内容一致。受要约人对要约的内容作出实质性变更的,为新要约。有关合同标的、数量、质量、价款或者报酬、履行期限、履行地点和方式、违约责任和解决争议方法等的变更,是对要约内容的实质性变更。所以要注意,承诺的方式应当符合要约的要求,否则,承诺成为反要约。

五、预约合同

当事人约定在将来一定期限内订立合同的认购书、订购书、预订书等,构成预约合同。

当事人一方不履行预约合同约定的订立合同义务的,对方可以请求其承担预约合同的违约责任。

【例6-3】 风华公司与成华公司就双方开展招商合作一事进行了初步磋商,就招商内容、招商时间、费用分担、大致的权利义务等事项进行了确定。之后,双方签订了一份备忘录,约定在国庆节之前订立正式合同。9月下旬,成华公司联系风华公司磋商,遭到拒绝。成华公司与风华公司之间成立何种法律关系,成华公司是否有权主张违约责任?

A.不成立法律关系,成华公司无主张违约责任。

B.不成立法律关系,成华公司有权主张缔约过失责任。

C.成立预约合同关系,成华公司有权主张违约责任。

【解析】 答案C。成华公司与风华公司之间已经形成预约合同法律关系,预约合同是合同双方当事人为约定双方在将来一定期限内签订合同而成立的合同,其本质也是一种契约,对双方当事人具有法律效力。如一方未能履行订立合同的义务,对另一方遭受的损失应予以赔偿。所以,成华公司有权主张违约责任。

六、合同订立的特殊规定

国家根据抢险救灾、疫情防控或者其他需要下达国家订货任务、指令性任务的,有关民事主体之间应当依照有关法律、行政法规规定的权利和义务订立合同。

依照法律、行政法规的规定负有发出要约义务的当事人,应当及时发出合理的要约。

依照法律、行政法规的规定负有作出承诺义务的当事人,不得拒绝对方合理的订立合同要求。

七、缔约过失责任

(一)缔约过失责任的概念

缔约过失责任是指当事人在订立合同过程中,一方当事人因违背其依据诚实信用原则所应负有的义务,而给对方造成损失时,依法应承担的损害赔偿责任。

(二)缔约过失责任的构成要件

1.损失的存在

缔约过失行为使一方当事人遭受了损失。这种损失有两种形态:
(1)信赖利益的损失;
(2)一方在缔约过程中没有尽到照顾、保护义务而造成他方损失。

2.有缔约过失行为

我国法律规定,缔约过失责任是一种过错责任。缔约过失责任中的"过失"包括故意和过失。这种过失表现为违背诚实信用原则。

3.缔约过失行为与损失之间有因果关系

所谓因果关系,即损失是由缔约过失行为造成的,而不是由违约行为或侵权行为造成的。

(三)缔约过失责任的承担

当事人在订立合同过程中有下列情形之一,造成对方损失的,应当承担损害赔偿责任:
(1)假借订立合同,恶意进行磋商;
(2)故意隐瞒与订立合同有关的重要事实或者提供虚假情况;
(3)有其他违背诚信原则的行为。

法条链接:
《民法典》第五百条规定:"当事人在订立合同过程中有下列情形之一,造成对方损失的,应当承担赔偿责任:
(一)假借订立合同,恶意进行磋商;
(二)故意隐瞒与订立合同有关的重要事实或者提供虚假情况;
(三)有其他违背诚实信用原则的行为。"

知识拓展

缔约过失责任与违约责任的区别

第三节 合同的效力

合同可以根据其效力层次分为有效合同、效力待定合同、可撤销合同及无效合同。

一、合同的生效

(一)合同的生效的含义

合同的生效,是指依法成立的合同,发生相应的法律效力。

(二)合同的生效要件

根据我国《民法典》的规定,具备下列条件的民事法律行为有效:

(1)行为人具有相应的民事行为能力；
(2)意思表示真实；
(3)不违反法律、行政法规的强制性规定,不违反公序良俗。

(三)合同成立与合同生效的关系

合同成立是合同生效的前提。合同成立是事实问题,合同生效是法律问题。二者具体关系主要有：

(1)成立时生效。依法成立的合同,自成立时生效。

(2)经批准、登记后生效。如中外合资经营企业合同。

(3)附条件生效。当事人对合同的效力可以约定附条件。附生效条件的合同,自条件成就时生效。附解除条件的合同,自条件成就时失效。当事人为自己的利益不正当地阻止条件成就的,视为条件已经成就；不正当地促成条件成就的,视为条件不成就。

(4)附期限生效。当事人对合同的效力可以约定附期限。附生效期限的合同,自期限届至时生效。附终止期限的合同,自期限届满时失效。

附期限与附条件的区别是：附期限是将来一定能发生的事实；附条件是将来不一定能发生的事实。

二、无效合同

(一)无效合同的概念

无效合同是指虽然成立但违反法律强制性规定而自始不发生法律效力的合同。无效合同具有违法性,是不被法律保护的。

(二)无效合同的类型

在以下情况下订立的合同为无效合同：

1.虚假意思表示合同

行为人与相对人以虚假的意思表示实施的民事法律行为无效。以虚假的意思表示隐藏的民事法律行为的效力,依照有关法律规定处理。

> ⚠️ **特别提示 6-7**　民事法律行为部分无效,不影响其他部分效力的,其他部分仍然有效。

2.恶意串通,损害他人合法权益的合同

行为人与相对人恶意串通,损害他人合法权益的民事法律行为无效。

3.违反法律、法规强制性规定合同

违反法律、行政法规的强制性规定的民事法律行为无效。但是,该强制性规定不导致该民事法律行为无效的除外。

4.违背公序良俗的合同

《民法典》第一百五十三条规定,违背公序良俗的民事法律行为无效。

法条链接：
《民法典》第一百五十三条规定："违反法律、行政法规的强制性规定的民事法律行为无效。但是,该强制性规定不导致该民事法律行为无效的除外。

违背公序良俗的民事法律行为无效。"

5.无民事行为能力人订立的合同

《民法典》第一百四十四条规定,无民事行为能力人实施的民事法律行为无效。

【例6-4】 甲与乙约定,由甲向乙提供1支"五四"式手枪,价格1 000元,乙于10天后到甲住所提货,货款当面交清。甲、乙双方的约定是否有效?

【解析】 甲、乙双方的约定是无效合同。合同的内容违反了《中华人民共和国刑法》的规定,如果他们实施了约定的行为,则构成危害公共安全罪。

三、可撤销(可变更)合同

(一)可撤销(可变更)合同的概念

可撤销(可变更)的合同是指合同已经成立,但合同当事人的意思表示不真实,可以通过权利人请求,人民法院或者仲裁机构确定后予以变更或者撤销的合同。

(二)可撤销(可变更)合同的类型

1.因重大误解订立的合同

重大误解是指合同当事人一方因自己的过错而对合同的重要内容发生误解。误解既可以是单方面的误解,又可以是双方的误解,其结果是直接影响当事人所应享有的权利和承担的义务。《民法典》第一百四十七条规定,基于重大误解实施的民事法律行为,行为人有权请求人民法院或者仲裁机构予以撤销。

撤销权的消灭

2.在订立合同时显失公平的合同

《民法典》第一百五十一条规定,一方利用对方处于危困状态、缺乏判断能力等情形,致使民事法律行为成立时显失公平的,受损害方有权请求人民法院或者仲裁机构予以撤销。

3.因欺诈、胁迫手段订立的合同

一方以欺诈手段,使对方在违背真实意思的情况下实施的民事法律行为,受欺诈方有权请求人民法院或者仲裁机构予以撤销。

第三人实施欺诈行为,使一方在违背真实意思的情况下实施的民事法律行为,对方知道或者应当知道该欺诈行为的,受欺诈方有权请求人民法院或者仲裁机构予以撤销。

一方或者第三人以胁迫手段,使对方在违背真实意思的情况下实施的民事法律行为,受胁迫方有权请求人民法院或者仲裁机构予以撤销。

⚠️ **特别提示6-8** 当事人撤销事由后明确表示或者以自己的行为表明放弃撤销权。当事人自民事法律行为发生之日起五年内没有行使撤销权的,撤销权消灭。

四、效力待定合同

(一)效力待定合同的概念

效力待定合同是指虽已成立但欠缺生效要件而使效力处于不确定状态的合同。一般须经权利人追认合同才能生效。

（二）效力待定合同的类型

1.限制民事行为能力人订立的合同

合同作为一种民事法律行为，要求合同当事人必须具有相应的民事行为能力。要想使限制民事行为能力人签订的合同具有法律效力，必须经过其法定代理人的同意或追认。

但并非所有限制民事行为能力人签订的合同都必须经过法定代理人的追认才具有法律效力。限制民事行为能力人签订的纯获利益的合同或者与其年龄、智力、精神健康状况相适应而订立的合同，不必经法定代理人追认即具有法律效力。如限制民事行为能力人接受赠与、物质奖励等。

2.无权代理人订立的合同

无权代理人订立的合同是指不具有代理权的行为人以被代理人的名义与合同相对人订立的合同。无权代理包括行为人没有代理权的代理、超越代理权的代理或者代理权终止后以被代理人名义实施的代理三种情形。

> ⚠ **特别提示 6-9**　无处分权人订立的合同，《民法典》合同编只规定了合同的效力问题，而没有规定所有权的取得问题。

（三）表见代理和越权行为

1.表见代理

表见代理是指代理人虽不具有代理权，但具有代理关系的某些表面要件，这些表面要件足以使无过错的相对人相信其有代理权，从而法律规定该无权代理行为有效。

表见代理的法律后果是被代理人对第三人承担授权责任。表见代理一旦成立，在效果上如同有权代理。

2.越权行为

越权行为也称表见代表，是指法人的法定代表人或者非法人组织的负责人超越权限订立的合同，除相对人知道或者应当知道其超越权限以外，该代表行为有效，订立的合同对法人或者非法人组织发生效力。

越权行为的法律后果是如果合同没有其他无效事由，则表见代表产生的合同有效。

【例 6-5】 甲委托乙购买 100 台电视机，但是，乙未经甲同意，擅自与丙签订了购买 200 台电视机的合同。乙与丙签订的合同属于什么性质的合同？

【解析】 要结合甲向乙签发的委托书来分析。如果委托书中只写"甲委托乙购买电视机，未写明具体购买台数"，则乙向丙购买 200 台电视机的行为可能构成表见代理，因为丙有理由相信乙有充分的代理权。那么这 200 台电视机都应该由甲付款，当然，甲付款后可以根据委托合同向乙追偿多买的 100 台电视机的费用。若委托书中明确写明"只委托乙购买 100 台电视机"，此时另外 100 台构成无权代理，则甲只需支付 100 台电视机的费用，多出的 100 台电视机的费用由乙自己承担。

五、合同无效或被撤销的法律后果

合同被确认无效或被撤销以后，将导致合同自始无效，即从合同成立时起无效。合同无效、被撤销或确定不发生效力后,因该合同取得的财产,应当予以返还;不能返还或者没有必要返还的,应当折价补偿。有过错的一方应当赔偿对方因此所受到的损失,双方都有过错的,应当各自承担相应的责任。法律另有规定的按照其规定。

第四节 合同的履行

一、合同履行的概念

合同履行是指合同生效后,合同双方当事人按照合同规定的约定,适当地完成各自所承担的义务和实现各自所享有的权力,使双方当事人的合同目的得以实现的行为。

二、合同的履行规则

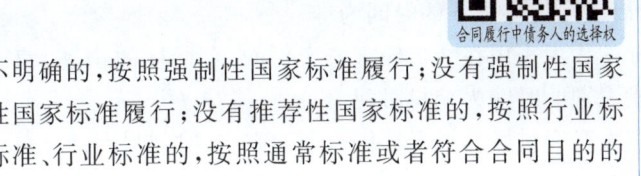

(一)当事人就合同内容没有约定或约定不明确时的履行规则

(1)质量要求不明确的,按照强制性国家标准履行;没有强制性国家标准的,按照推荐性国家标准履行;没有推荐性国家标准的,按照行业标准履行;没有国家标准、行业标准的,按照通常标准或者符合合同目的的特定标准履行。

(2)价款或者报酬不明确的,按照订立合同时履行地的市场价格履行;依法应当执行政府定价或者政府指导价的,依照规定履行。

(3)履行地点不明确,给付货币的,在接受货币一方所在地履行;交付不动产的,在不动产所在地履行;其他标的,在履行义务一方所在地履行。

(4)履行期限不明确的,债务人可以随时履行,债权人也可以随时请求履行,但是应当给对方必要的准备时间。

(5)履行方式不明确的,按照有利于实现合同目的的方式履行。

(6)履行费用的负担不明确的,由履行义务一方负担;因债权人原因增加的履行费用,由债权人负担。

(二)执行政府定价或者政府指导价的合同的履行规则

执行政府定价或者政府指导价的,在合同约定的交付期限内政府价格调整时,按照交付时的价格计价。逾期交付标的物的,遇价格上涨时,按照原价格执行;价格下降时,按照新价格执行。逾期提取标的物或者逾期付款的,遇价格上涨时,按照新价格执行;价格下降时,按照原价格执行。

法条链接:

《民法典》第五百零九条规定:"当事人应当按照约定全面履行自己的义务。

当事人应当遵循诚信原则,根据合同的性质、目的和交易习惯履行通知、协助、保密等义务。

当事人在履行合同过程中,应当避免浪费资源、污染环境和破坏生态。"

法条链接:

《民法典》第五百一十条规定:"合同生效后,当事人就质量、价款或者报酬、履行地点等内容没有约定或者约定不明确的,可以协议补充;不能达成补充协议的,按照合同相关条款或者交易习惯确定。"

（三）涉及第三人的合同履行

(1)当事人约定由债务人向第三人履行债务,债务人未向第三人履行债务或者履行债务不符合约定的,应当向债权人承担违约责任。法律规定或者当事人约定第三人可以直接请求债务人向其履行债务,第三人未在合理期限内明确拒绝,债务人未向第三人履行债务或者履行债务不符合约定的,第三人可以请求债务人承担违约责任;债务人对债权人的抗辩,可以向第三人主张。

(2)当事人约定由第三人向债权人履行债务,第三人不履行债务或者履行债务不符合约定的,债务人应当向债权人承担违约责任。

(3)债务人不履行债务,第三人对履行该债务具有合法利益的,第三人有权向债权人代为履行;但是,根据债务性质、按照当事人约定或者依照法律规定只能由债务人履行的除外。

债权人接受第三人履行后,其对债务人的债权转让给第三人,但是债务人和第三人另有约定的除外。

（四）电子合同的履行

通过互联网等信息网络订立的电子合同的标的为交付商品并采用快递物流方式交付的,收货人的签收时间为交付时间。电子合同的标的为提供服务的,生成的电子凭证或者实物凭证中载明的时间为提供服务时间;前述凭证没有载明时间或者载明时间与实际提供服务时间不一致的,以实际提供服务的时间为准。

电子合同的标的物为采用在线传输方式交付的,合同标的物进入对方当事人指定的特定系统且能够检索识别的时间为交付时间。

电子合同当事人对交付商品或者提供服务的方式、时间另有约定的,按照其约定。

三、合同履行中的抗辩权

为了体现合同双方权利义务的对等及保护交易安全,《民法典》为双务合同的债务人规定了同时履行抗辩权、先履行抗辩权和不安抗辩权三种履行抗辩权,使得债务人可以在法律规定的情况下保留给付以对抗相对人的请求权。

（一）同时履行抗辩权

同时履行抗辩权是指没有先后履行顺序的双务合同当事人,一方在对方未为对待给付之前,拒绝履行的权利。

同时履行抗辩权的行使必须符合下列条件:①合同是同一双务合同,当事人双方因同一双务合同互负债务;②当事人没有约定合同履行的先后顺序;③双方债务已届清偿期;④一方当事人有证据证明应同时履行义务的对方当事人未履行或者未适当履行合同;⑤对方的对待给付是可能履行的。

> ⚠ **特别提示6-10** 同时履行抗辩权只是暂时阻止对方当事人请求权的行使,非永久性的抗辩权。当对方当事人履行了合同义务,同时履行抗辩权就消灭,主张抗辩权的当事人就应当履行自己的义务。

（二）后履行抗辩权

后履行抗辩权是指合同当事人互负债务，有先后履行顺序，先履行一方未履行，后履行一方有权拒绝其履行请求；或者先履行的一方履行债务不符合合同的约定，后履行一方也有权拒绝其相应的履行请求。

后履行抗辩权的行使必须符合下列条件：①合同是同一双务合同产生互负债务；②当事人明确约定履行先后顺序；③先履行方未履行债务或者履行债务不符合约定。

> **⚠ 特别提示 6-11** 后履行抗辩权属于后履行义务方所享有的，所以也有人称之为"先履行抗辩权"。

（三）不安抗辩权

不安抗辩权是指双务合同当事人一方依据合同规定须先为履行，在后履行方难以作出对待履行以前可以拒绝履行的权利。

不安抗辩权的行使应具备以下条件：①双方当事人因同一双务合同互负债务；②当事人明确约定履行先后顺序；③后履行义务的当事人履行能力明显下降，丧失或可能丧失履行债务的能力；④后履行义务的当事人未提供适当担保。

《民法典》第五百二十七条对不安抗辩权的行使作出了严格的限制，应当先履行债务的当事人，有确切证据证明对方有下列情形之一的，可以中止履行：①经营状况严重恶化；②转移财产、抽逃资金，以逃避债务；③丧失商业信誉；④有丧失或者可能丧失履行债务能力的其他情形。

当事人行使不安抗辩权依法中止合同履行的，应当及时通知对方。对方提供适当担保时，应当恢复履行。中止履行后，对方在合理期限内未恢复履行能力，也未提供适当担保的，视为以自己的行为表明不履行主要债务，中止履行的一方可以解除合同，并可以要求对方承担违约责任。

【例 6-6】 甲企业与乙企业订立一份买卖合同，双方约定由甲企业向乙企业提供一批生产用原材料，总货款为 50 万元，货到付款。甲企业最迟于 6 月底之前发货。5 月份，甲企业在报纸上得知乙企业为逃避债务，私自转移财产，被法院依法查封并扣押财产的消息，于是甲企业通知乙企业，在乙企业付款或提供担保前中止履行合同。甲企业行使的是什么权利？

【解析】 本例考核不安抗辩权的行使。当事人互负债务，有先后履行顺序的，先履行的一方在有确切证据证明另一方丧失履行债务能力时，在对方没有履行或者没有提供担保之前，有权中止合同履行。

四、合同履行中的保全

合同保全是指法律为防止因债务人的财产不当减少而给债权人带来的损害，允许债权人对债务人或第三人的行为行使撤销权或代位权，以保护其债权。合同保全是保护债权人利益的重要制度。合同保全的基本方式有两种：债权人代位权和撤销权。

(一)债权人代位权

1.债权人代位权的概念

债权人代位权是指因债务人怠于行使其债权或者与该债权有关的从权利,影响债权人的到期债权实现的,债权人可以向人民法院请求以自己的名义代位行使债务人对相对人的权利,但是该权利专属于债务人自身的除外。

2.债权人代位权的行使

(1)债权人代位权行使的条件

①债权人对债务人的债权合法;

②债务人的债权已到期;

③债务人怠于行使其债权或者与该债权有关的从权利,影响债权人的到期债权的实现;

④债务人的债权不是专属于债务人自身的债权。

(2)债权人代位权的提前行使

债权人的债权到期前,债务人的债权或者与该债权有关的从权利存在诉讼时效期间即将届满或者未及时申报破产债权等情形,影响债权人的债权实现的,债权人可以代位向债务人的相对人请求其向债务人履行、向破产管理人申报或者作出其他必要的行为。

(3)债权人代位权行使的范围

债权人代位权行使的范围以债权人的到期债权为限。债权人行使代位权的必要费用,由债务人负担。

相对人对债务人的抗辩,可以向债权人主张。

(4)债权人代位权行使的法律后果

人民法院认定代位权成立的,由债务人的相对人向债权人履行义务,债权人接受履行后,债权人与债务人、债务人与相对人之间相应的权利义务终止。债务人对相对人的债权或者与该债权有关的从权利被采取保全、执行措施,或者债务人破产的,依照相关法律的规定处理。

(二)债权人撤销权

1.债权人撤销权的概念

债权人撤销权是指债务人以放弃其债权、放弃债权担保、无偿转让财产等方式无偿处分财产权益,或者恶意延长其到期债权的履行期限,或者债务人以明显不合理的低价转让财产、以明显不合理的高价受让他人财产或者为他人的债务提供担保,影响债权人的债权实现的,债权人可以请求人民法院撤销债务人的行为。

> ⚠️ **特别提示 6-12** 债权人须以自己的名义行使撤销权。

2.债权人撤销权的行使

(1)债权人撤销权行使的条件

①债务人实施了一定的无偿处分财产、不合理价格交易的行为,或者实施了恶意延长其到期债权的履行期限的行为。

②债务人实施的无偿处分财产、不合理价格交易的行为,或者恶意延长其到期债权的履行期限的行为已经发生法律效力。

③债务无偿人处分财产、不合理价格交易,或者恶意延长其到期债权的履行期限已经对债权人债权的实现造成影响。

债权人撤销权利纠纷案

(2)债权人撤销权行使的范围和行使费用

债权人撤销权行使的范围以债权人的债权为限。债权人行使撤销权的必要费用,由债务人负担。

(3)债权人撤销权除斥期间

撤销权自债权人知道或者应当知道撤销事由之日起一年内行使。自债务人的行为发生之日起五年内,债权人没有行使撤销权的,该撤销权消灭。

(4)债权人撤销权行使的效果

债务人影响债权人的债权实现的行为被撤销的,自始没有法律约束力。

第五节 合同的变更、转让与终止

一、合同的变更

《民法典》所称合同的变更是指合同内容的变更,不包括合同主体的变更。合同主体的变更属于合同的转让。

合同是双方当事人合意的体现,因此,经当事人协商一致,当然可以变更合同。但是,法律、行政法规规定变更合同应当办理批准等手续的,应当办理相应手续。

除了双方通过合议变更合同以外,还存在法定变更的情形,即一方当事人单方通知对方变更合同的权利。如《民法典》第七百七十七条、第八百二十九条的规定。

变更的合同除当事人另有约定的以外,仅对变更后未履行的部分有效,对已履行的部分无溯及力。

法条链接:
《民法典》第五百四十三条规定:"当事人协商一致,可以变更合同。"

法条链接:
《民法典》第五百四十四条规定:"当事人对合同变更的内容约定不明确的,推定为未变更。"

> ⚠ **特别提示 6-13** 《民法典》规定,当事人对合同变更的内容约定不明确的,推定为未变更。

二、合同的转让

合同转让,即合同主体的变更,是指当事人将合同的权利和义务全部或部分转让给第三人。合同转让可分为合同权利转让、合同义务转让及合同权利义务一并转让三种。

(一)合同权利转让

合同权利转让又称债权转让,是指债权人将债权全部或部分地转让给第三人的行为。

1.合同权利转让的限制性规定

《民法典》第五百四十五条规定,债权人可以将债权全部或者部分转让给第三人,有下列情形之一的除外:①根据债权性质不得转让;②按照当事人约定不得转让;③依照法律规定不得转让。当事人约定非金钱债权不得转让的,不得对抗善意第三人。当事人约定金钱债权不得转让的,不得对抗第三人。

【例6-7】 中国公民甲与乙依法签订了一份买卖合同,甲将其依法继承的文物转让给乙。乙为了牟取暴利将自己的合同权利转让给了外国公民丙,该转让行为是否有效?

【解析】 该转让行为无效。根据《中华人民共和国文物保护法》的规定,私人收藏的文物其所有权受法律保护,其所有权的转让必须严格遵守国家法律规定,转让的渠道要受法律的限制,因此,乙将文物买卖合同权利转让给外国人,其转让行为是无效的。

2.债权转让人的通知义务

债权人转让债权,未经通知,该转让对债务人不发生效力。即债权人转让其债权,无须取得债务人的同意,但应当履行通知义务。而且债权人转让权利的通知一经送达债务人,则不得撤销,除非经受让人同意。债权人转让债权的,受让人取得与债权有关的从权利,但是该从权利专属于债权人自身的除外。

(二)合同义务转让

合同义务转让又称债务转移,是指债务人将合同的义务全部或者部分转移给第三人。《民法典》第五百五十一条规定,债务人将债务的全部或部分转移第三人的,应当经债权人同意。即债务人与第三人之间达成转移债务的协议,一经债权人同意,即发生法律效力。债务人或者第三人可以催告债权人在合理期限内予以同意,债权人未作表示的,视为不同意。

在债权人作出同意表示后,债务转移将发生如下效力:①债务人转移义务的,新债务人将全部或部分地取代原债务人的地位而成为合同当事人;②债务人转移义务的,新债务人可以主张原债务人对债权人的抗辩;③债务人转移义务的,新债务人应当承担与主债务有关的从债务,但是该从债务专属于原债务人自身的除外。

(三)合同权利义务一并转让

合同权利义务一并转让又称债权债务概括转让,是指合同当事人一

法条链接:
《民法典》第五百四十六条规定:"债权人转让债权,未通知债务人的,该转让对债务人不发生效力。

债权转让的通知不得撤销,但是经受让人同意的除外。"

法条链接:
《民法典》第五百五十五条规定:"当事人一方经对方同意,可以将自己在合同中的权利和义务一并转让给第三人。"

方将其合同中的债权债务一并转移给第三人。合同一方当事人在与第三人就债权债务转让达成一致后,应征得合同对方当事人的同意。如果未经同意,合同继受不发生效力。

(四)法人或其他组织合并或分立后债权债务关系的处理

当事人订立合同后合并的,由合并后的法人或其他组织行使合同权利,履行合同义务。当事人订立合同后分立的,除债权人和债务人另有约定外,由分立的法人或者其他组织对合同的权利和义务享有连带债权,承担连带债务。

三、合同的权利义务终止

(一)合同的权利义务终止的概念

合同的权利义务终止是指依法生效的合同,因具备法定情形和当事人约定的情形,合同债权、债务归于消灭,债权人不再享有合同权利,债务人也不必再履行合同义务,合同当事人双方终止合同关系,合同的效力随之消灭。

(二)合同的权利义务终止的具体情形

1.债务已经按照约定履行

履行,又称清偿,它是债权债务消灭的最主要和最常见的原因。债务已经按照约定履行是指债务人按照约定的标的、数量、质量、价款或报酬、履行期限、履行地点和方式全面履行。

2.合同解除

合同的解除是指合同有效成立后,在没有履行或没有完全履行之前,当事人通过双方协议或单方行使解除权的方式,使合同的权利义务终止的行为。合同的解除分为意定解除和法定解除两种。

(1)意定解除。意定解除,是指根据当事人事先约定的情况或经当事人协商一致而解除合同。

意定解除分为两种情况:①协议解除,当事人协商一致,可以解除合同。②约定解除权的行使,当事人可以约定解除合同的条件。解除合同的事由发生时,解除权人可以解除合同。需要注意的是,解除合同的事由发生时,只有解除权人行使解除权后,合同才能解除。否则,合同仍然有效。

(2)法定解除。法定解除是指在合同成立以后,没有履行或没有完全履行以前,符合法定的解除条件,通过行使法定解除权而使合同权利义务终止的行为。

《民法典》第五百六十三条规定,有下列情形之一的,当事人可以解除合同:①因不可抗力致使不能实现合同目的;②在履行期限届满前,当事人一方明确表示或者以自己的行为表明不履行主要债务;③当事人一方迟延履

法条链接:
《民法典》第五百六十七条规定:"合同的权利义务关系终止,不影响合同中结算和清理条款的效力。"

行主要债务,经催告后在合理期限内仍未履行;④当事人一方迟延履行债务或者有其他违约行为致使不能实现合同目的;⑤法律规定的其他情形。以持续履行的债务为内容的不定期合同,当事人可以随时解除合同,但是应当在合理期限之前通知对方。

(3)解除权的行使。法律规定或者当事人约定解除权行使期限,期限届满当事人不行使的,该权利消灭。

法律没有规定或者当事人没有约定解除权行使期限,自解除权人知道或者应当知道解除事由之日起一年内不行使,或者经对方催告后在合理期限内不行使的,该权利消灭。

当事人一方依法主张解除合同的,应当通知对方。

合同解除后,尚未履行的,终止履行;已经履行的,根据履行情况和合同性质,当事人可以请求恢复原状或者采取其他补救措施,并有权请求赔偿损失。

3.抵销

抵销是双方当事人互负债务时,一方通知对方以其债权充当债务的清偿或者双方协商以债权充当债务的清偿,使得双方的债务在对等额度内消灭的行为。抵销分为法定抵销和约定抵销两种。

法定抵销是当事人互负债务,该债务的标的物种类、品质相同的,任何一方可以将自己的债务与对方的债务抵销,但是,根据债务性质、按照当事人约定或者依照法律规定不得抵销的除外。在法定抵销的情况下,当事人主张抵销的,应当通知对方。通知自到达对方时生效。抵销不得附条件或附期限。

约定抵销是当事人互负债务,标的物种类、品质不相同的,经双方协商一致,可以抵销。

4.提存

提存指债务已到履行期限,由于债权人的原因而使债务人无法向债权人交付标的物时,债务人将该标的物交给提存机关保存,则合同的权利义务终止的行为。

提存的目的是保护债务人的利益,因此要对债务人提存权利的行使加以限制。在债务人因下列原因难以履行债务的,债务人可以将标的物提存:①债权人无正当理由拒绝受领;②债权人下落不明;③债权人死亡未确定继承人、遗产管理人或者丧失民事行为能力未确定监护人;④法律规定的其他情形。

【例6-8】 甲向乙定做了一套西服,但甲迟迟不来取西服,乙无法找到甲向其交付订货,于是半年后乙将该套西服变卖,将所得价款扣除了报酬和保管费用后,以甲的名义存入了银行。乙的行为属于什么性质?是否合法?

【解析】 乙的行为属于依法将标的物提存,是合法的。法律规定,由于债权人的原因使债务人无法向其履行债务的,债务人可以将标的物提存,从而消灭债务。

5.免除

免除是指债权人放弃债权,以解除债务人的债务,导致债权债务部分或者全部终止。但是债务人在合理期限内拒绝的除外。

6.混同

互有债权债务,在债权债务同归于一人时,合同的权利义务终止,但损害第三人利益的除外,这种情形称为混同。

7.法律规定或当事人约定终止的其他情形

有法律规定或当事人约定终止的其他情形,合同权利义务终止。

(三)合同的权利义务终止的法律后果

合同的权利义务的终止不影响结算和清理条款的效力。结算和清理条款是指当事人在合同中约定的关于经济往来或财务的结算以及合同终止后处理遗留财产问题的条款。应当说,结算和清理条款是为合同终止而事先约定的,具有相对独立的效力,不以合同的终止而失去效力。

第六节 违约责任

一、违约责任的概念和特点

违约责任也称为违反合同的民事责任,是指合同当事人因违反合同义务所承担的责任。违约责任具有以下特点:

(1)违约责任以合同的有效存在为前提。

(2)违约责任是合同当事人不履行合同义务所产生的责任,如果当事人违反的不是合同义务,而是法律规定的其他义务,则应负其他责任。

(3)违约责任具有相对性。

> ⚠ **特别提示 6-14** 《民法典》规定的违约损害赔偿责任采取严格责任。

二、违约行为的形态

违约行为是指合同当事人违反合同义务的行为。违约行为可以分为实际违约和预期违约两种形态。

(一)实际违约

实际违约分为不履行合同义务和履行合同义务不符合约定两种形态。不履行也称拒绝履行合同义务,是指履行期限到来之后,债务人无正当理由拒绝履行债务的行为;履行合同义务不符合约定包括迟延履行、瑕疵履行、部分履行、履行地点不当和履行方式不当等。

(二)预期违约

预期违约是指合同当事人一方在履行期限届满前,明确表示或者以自己的行为表明不履行合同义务。预期违约包括明示毁约和默示毁约两种。

三、违约责任的承担方式

违约责任的承担方式主要有:继续履行、补救措施、损害赔偿三种方式。

(一)继续履行

继续履行是指一方在不履行合同义务时,另一方有权要求人民法院强制违约方按合同规定的标的履行义务,而不得以支付违约金和赔偿损失的办法代替履行。

(二)采取补救措施

《民法典》第五百七十七条规定,履行合同义务不符合约定的,应当按照当事人的约定承担违约责任。对违约责任没有约定或者约定不明确的,当事人可以协议补充或者按照合同有关条款或者交易习惯确定,仍不确定的,受损害方根据标的的性质以及损失的大小,可以合理选择请求对方承担修理、重做、更换、退货、减少价款或者报酬等违约责任。

(三)损害赔偿

当事人一方不履行合同义务或者履行合同义务不符合规定,给对方造成损失的,应当承担损害赔偿责任;一方在履行义务或者采取补救措施后,对方还有其他损失的,应当对其他损失承担赔偿责任。损害赔偿的具体方式主要有赔偿损失、支付违约金和适用定金罚则等。

1.赔偿损失

损失赔偿额应当相当于因违约所造成的损失,包括合同履行后可以获得的利益,但不得超过违约方订立合同时预见到或者应当预见到的因违反合同可能造成的损失。

2.支付违约金

违约金是指由当事人通过协商预先确定的,在违约后生效的独立于履行行为以外的给付,是合同中最常见的一种责任形式。

当事人就迟延履行约定违约金的,违约方支付违约金后,还应当履行债务。

3.适用定金罚则

当事人在合同中既约定违约金,又约定定金的,一方违约时,对方可以选择适用违约金条款或定金条款,但二者不能并用。定金不足以弥补一方违约造成的损失的,对方可以请求赔偿超过定金数额的损失。

四、违约责任的免除

(一)违约责任免除的法定事由

《民法典》第五百九十条规定,当事人一方因不可抗力不能履行合同的,根据不可抗力的影响,部分或者全部免除责任,但法律另有规定的除外。当事人迟延履行后发生不可抗力的,不能免除责任。

(二)免责条款

免责条款是指合同当事人在合同中规定的排除或限制一方当事人未来责任的条款。合同中的下列免责条款无效:一、造成对方人身伤害的;

法条链接:
《民法典》第五百七十七条规定:"当事人一方不履行合同义务或者履行合同义务不符合约定的,应当承担继续履行、采取补救措施或者赔偿损失等违约责任。"

法条链接:
《民法典》第五百九十一条规定:"当事人一方违约后,对方应当采取适当措施防止损失的扩大;没有采取适当措施致使损失扩大的,不得就扩大的损失请求赔偿。

当事人因防止损失扩大而支出的合理费用,由违约方负担。"

二、因故意或者重大过失造成对方财产损失的。

（三）法律的特别规定

在法律有特别规定的情况下，可以免除当事人的违约责任。如《民法典》第八百三十二条规定，承运人对运输过程中货物的毁损、灭失承担赔偿责任。但是，承运人证明货物的毁损、灭失是因不可抗力、货物本身的自然性质或者合理损耗以及托运人、收货人的过错造成的，不承担赔偿责任。

第七节　几种具体的合同

一、买卖合同

（一）买卖合同的概念和内容

买卖合同是出卖人转移标的物的所有权于买受人，买受人支付价款的合同。买卖关系的主体是出卖人和买受人，交付财产、取得价款的一方称为出卖人，接受财产、支付价款的一方称为买受人。买卖合同是最基本、最典型的有偿合同。

买卖合同一般包括标的物名称、数量、质量、价款、履行期限、履行地点和方式、包装方式、检验标准和方法、结算方式、合同使用的文字及其效力等条款。

（二）买卖合同的标的物

在买卖合同中，买和卖的物就是标的，称为标的物。因出卖人未取得处分权致使标的物所有权不能转移的，买受人可以解除合同，并请求出卖人承担违约责任。法律、法规禁止或者限制转让的标的物，依照其规定。

标的物的所有权自标的物交付时起转移。但法律另有规定或者当事人另有约定的除外。

当事人可以在买卖合同中约定，买受人未履行支付价款或者其他义务时，标的物的所有权属于出卖人。出卖人对标的物保留的所有权，未经登记，不得对抗善意第三人。

法条链接：
《民法典》第六百零一条规定："出卖人应当按照约定的时间交付标的物。约定交付期限的，出卖人可以在该交付期限内的任何时间交付。"

> ⚠ **特别提示 6-15**　出卖具有知识产权的计算机软件等标的物的，除法律另有规定或者当事人另有约定以外，该标的物的知识产权不属于买受人。

（三）当事人的权利义务

买卖合同双方当事人的权利义务相互对应、互为条件，买卖合同依法成立后当事人双方应当按照约定履行各自的合同义务，借此实现彼此的权利。

1.出卖人的权利和义务

(1)出卖人应当履行向买受人交付标的物或者交付提取标的物的单证,并转移标的物的所有权的义务。出卖人还应当按照约定或交易习惯向买受人交付提取标的物单证以外的有关单证和资料。

(2)出卖人应当按照约定的时间、地点、质量要求、包装方式交付标的物。

2.买受人的权利和义务

(1)支付价款。支付价款是买受人的主要义务,买受人支付价款应按照合同约定的数额以及支付方式、地点和时间支付。

(2)受领标的物。买受人有依照合同约定或者交易惯例受领标的物的权利和义务。若出卖人不按合同约定的条件交付标的物,如多交付、提前交付、交付的标的物有瑕疵等,则买受人有权拒绝接受。

(3)及时检验出卖人交付的标的物。

(4)暂时保管及应急处置拒绝受领的标的物。

(四)标的物毁损、灭失风险的承担

标的物的风险在标的物交付之前由出卖人承担,交付之后由买受人承担,但是法律另有规定或者当事人另有约定的除外。

因买受人的原因致使标的物不能按照约定的期限交付的,买受人应当自违反约定之日起承担标的物的风险。

出卖人出卖交由承运人运输的在途标的物,除当事人另有约定外,买受人应自合同成立时起承担标的物的风险。

(五)买卖合同价款的支付

买卖合同中,买受人应当按照约定的数额和支付方式支付价款。对价款的数额和支付方式没有约定或约定不明的,可以协议补充;不能达成协议的,除依法由政府定价的以外,按照订立合同时履行地的市场价格履行。

分期付款的买受人未支付到期价款的数额达到全部价款的五分之一,经催告后在合理期限内仍未支付到期价款的,出卖人可以请求买受人支付全部价款或者解除合同。出卖人解除合同的,可以向买受人请求支付该标的物的使用费。

二、借款合同

(一)借款合同的概念和内容

借款合同是借款人向贷款人借款,到期返还借款并支付利息的合同。

借款合同的内容一般包括借款种类、币种、用途、数额、利率、期限和还款方式等条款。借款合同应当采用书面形式,但是自然人之间的借款另有约定的除外。

(二)当事人的权利义务

(1)贷款人应该按约定的日期提供借款。

(2)贷款人按照约定可以检查、监督借款的使用情况。

(3)借款人应当按照贷款人的要求提供与借款有关的业务活动和财务状况的真实情况。

(4)借款人应当按照约定的期限支付利息并返还借款。

(三)借款利息的规定

借款的利息不得预先在本金中扣除。利息预先在本金中扣除的,应当按照实际借款数额返还借款并计算利息。

借款人应当按照约定的期限支付利息。对支付利息的期限没有约定或者约定不明的,当事人可以协议补充。不能协议补充的,借款期间不满1年的,应当在返还借款时一并支付;借款期限1年以上的,应当在每届满1年时支付,剩余期间不满1年的,应当在返还借款时一并支付。

禁止高利放贷,借款的利率不得违反国家有关规定。

借款合同对支付利息没有约定的,视为没有利息。

借款合同对支付利息约定不明确,当事人不能达成补充协议的,按照当地或者当事人的交易方式、交易习惯、市场利率等因素确定利息;自然人之间借款的,视为没有利息。

办理贷款业务的金融机构贷款的利率,应当按照中国人民银行规定的贷款利率的上下限确定。

法条链接:

《民法典》第六百七十一条规定:"贷款人未按照约定的日期、数额提供借款,造成借款人损失的,应当赔偿损失。

借款人未按照约定的日期、数额收取借款的,应当按照约定的日期、数额支付利息。"

三、赠与合同

(一)赠与合同的概念

赠与合同是赠与人将自己的财产无偿给予受赠人,受赠人表示接受赠与的合同。赠与合同是无偿合同。赠与合同属诺成合同,当事人意思表示一致,合同即告成立。

(二)当事人的权利义务

因赠与人故意或重大过失使赠与的财产毁损、灭失的,赠与人应当承担赔偿责任。

赠与财产有瑕疵的,赠与人不承担责任。附义务的赠与,赠与的财产有瑕疵的,赠与人在附义务的限度内承担与出卖人相同的责任。

赠与人故意不告知瑕疵或者保证无瑕疵,造成受赠人损失的,应当承担赔偿责任。

赠与可以附义务。赠与附义务的,受赠人应当按照约定履行义务。

赠与合同成立后,赠与人的经济状况显著恶化,严重影响其生产经营或者家庭生活的,可以不再履行赠与义务。

法条链接:

《民法典》第六百六十六条规定:"赠与人的经济状况显著恶化,严重影响其生产经营或者家庭生活的,可以不再履行赠与义务。"

(三)赠与的撤销

赠与人在赠与财产的权利转移之前可以撤销赠与。经过公证的赠与合同或者依法不得撤销的具有救灾、扶贫助残等公益、道德义务性质的赠与合同,不得撤销赠与。赠与人不交付赠与财产的,受赠人可以请求交付。

课后思考题

1. 合同法律制度的基本原则有哪些?
2. 什么是合同?简述合同的分类。
3. 合同订立的形式是什么?合同的一般性条款有哪些?
4. 什么是要约?要约应具备哪些要件?
5. 什么是承诺?承诺的要件是什么?
6. 简述合同效力的情形。
7. 简述合同履行的抗辩权。
8. 什么是债权人的代位权?其行使的条件和范围分别是什么?
9. 什么是债权人的撤销权?其行使的条件和除斥期间分别是什么?
10. 合同权利和义务终止的情形具体有哪些?

课后案例

【背景资料】 甲向乙发出传真订货,该传真列明了货物的种类、数量、质量、供货时间、交货方式等,并要求乙在10日内报价。乙接受甲传真中列明的条件并按期报价,同时要求甲在10日内回复,甲按期回复并同意其价格,并要求签订书面合同。乙在未签订书面合同的情况下按照甲提出的条件发货,甲收货后未提出异议,也没有支付货款。后来因为市场发生变化,该货物价格下降。甲向乙提出由于未签订书面合同,买卖关系不能成立,所以乙应该尽快取回货物。乙不同意甲的意见,要求其支付货款。随后,乙发现甲放弃其关联企业的到期债权,并向其关联企业无偿转让财产,可能使自己的货款无法得到清偿,于是向人民法院提起诉讼。

【问题】
1. 甲发出传真订货、乙报价、甲回复报价行为的性质是什么?
2. 买卖合同是否成立?请说明理由。
3. 对甲放弃债权的行为,乙应该如何维护自己的权益?

同步训练

第七章 担保法律制度

内容提示

1. 担保的概念、特征和适用范围
2. 保证、抵押、质押、留置、定金五种担保方式的具体法律规定

学习目标

★知识目标

1. 掌握保证责任,保证期间,抵押财产,抵押合同,抵押物登记,动产质押、权利质押的范围,留置的适用,定金的数额及定金罚则。
2. 了解担保方式、担保的特征、保证和保证人、抵押的概念、担保的概念、保证方式。

★能力目标

1. 根据合同的性质选择适用不同的担保方式。
2. 实践中能依法运用担保法律制度保障债权的实现。

★素养目标

1. 领会担保法律制度中体现的诚信、公正、平等的社会主义核心价值观,坚定价值观立场,遵守社会有序运行、良性发展的价值准则。
2. 自觉弘扬社会主义道德,坚持以集体主义为原则,正确处理个人与社会、经济效益与社会效益的关系,引领社会风尚。

课前案例导入

【背景资料】 甲是从事个体运输的工商户,乙是汽车维修厂。甲有五辆车跑运输,常到乙处修理。从 2021 年 7 月开始,甲一直未支付修理费,累计欠费 10 万元。2021 年 10 月,甲将一辆从未修理过的汽车开到乙处修理,修好后,乙告知甲修理费 8000 元,甲当即支付,但乙以甲以前欠修理费为由将车扣留,故车未被提走。过了一个月,甲一直未提出清偿拖欠的维修费,故乙向甲发出通知,如果甲在 2022 年 5 月 1 日之前不支付维修费,则将车拍卖。至 5 月 1 日,甲仍未支付,故乙委托拍卖行将车进行拍卖,所得价款扣下维修费后,余款寄给甲。甲得知后,向法院起诉,主张乙侵害了其合法权益,乙则主张自己是合法行使留置权。

【问题】
1. 本案乙可否留置甲支付了修理费的汽车?
2. 乙委托拍卖的行为是否合法?

第一节 担保法律制度概述

一、担保的概念和特征

(一)担保的概念

担保是指法律规定或者当事人约定的以保证合同履行、保障债权人利益实现为目的的法律措施。担保是民商法领域的一个重要部分,也是横跨《民法典》物权编、合同编的一项极其重要的内容。

(二)担保的特征

1.从属性

担保的从属性是指担保从属于主债,即担保的成立、变更和终止均依附于主债。担保合同是从属于主合同的从合同,主合同无效,担保合同无效。当然这种从属性也有例外。

2.补充性

担保合同的补充性是指合同债权人所享有的担保权或者担保利益。担保合同的补充性体现在两方面:

(1)责任财产的补充,即担保合同一经有效成立,就在主合同关系的基础上补充了某种权利与义务关系;

(2)效力的补充,即在主合同关系因适当履行而正常终止时,担保合同中担保人的义务并不实际履行,只有在主债务不履行时,担保合同中担保人的义务才履行,使主债权得以实现。

3.相对独立性

担保合同的相对独立性是指担保合同尽管属于从合同,但也具有相对独立的地位,即担保合同能够相对独立于被担保的合同债权而发生或者存在。担保合同也是一种独立的法律关系。

> **特别提示 7-1** 当事人在担保合同中约定担保合同的效力独立于主合同,或者约定担保人对主合同无效的法律后果承担担保责任,该有关担保独立性的约定无效。主合同有效的,有关担保独立性的约定无效不影响担保合同的效力;主合同无效的,人民法院应当认定担保合同无效,但是法律另有规定的除外。

二、担保的方式和担保物权的适用范围

(一)担保的方式

合同的主要担保方式一般有五种,即保证、抵押、质押、留置和定金。其中,保证、抵押、质押和定金,都是依据当事人的合同而设立,称为约定担保。留置则是直接依据法律的规定而设立,无须当事人之间特别约定,称为法定担保。保证是以保证人的财产和信用为担保的

基础,属于人的担保。抵押、质押、留置,是以一定的财产为担保的基础,属于物的担保。定金是以一定的金钱为担保的基础,称为金钱担保。此外,所有权保留、融资租赁也可具有担保的功能。

(二)担保物权的适用范围

根据《民法典》第三百八十七条规定,债权人在借贷、买卖等民事活动中,为保障实现其债权,需要担保的,可以依照本法和其他法律的规定设立担保物权。第三人为债务人向债权人提供担保的,可以要求债务人提供反担保。反担保适用本法和其他法律的规定。

第二节 保 证

一、保证和保证人

(一)保证

保证是指第三人为债务人的债务履行作担保,由保证人和债权人约定,当债务人不履行债务或发生当事人约定的情形时,保证人按照约定履行债务或者承担责任的行为。和其他担保方式相比,保证属于人的担保,保证人以自身的信誉和不特定的财产为债务人的债务履行作担保。

(二)保证人

1.保证人资格

具有代为清偿债务能力的法人、其他组织或者公民,可以作为保证人。

2.保证人禁止性规定

《民法典》第六百八十三条对不得作为保证人的主体范围进行了明确规定,即机关法人不得为保证人,但是经国务院批准为使用外国政府或者国际经济组织贷款进行转贷的除外。以公益为目的的非营利法人、非法人组织不得为保证人。

《最高人民法院关于适用〈中华人民共和国民法典〉有关担保制度的解释》对保证人的限制规定如下:

(1)机关法人提供担保的,人民法院应当认定担保合同无效,但是经国务院批准为使用外国政府或者国际经济组织贷款进行转贷的除外。

居民委员会、村民委员会提供担保的,人民法院应当认定担保合同无效,但是依法代行村集体经济组织职能的村民委员会,依照村民委员会组织法规定的讨论决定程序对外提供担保的除外。首次对居民委员会、村民委员会提供担保作出规定。

(2)以公益为目的的非营利性学校、幼儿园、医疗机构、养老机构等提供担保的,人民法院应当认定担保合同无效,但是有下列情形之一的除外:

①在购入或者以融资租赁方式承租教育设施、医疗卫生设施、养老服务设施和其他公益设施时,出卖人、出租人为担保价款或者租金实现而在该公益设施上保留所有权;

②以教育设施、医疗卫生设施、养老服务设施和其他公益设施以外的不动产、动产或者

财产权利设立担保物权。

登记为营利法人的学校、幼儿园、医疗机构、养老机构等提供担保,当事人以其不具有担保资格为由主张担保合同无效的,人民法院不予支持。

> ⚠️ **特别提示 7-2**　私立医院、幼儿园、养老机构等属于营利性机构,与一般民事主体无异,并不禁止其抵押。另外,以公益性设施设置担保物权,不需要特别限制为自身债务,是为自身债务还是第三人债务,属民事主体自行决策范围,故非营利法人、非法人组织担保有效情况删除"为自身债务"的限制。

(3)公司的分支机构未经公司的股东会或者董事会的决议以自己的名义对外提供担保,相对人请求公司或者其分支机构承担担保责任的,人民法院不予支持,但是相对人不知道且不应该知道分支机构对外提供担保未经公司决议的程序除外。

(4)公司的法定代表人违反公司法关于公司对外担保决议程序的规定,超越权限代表公司与相对人订立担保合同,相对人善意的,担保合同对公司发生效力;相对人请求公司承担担保责任的,人民法院应予支持。相对人非善意的,担保合同对公司不发生效力;相对人请求公司承担赔偿责任的,按照各自过错承担。

法定代表人超越权限提供担保造成公司损失,公司请求法定代表人承担赔偿责任的,人民法院应予支持。

【例 7-1】　根据物权法律制度的规定,下列属于有效担保合同的有(　　)。
A.甲公立大学与乙银行签订保证合同,为丙企业的借款提供保证
B.甲行政机关与乙银行签订担保合同,为丙公司的借款提供担保
C.甲公立医院与乙银行签订保证合同,为丙公司的借款提供担保
D.张某与债权人王某签订的未约定担保范围的担保合同

【解析】　答案 D。当事人对担保的范围没有约定或者约定不明确的,担保人应当对全部债务承担责任;以公益为目的的非营利学校、幼儿园、医疗机构、养老机构等提供担保的担保合同无效,所以 AC 无效;机关法人提供担保的担保合同无效,但是经国务院批准为使用外国政府或国际经济组织贷款进行转贷的除外,所以 B 无效。

二、保证合同和保证方式

(一)保证合同

保证合同是为保障债权的实现,保证人和债权人约定,当债务人不履行到期债务或者发生当事人约定的情形时,保证人履行债务或者承担责任的合同。

> ⚠️ **特别提示 7-3**　保证合同因保证人和债权人协商一致而成立,不需另行交付标的物,故为诺成合同。

《民法典》第六百八十二条规定,保证合同是主债权债务合同的从合同。主债权债务合同

无效的,保证合同无效,但是法律另有规定的除外。

保证合同被确认无效后,债务人、保证人、债权人有过错的,应当根据其过错各自承担相应的民事责任。

保证合同可以是单独订立的书面合同,也可以是主债权债务合同中的保证条款,一般包括以下内容:

(1)被保证的主债权种类、数额;
(2)债务人履行债务的期限;
(3)保证的方式;
(4)保证担保的范围;
(5)保证的期间;
(6)双方认为需要约定的其他事项。

保证合同不完全具备前款规定内容的,可以补正。

(二)保证方式

1.一般保证

当事人在保证合同中约定,在债务人不能履行债务时,由保证人承担保证责任的,为一般保证。一般保证的保证人可以行使先诉抗辩权,即一般保证的保证人在主合同纠纷未经审判或者仲裁,并就债务人财产依法强制执行仍不能履行债务前,有权拒绝向债权人承担保证责任。但是有下列情形之一的,保证人不能行使先诉抗辩权:

(1)债务人下落不明,且无财产可供执行;
(2)人民法院已经受理债务人破产案件;
(3)债权人有证据证明债务人的财产不足以履行全部债务或者丧失履行债务能力;
(4)保证人书面表示放弃本款规定的权利。

2.连带责任保证

当事人在保证合同中约定保证人和债务人对债务承担连带责任的,为连带责任保证。连带责任保证的债务人在主合同规定的债务履行期届满没有履行债务的或者发生当事人约定的情形时,债权人可以请求债务人履行债务,也可以请求保证人在其保证范围内承担保证责任。

> ⚠️ **特别提示 7-4** 当事人对保证方式没有约定或者约定不明确的,按照一般保证承担保证责任。

保证人可以主张债务人对债权人的抗辩权。债务人放弃对债务的抗辩权的,保证人仍有权向债权人主张抗辩。

三、保证责任

保证责任是指当债务人在债务履行期限届满不履行债务或者发生当

法条链接:
《民法典》第六百八十五条规定:"保证合同可以是单独订立的书面合同,也可以是主债权债务合同中的保证条款。

第三人单方以书面形式向债权人作出保证,债权人接收且未提出异议的,保证合同成立。"

法条链接:
《民法典》第六百八十六条规定:"保证的方式包括一般保证和连带责任保证。

当事人在保证合同中对保证方式没有约定或者约定不明确的,按照一般保证承担保证责任。"

事人约定的情形时,保证人依合同约定或者法律规定所承担的代为履行或代为赔偿损失的义务。

(一)保证担保的范围

保证人在约定的担保范围内承担保证责任。担保的范围包括主债权及其利息、违约金、损害赔偿金和实现债权的费用。当事人另有约定的,按照其约定。

> ⚠️ **特别提示7-5** 债权人可以要求债务人提供反担保。

保证人与债权人可以协商订立最高额保证的合同,约定在最高债权额限度内就一定期间连续发生的债权提供保证。

(二)保证责任的承担

1.共同担保的保证责任

同一债权既有保证又有物的担保的,属于共同担保。《民法典》第三百九十二条规定,被担保的债权既有物的担保又有人的担保的,债务人不履行到期债务或者发生当事人约定的实现担保物权的情形,债权人应当按照约定实现债权;没有约定或者约定不明确,债务人自己提供物的担保的,债权人应当先就该物的担保实现债权;第三人提供物的担保的,债权人可以就物的担保实现债权,也可以请求保证人承担保证责任。提供担保的第三人承担担保责任后,有权向债务人追偿。

债权人放弃物的担保的,保证人在债权人放弃权利的范围内免除保证责任。

2.共同保证的保证责任

同一债务有两个以上保证人的,保证人应当按照保证合同约定的保证份额,承担保证责任;没有约定保证份额的,债权人可以请求任何一个保证人在其保证范围内承担保证责任。

法条链接:
《民法典》第七百条规定:"保证人承担保证责任后,除当事人另有约定外,有权在其承担保证责任的范围内向债务人追偿,享有债权人对债务人的权利,但是不得损害债权人的利益。"

四、保证期间

保证期间是确定保证人承担保证责任的期间。保证期间不发生中止、中断和延长。

(1)债权人与保证人可以约定保证期间,但是约定的保证期间早于主债务履行期限或者与主债务履行期限同时届满的,视为没有约定;没有约定或者约定不明确的,保证期间为主债务履行期限届满之日起六个月。

债权人与债务人对主债务履行期限没有约定或者约定不明确的,保证期间自债权人请求债务人履行债务的宽限期届满之日起计算。

微课
《民法典》时代保证人不承担保证责任的情形(上)

微课
《民法典》时代保证人不承担保证责任的情形(下)

【例7-2】 甲于2023年3月5日向乙借款10万元,由丙作为一般保证人。三方约定:甲应于2024年3月5日之前偿还该借款。若本案中的当事人约定,保证期间至2024年2月1日,那么,丙承担保证责任期间应至何时?

【解析】 本例考查的是保证期间。根据规定,保证合同约定的保证期间早于或者等于主债务履行期限的,视为没有约定,保证期间为主债务履行期届满之日起6个月。

(2)最高额保证合同对保证期间的计算方式、起算时间等有约定的,按照其约定。

(3)一般保证的债权人未在保证期间对债务人提起诉讼或者申请仲裁的,保证人不再承担保证责任。连带责任保证的债权人未在保证期间请求保证人承担保证责任的,保证人不再承担保证责任。

第三节 抵 押

一、抵押的概念

抵押是指债务人或者第三人不转移财产的占有,将该财产作为债权的担保,债务人不履行到期债务或者发生当事人约定的实现抵押权的情形时,债权人有权就该财产折价或者拍卖、变卖该财产的价款优先受偿。

债务人或者第三人为抵押人,债权人为抵押权人,提供担保的财产为抵押财产。

二、抵押财产

抵押人只能以法律规定可以抵押的财产提供担保;法律规定不可以抵押的财产,抵押人不得用于提供担保。

(一)可以抵押的财产

《民法典》第三百九十五条规定,债务人或者第三人有权处分的下列财产可以抵押:①建筑物和其他土地附着物;②建设用地使用权;③海域使用权;④生产设备、原材料、半成品、产品;⑤正在建造的建筑物、船舶、航空器;⑥交通运输工具;⑦法律、行政法规未禁止抵押的其他财产。抵押人可以将上述所列财产一并抵押。

⚠ **特别提示7-6** 家庭承包方取得的土地经营权,以及通过招标、拍卖、公开协商等方式承包农村土地,并经依法登记取得权属证书的土地经营权,亦可抵押。

经当事人书面协议,企业、个体工商户、农业生产经营者可以将现有的以及将有的生产设备、原材料、半成品、产品抵押,债务人不履行到期债务或者发生当事人约定的实现抵押权的情形,债权人有权就抵押财产确定时的动产优先受偿。

以建筑物抵押的,该建筑物占用范围内的建设用地使用权一并抵押。以建设用地使用权抵押的,该土地上的建筑物一并抵押。抵押人未依据上述规定一并抵押的,未抵押的财产视为一并抵押。

乡镇、村企业的建设用地使用权不得单独抵押。以乡镇、村企业的厂房等建筑物抵押的,其占用范围内的建设用地使用权一并抵押。

(二)禁止抵押的财产

《民法典》第三百九十九条规定,下列财产不得抵押:①土地所有权;②宅基地、自留地、自留山等集体所有的土地使用权,但是法律规定可以抵押的除外;③学校、幼儿园、医疗机构等为公益目的成立的非营利法人的教育设施、医疗卫生设施和其他社会公益设施;④所有权、使用权不明或者有争议的财产;⑤依法被查封、扣押、监管的财产;⑥法律、行政法规规定不得抵押的其他财产。

房地一体原则

建设用地使用权

⚠ **特别提示 7-7** 学校、幼儿园、医疗机构等为公益目的成立的非营利法人的教育设施、医疗卫生设施和其他社会公益设施以外的财产为自身债务设定抵押的,人民法院可以认定抵押有效。

【例 7-3】 根据物权法律制度规定,下列选项中属于禁止抵押的财产的是( )。

A.土地所有权　　　　　　　B.正在建造的建筑物
C.海域使用权　　　　　　　D.生产设备、原材料、半成品

【解析】 答案 A。根据《民法典》第三百九十九条的规定,土地所有权不得抵押。

三、抵押合同和抵押物登记

(一)抵押合同

设立抵押权,当事人应当采用书面形式订立抵押合同。抵押合同一般包括下列条款:①被担保债权的种类和数额;②债务人履行债务的期限;③抵押财产的名称、数量等情况;④担保的范围。

抵押权人在债务履行期届满前,与抵押人约定债务人不履行到期债务时抵押财产归债权人所有的,只能依法就抵押财产优先受偿。

抵押预告登记

法条链接:
《民法典》第四百零一条规定:"抵押权人在债务履行期限届满前,与抵押人约定债务人不履行到期债务时抵押财产归债权人所有的,只能依法就抵押财产优先受偿。"

(二)抵押物登记

以动产抵押的,抵押权自抵押合同生效时设立;未经登记不得对抗善意第三人。以动产抵押的,不得对抗正常经营活动中已经支付合理价款并取得抵押财产的买受人。

以建筑物和其他土地附着物、建设用地使用权以及以招标、拍卖、公开协商等方式取得的荒地等土地承包经营权,或者以正在建造的建筑物

抵押的,应当办理抵押登记。抵押权自登记时设立。

办理抵押物登记的部门如下:

(1)以无地上定着物的土地使用权抵押的,为核发土地使用权证书的土地管理部门。

(2)以城市房地产或者乡(镇)、村企业的厂房等建筑物抵押的,为县级以上地方人民政府规定的部门。

(3)以林木抵押的,为县级以上林木主管部门。

(4)以航空器、船舶、车辆抵押的,为运输工具的登记部门。

(5)以企业的设备和其他动产抵押的,为财产所在地的工商行政管理部门。

> ⚠ **特别提示 7-8** 抵押物登记记载的内容与抵押合同约定的内容不一致的,以登记记载的内容为准。

四、抵押的效力

抵押担保的范围包括主债权及其利息、违约金、损害赔偿金、保管担保财产和实现抵押权的费用。抵押合同另有约定的,按照约定。

订立抵押合同前抵押财产已经出租并转移占有的,原租赁关系不受该抵押权的影响。

抵押期间,抵押人可以转让抵押财产。当事人另有约定的,按照其约定。抵押财产转让的,抵押权不受影响。

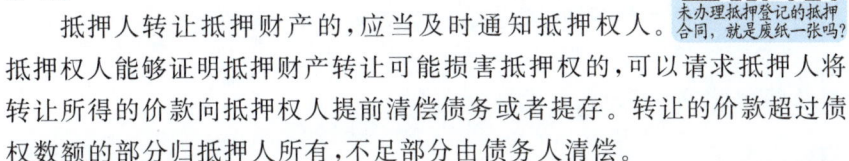

抵押人转让抵押财产的,应当及时通知抵押权人。抵押权人能够证明抵押财产转让可能损害抵押权的,可以请求抵押人将转让所得的价款向抵押权人提前清偿债务或者提存。转让的价款超过债权数额的部分归抵押人所有,不足部分由债务人清偿。

抵押人的行为足以使抵押财产价值减少的,抵押权人有权请求抵押人停止其行为;抵押财产价值减少的,抵押权人有权请求恢复抵押财产的价值,或者提供与减少的价值相应的担保。抵押人不恢复抵押财产的价值,也不提供担保的,抵押权人有权请求债务人提前清偿债务。

法条链接:
《民法典》第四百零七条规定:"抵押权不得与债权分离而单独转让或者作为其他债权的担保。债权转让的,担保该债权的抵押权一并转让,但是法律另有规定或者当事人另有约定的除外。"

> ⚠ **特别提示 7-9** 当事人以依法被查封或者扣押的财产抵押,抵押权人请求行使抵押权,经审查查封或者扣押措施已经解约的,人民法院应予支持。抵押人以抵押权设立时财产被查封或者扣押为由主张,抵押合同无效的,人民法院不予支持。

五、抵押权的实现

（一）抵押权实现的方式

债务人不履行到期债务或者发生当事人约定的实现抵押权的情形，抵押权人可以与抵押人协议以抵押财产折价或者以拍卖、变卖该抵押财产所得的价款优先受偿。协议损害其他债权人利益的，其他债权人可以请求人民法院撤销该协议。

抵押权人与抵押人未就抵押权实现方式达成协议的，抵押权人可以请求人民法院拍卖、变卖抵押财产。

抵押财产折价或者变卖的，应当参照市场价格。

抵押财产折价或者拍卖、变卖后，其价款超过债权数额的部分归抵押人所有，不足部分由债务人清偿。

（二）抵押权实现的顺序

以抵押物的所得价款清偿债务时，须首先支付实现抵押权的费用，其次支付主债权的利息，最后支付主债权。

同一财产向两个以上债权人抵押的，拍卖、变卖抵押财产所得的价款依照下列规定清偿：

(1)抵押权已登记的，按照登记的先后顺序清偿。

(2)抵押权已登记的先于未登记的受偿。

(3)抵押权均未登记的，按照债权比例清偿。

其他可以登记的担保物权，清偿顺序参照适用上述规定。

抵押权因抵押物灭失而消失。因灭失所得的赔偿金，应当作抵押财产。

【例7-4】 根据物权法律制度的规定，抵押物折价或者拍卖、变卖所得的价款，当事人没有约定的，按（　　）顺序清偿。

A．实现抵押权的费用、主债权的利息、主债权

B．实现抵押权的费用、主债权、主债权的利息

C．主债权，主债权的利息、实现抵押权的费用

D．主债权的利息、实现抵押权的费用、主债权

【解析】 答案A。抵押物折价或者拍卖、变卖所得的价款，当事人没有约定的，按下列顺序清偿：(1)实现抵押权的费用；(2)主债权的利息；(3)主债权。抵押财产折价或者拍卖、变卖后，其价款超过债权数额的部分应当归抵押人所有，不足部分应当由债务人清偿。

（三）抵押权与质权、留置权竞合的实现的顺序

同一财产既设立抵押权又设立质权的，拍卖、变卖该财产所得的价款按照登记、交付的时间先后确定清偿顺序。

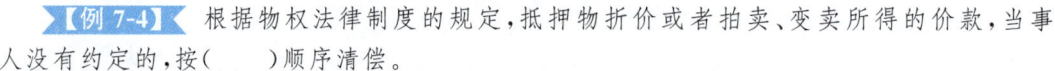

动产抵押担保的主债权是抵押物的价款，标的物交付后十日内办理抵押登记的，该抵押权人优先于抵押物买受人的其他担保物权人受偿，但是留置权人除外。

同一动产已经设立抵押权或者质权，该动产又被留置的，留置权人优先受偿。

六、最高额抵押

最高额抵押是指抵押人与抵押权人协议,在最高债权额限度内,以抵押物对一定期间内连续发生的债权做担保。为担保债务的履行,债务人或者第三人对一定期间内将要连续发生的债权提供担保财产的,债务人不履行到期债务或者发生当事人约定的实现抵押权的情形,抵押权人有权在最高债权额限度内就该担保财产优先受偿。

【例 7-5】 A 公司将市值 200 万元的房屋抵押给 B 公司并进行了抵押登记,并取得借款 200 万元,之后 A 公司又将该房屋抵押给了 C 公司并欲取得借款 100 万元。A 公司与 C 公司签订的合同是否有效?

【解析】 A 公司与 C 公司签订的合同无效。房屋抵押需要办理登记才能生效,A 公司已将价值 200 万元的房屋抵押给 B 公司,并办理了抵押登记。法律规定超过抵押物价值部分的抵押无效,再用该房屋抵押是不可能得到登记的,不登记的房屋抵押合同是无效的。

第四节 质 押

一、质押的概念和特征

(一)质押的概念

质押是指债务人或者第三人将其动产或权利交债权人占有,作为债权的担保,在债务人不履行到期债务或者发生当事人约定的实现质权的情形时,债权人有权依照法律规定,将该动产或权利折价或以拍卖、变卖所得的价款优先受偿的行为。

在质押关系中,用作担保并转移、占有的动产称为质物;提供质物的债务人或者第三人称为出质人;债权人占有债务人或第三人提供的质物,并就其动产或权利折价或拍卖、变卖所得的价款优先受偿的权利称为质权;对质物享有质权的债权人称为质权人。

质押包括动产质押和权利质押两种。

> ⚠ **特别提示 7-10** 质权不能存在于不动产。能够成为质权客体的,只能是动产或者权利。

(二)质押与抵押的区别

质押与抵押具有不同的法律特征。

(1)质物主要是动产和权利;抵押物则主要是不动产。

(2)质权的设定须转移质物的占有,并以占有公示;抵押权的设定则不转移抵押物的占有,且以登记的方式公示。

(3)同一质物上只能设立一个质押权;而同一抵押物上可以设立数个抵押权,且存在受偿的先后顺序问题。

二、动产质押

(一)动产质押的概念

动产质押是指债务人或者第三人将其动产移交债权人占有,将该动产作为债权的担保。债务人不履行到期债务或发生当事人约定的实现质权的情形时,债权人有权依法将该动产折价或者以拍卖、变卖该动产的价款优先受偿。

其中债务人或者第三人为出质人,债权人为质权人,交付的动产为质押财产。

⚠ **特别提示 7-11** 除法律、行政法规禁止转让的动产外,原则上,所有动产均可出质。

(二)质押合同

出质人和质权人设立动产质权关系应当以书面形式订立质押合同,并转移质物的占有权。质权自出质人交付质押财产时设立。

质押合同应当包括以下内容:

(1)被担保债权的种类和数额;

(2)债务人履行债务的期限;

(3)质物的名称、数量等情况;

(4)担保的范围;

(5)质物移交的时间、方式。

质押合同不完全具备前款规定内容的,可以补正。

(三)动产质押的效力

1.质押担保的债权范围

质押担保的一般范围包括主债权及其利息、违约金、损害赔偿金、质物保管费用和实现质权的费用。与抵押担保的债权范围相比,质押担保增加了质物的保管费用,这是由质押转移质物占有的特性决定的。

2.动产质权所及标的物范围

动产质权的效力不仅及于质物的本身,还及于质物的从物、孳息、代位物和添附物等。

(1)动产质权的效力及于质物的从物。但是,从物未随同质物移交质权人占有的,质权的效力不及于从物。

(2)质权人有权收取质物所生的孳息。这里的孳息既包括天然孳息,又包括法定孳息。

(3)在质物因灭失等原因,出质人受有质物的代位物时,质权的效力及于代位物。

(4)添附物。在质物因附合、混合、加工而发生添附时,若质物所有人取得添附物所有权,则质权效力及于添附物。

3.质权人对质物的责任

(1)质权人在质权存续期间,未经出质人同意,擅自使用、处分质押财产,造成出质人损害的,应当承担赔偿责任。

(2)质权人负有妥善保管质押财产的义务。

(3)因不可归责于质权人的事由可能使质押财产毁损或者价值明显减少,足以危害质权人权利的,质权人有权请求出质人提供相应的担保。

(4)质权人在质权存续期间,未经出质人同意转质,造成质押财产毁损、灭失的,应当承担赔偿责任。

(5)质权人可以放弃质权。

4.动产质权对出质人和质权人的效力

动产质权是债权人在债务人不履行债务时,以其占有的出质人的动产折价或者以出卖的价款优先受偿的权利。

动产质权对于出质人的效力表现为出质人在质押时享有如下权利:质物的处分权;按约定对质物孳息的收取权;排除权利侵害和返还质物请求权;对质权人的抗辩权;出质人代为清偿或债权人于质权实现后向债务人的追偿权等。

动产质权对于质权人的效力表现为质权人所享有的如下权利:质物占有权;质物孳息的收取权;保管费用偿还请求权;质物的变价权和优先受偿权等。质权人同时负有妥善保管质物的义务,并应在其不能妥善保管质物时根据质押人的要求提存质物。

(四)动产质权的实现

动产质权的实现是指质权人于其债权清偿期届满而未受清偿时,处分质物,以质物变价并优先受偿的行为。

债务人不履行到期债务或者发生当事人约定的实现质权的情形,质权人可以与出质人协议以质押财产折价,也可以就拍卖、变卖质押财产所得的价款优先受偿。质押财产折价或者变卖的,应当参照市场价格。

质押财产折价或者拍卖、变卖后,其价款超过债权数额的部分归出质人所有,不足部分由债务人清偿。

【例7-6】甲从乙银行贷款200万元,双方于8月1日签订贷款合同,丙以保证人身份在贷款合同上签字。因担心丙的资信状况,乙银行又要求甲提供担保,为此双方于8月3日签订书面质押合同,质物为甲的一辆轿车,但甲未将轿车交付给乙银行。甲到期无力偿还贷款。根据担保法律制度的规定,下列乙银行主张担保权利的表述中,正确的是(   )。

A.乙银行只能主张保证债权,因为甲未将该轿车交付给乙银行,质权未设立

B.乙银行只能主张质权,因为丙与乙银行未签订保证合同,保证债权不成立

C.乙银行应先主张保证债权,因为保证债权先于质权成立

D.乙银行应先主张质权,因为质权担保是债务人甲自己提供的

【解析】 答案 A。①主合同中虽然没有保证条款,但保证人在主合同上以保证人的身份签字或者盖章,保证合同成立。在本题中,丙以保证人身份在贷款合同上签字,保证合同已经成立。②以动产质押,质押合同自成立时生效,质权自出质人交付质押财产时设立。在本题中,甲并未将轿车交付给乙银行,质权未设立,乙银行不享有质权,更无从主张质权。

三、权利质押

(一)权利质押的概念

权利质押是以出质人提供的财产权利为标的设定的质押。权利质押中质权人对出质人提供的财产权利所享有的担保权称为权利质权。在债务人不履行债务时,质权人有权对质押的财产权利进行变价而优先受偿。

(二)权利质押的法定范围

《民法典》第四百四十条规定,债务人或者第三人有权处分的下列权利可以出质:①汇票、本票、支票;②债券、存款单;③仓单、提单;④可以转让的基金份额、股权;⑤可以转让的注册商标专用权、专利权、著作权等知识产权中的财产权;⑥现有的以及将有的应收账款;⑦法律、行政法规规定可以出质的其他财产权利。

(三)交付或登记生效

1.证券权利

以汇票、本票、支票、债券、存款单、仓单、提单出质的,质权自权利凭证交付质权人时设立;没有权利凭证的,质权自有关部门办理出质登记时设立。

2.基金份额与股权

以基金份额、股权出质的,质权自办理出质登记时设立。

3.知识产权

以注册商标专用权、专利权、著作权等知识产权中的财产权出质的,质权自办理出质登记时设立。

4.应收账款

以应收账款出质的,质权自办理出质登记时设立。中国人民银行征信中心是应收账款质押的登记机构。

【例7-7】 甲于5月12日向银行借款10 000元,以其在该银行的11 000元1年期定期存单出质。8月20日,10 000元借款到期,甲无力偿还,银行支取了存单金额11 000元及利息300元。甲存单上的本息是否应全部归银行所有?

【解析】 这是一个实现质权的问题。如果质押合同中没有特别约定,应就全部债务承担质押保证责任,包括主债务及其利息、违约金、损害赔偿金、质物保管费用和实现质权的费用。银行支取的11 000元本金和300元利息,应扣除银行的10 000元借款及其利息、违约金,如有剩余应返还给甲。

第五节 留 置

一、留置的概念和特征

留置是指债权人按照合同的约定占有债务人的动产,债务人不按照合同约定的期限履行债务的,债权人有权依照法律留置该财产,以该财产折价或者以拍卖、变卖该财产的价款优先受偿的行为。在留置关系中,享有留置权的债权人为留置权人,留置权人留置的财产为留置物。债权人依法留置因履行合同而占有的债务人的财产,并以处分该财产的价款优先受偿的权利称为留置权。

二、留置权的适用范围及特征

根据《民法典》第四百四十八条规定,债权人留置的动产,应当与债权属于同一法律关系,但是企业之间留置的除外。

法律规定或者当事人约定不得留置的动产,不得留置。

留置权属于担保物权,具有物权乃至担保物权的共同属性,也具有显著的特征:①成立的法定性;②占有的事先性;③留置物与债权的关联性。

三、留置权的效力

(一)留置担保的范围

留置担保的范围包括主债权及利息、违约金、损害赔偿金、留置物保管费用和实现留置权的费用。留置权所涉及的标的物的范围,包括主物、从物、孳息以及留置物的代位物。

(二)留置权对留置权人的效力

留置财产为可分物的,留置财产的价值应当相当于债务的金额。

留置权人负有妥善保管留置财产的义务;因保管不善致使留置财产毁损、灭失的,应当承担赔偿责任。留置权人有权收取留置财产的孳息。孳息应当先充抵收取孳息的费用。

(三)留置权对留置物所有人的效力

留置权对留置物所有人的效力包括两方面:一是留置物所有人不丧失对留置物的所有权。但在行使所有权时,不得排斥留置权。二是留置权存续期间,留置物所有人的权利行使受到限制,他不仅不能对留置物进行占有、使用、收取收益,还不能将留置物用于抵押、质押和出租。

法条链接:
《民法典》第四百五十条规定:"留置财产为可分物的,留置财产的价值应当相当于债务的金额。"

四、留置权的实现

留置权人与债务人应当约定留置财产后的债务履行期限;没有约定或者约定不明确的,留置权人应当给债务人六十日以上履行债务的期限,但是鲜活易腐等不易保管的动产除外。

债务人逾期未履行的,留置权人可以与债务人协议以留置财产折价,也可以就拍卖、变卖留置财产所得的价款优先受偿。留置财产折价或者变卖的,应当参照市场价格。

> ⚠️ **特别提示 7-12** 关于行权方式,留置权与质权行权不需要通过法院拍卖,可以自行委托;抵押权实现,抵押人不配合时,拍卖需要通过请求法院拍卖来实现。

同一动产上已经设立抵押权或者质权,该动产又被留置的,留置权人优先受偿。

留置权人对留置财产丧失占有或者留置权人接受债务人另行提供担保的,留置权消灭。

第六节 定 金

一、定金的概念与分类

定金,是指以确保合同的履行为目的,由当事人一方在合同订立前后,合同履行前预先交付于另一方的金钱或者其他代替物的法律制度。按照定金的目的和功能,可以把定金分为立约定金、成约定金、证约定金、违约定金、解约定金等。

二、定金合同

定金合同是当事人为担保债务的履行而约定定金的协议。定金合同应采用书面形式,既可以单独订立合同,又可以在主合同中约定定金条款。

定金合同一般应包括以下主要内容:

(1) 定金的交付期限。

(2) 定金的数额。定金的数额由当事人约定,但是不得超过主合同标的额的百分之二十。超过部分不产生定金的效力。实际交付的定金数额多于或者少于约定数额的,视为变更约定的定金数额。

(3) 明确约定适用定金罚则,以区别于预付款。

定金合同自实际交付定金时成立。

三、定金的效力

《民法典》第五百八十七条规定,债务人履行债务的,定金应当抵作价款或者收回。给付定金的一方不履行债务或者履行债务不符合约定,致使不能实现合同目的的,无权请求返还定金;收受定金的一方不履行债务

法条链接:
《民法典》第五百八十六条规定"当事人可以约定一方向对方给付定金作为债权的担保。定金合同自实际交付定金时成立。
定金的数额由当事人约定;但是,不得超过主合同标的额的百分之二十,超过部分不产生定金的效力。实际交付的定金数额多于或者少于约定数额的,视为变更约定的定金数额。"

或者履行债务不符合约定,致使不能实现合同目的的,应当双倍返还定金。

如果在同一合同中,当事人既约定违约金,又约定定金的,在一方违约时,当事人只能选择适用违约金条款或者定金条款,不能同时要求适用两个条款。

课后思考题

1. 什么是抵押?关于抵押物,法律有哪些规定?
2. 抵押合同的内容是什么?
3. 简述抵押权实现的方式和顺序。
4. 什么是动产质押?什么是权利质押?权利质押的范围是什么?
5. 简述留置担保的法律规定。
6. 简述定金担保的法律规定。

课后案例

【背景资料】 甲向乙借款8万元办养殖场,乙要求甲以其新购置的越野车作为抵押,甲同意,于是双方签订了借款合同,合同约定:如果甲到期无法偿还借款,乙可以将其越野车变卖后受偿。合同签订后,双方并没有去车管所办理抵押物登记。后来,甲的养殖场倒闭,无力清偿乙的借款,又担心乙低价变卖越野车使其受到更大损失,于是将其越野车卖给了丙。乙知道情况后,向法院起诉,要求法院从丙处追回越野车变卖受偿。

【问题】
1. 甲、乙双方订立的抵押合同是否有效?
2. 乙能否就甲的越野车优先受偿?

同步训练

第八章 工业产权法

内容提示

1. 工业产权的概念和特征
2. 专利法
3. 商标法

学习目标

★学习目标

1. 掌握授予发明和实用新型专利权的实质条件,专利、商标的优先权原则,专利权的强制许可,专利权的保护,商标的禁用规定。
2. 了解工业产权的特征,工业产权、专利权、商标、商标权、职务发明等的概念,商标的分类,商标权和专利权法律关系的构成,专利权的终止和无效。

★能力目标

1. 能够依法申请、使用专利,保护专利权。
2. 能够依法申请、使用注册商标,保护商标专用权。

★素养目标

1. 树立保护知识产权的法律意识。
2. 理解申请注册和使用商标应当遵循诚实信用原则中所体现的社会主义核心价值观内容,做社会主义核心价值观的践行者。

课前案例导入

【背景资料】 甲厂自2018年起在其生产的衬衫上使用"飞天"商标;2019年,乙厂也开始使用"飞天"商标。2021年5月,乙厂的"飞天"商标经国家商标局核准注册,其核定使用的商品为服装等。2022年1月乙厂发现甲厂在衬衫上使用"飞天"商标,很容易引起消费者的误认,因此甲、乙双方发生纠纷。

【问题】

1. 甲、乙两个厂哪个厂构成侵权?为什么?
2. 侵权行为始于何时?请说明理由。
3. 侵权方能否继续使用"飞天"商标?请提出可行性建议。

第一节 工业产权法概述

一、工业产权的概念和特征

工业产权是指人们依法对应用于商品生产和流通中的创造发明和显著标记等智力成果,在一定地区和期限内享有的专有权。在我国,工业产权主要是指专利权和商标权。

工业产权与版权统称为知识产权。

工业产权是无形财产权,与有形财产相比较具有专有性、地域性、时效性等法律特征。

二、工业产权法的概念

工业产权法是调整因确认、保护、转让和使用工业产权而发生的各种社会关系的法律规范的总称。

在我国已颁布实施的有关工业产权的法律法规主要有《中华人民共和国专利法》(以下简称《专利法》)、《中华人民共和国专利法实施细则》(以下简称《专利法实施细则》)、《中华人民共和国商标法》(以下简称《商标法》)、《中华人民共和国商标法实施条例》(以下简称《商标法实施条例》)。

加快实施创新驱动发展战略是二十大报告中指出的重大战略部署,"深化科技体制改革,深化科技评价改革,加大多元化科技投入,加强知识产权法治保障,形成支持全面创新的基础制度"的重要论述为实施创新驱动发展指明了方向,同时也明确了知识产权法在实施创新驱动发展战略中的重要地位。

第二节 专利法

一、专利概述

(一)专利

《专利法》第二条明确规定:"本法所称的发明创造是指发明、实用新型和外观设计。发明,是指对产品、方法或者其改进所提出的新的技术方案。实用新型,是指对产品的形状、构造或者其结合所提出的适于实用的新的技术方案。外观设计,是指对产品的整体或者局部的形状、图案或者其结合以及色彩与形状、图案的结合所作出的富有美感并适于工业应用的新设计。"因此,《专利法》所保护的专利包括发明、实用新型和外观设计。

(二)专利权

专利权是指专利权人在法定期限内对其发明创造所享有的独占权。

专利权除了具有一般工业产权所具有的专有性、地域性和时效性的特征外,还具有公开性。

(三)专利法

专利法是调整在确认和保护发明创造的专有权以及在利用专有的发明创造过程中发生的社会关系的法律规范的总称。

1984年3月12日,第六届全国人民代表大会常务委员会第四次会议通过并公布了《专利法》,自1985年4月1日起施行。历经1992年、2000年、2008年和2020年四次修订。

二、专利权的主体与客体

(一)专利权的主体

专利权的主体又称专利权人,是指依法享有专利权的单位和个人。我国专利权的主体有以下几种:

1.职务发明创造的发明人或设计人所在的单位

执行本单位的任务或者主要是利用本单位的物质技术条件所完成的发明创造为职务发明创造。具体包括:

(1)在本职工作中作出的发明创造。

(2)履行本单位交付的本职工作之外的任务所作出的发明创造。

(3)退休、调离原单位后或者劳动、人事关系终止后一年内作出的,与其在原单位承担的本职工作或者原单位分配的任务有关的发明创造。

职务发明创造申请专利的权利属于该单位,申请被批准后,该单位为专利权人。

被授予专利权的单位应当对职务发明创造的发明人或者设计人给予奖励;发明创造专利实施后,根据其推广应用的范围和取得的经济效益,对发明人或者设计人给予合理的报酬。

国家鼓励被授予专利权的单位实行产权激励,采取股权、期权、分红等方式,使发明人或者设计人合理分享创新收益。

> ⚠ **特别提示8-1** 在完成发明创造过程中,只负责组织工作的人、为物质技术条件的利用提供方便的人或者从事其他辅助工作的人,不是发明人或者设计人。

2.非职务发明创造的发明人或设计人

非职务发明创造是指发明人或设计人在工作时间以外,与职务无关,并且未利用本单位的物质技术条件所完成的发明创造。非职务发明创造,申请专利的权利属于发明人或者设计人;申请被批准后,该发明人或者设计人为专利权人。任何单位和个人不得压制非职务发明创造。

【例8-1】 某医院护士长王艳艳,根据自己多年的护理经验,利用业余时间,完成了一项关于医院病人用床的实用新型技术方案。当王艳艳请医院为自己出具非职务发明证明时,医院院长认为该项实用新型技

法条链接:
《专利法》第一条规定:"为了保护专利权人的合法权益,鼓励发明创造,推动发明创造的应用,提高创新能力,促进科学技术进步和经济社会发展,制定本法。"

术是王艳艳在履行自己的本职工作中完成的,应为职务发明,而拒绝出具证明。因此,护士长王艳艳与院方发生纠纷。请问护士长王艳艳完成的该项实用新型技术是否为职务发明?为什么?

【解析】 护士长王艳艳完成的该项实用新型技术为非职务发明。《专利法》第六条规定,执行本单位的任务或主要是利用本单位的物质技术条件所完成的发明创造为职务发明创造。而王艳艳的发明是在自己的本职工作之外,利用自己的业余时间,且并未利用医院的物质条件完成的,因此应当是非职务发明创造。

3.共同发明人或设计人

两个以上单位或者个人合作完成的发明创造、一个单位或者个人接受其他单位或者个人委托所完成的发明创造,除另有协议的以外,申请专利的权利属于完成或者共同完成的单位或者个人;申请被批准后,申请的单位或者个人为专利权人。

【例 8-2】 甲、乙共同完成一项发明。根据法律制度的规定,下列关于该项发明的专利申请权的表述中,错误的是( )。

A.如果甲不同意申请专利,乙可以自行申请
B.如果甲放弃其专利申请权,乙可以单独申请,但取得专利后,甲有免费使用的权利
C.如果甲、乙之间事先没有约定,申请专利的权利属于甲、乙共有
D.如果甲准备转让其共有的专利申请权,乙在同等条件下有优先受让的权利

【解析】 答案 A。共同发明是指两个以上单位或者个人合作完成的发明创造、一个单位或者个人接受其他单位或者个人委托所完成的发明创造,除另有协议的以外,申请专利的权利属于完成或者共同完成的单位或者个人;申请被批准后,申请的单位或者个人为专利权人。有协议,依照协议;无协议,属于完成或者共同完成发明创造的单位或者个人。合作开发的当事人一方不同意申请专利的,另一方或者其他各方不得申请专利。

4.发明创造的合法受让人

作出发明创造的单位或个人可以将自己所有的专利申请权转让给他人,合法受让人有权就受让的发明创造申请专利,申请被批准后,专利权归该申请人所有。

5.外国人

在中国没有经常居所或者营业场所的外国人、外国企业或者外国其他组织在中国申请专利的,依照其所属国同中国签订的协议或者共同参加的国际条约,或者依照互惠原则,依法办理。

在中国没有经常居所或者营业场所的外国人、外国企业或者外国其他组织在中国申请专利和办理其他专利事务的,应当委托依法设立的专利代理机构办理。

(二)专利权的客体

专利权的客体是指专利法保护的对象,即依法可以取得专利权的发明创造。专利权的客体有发明、实用新型和外观设计。

发明分为产品发明和方法发明,前者包括制造品的发明、材料物品的发明、具有特定用途物品的发明;后者包括制造产品方法的发明、使用产品方法的发明、测量方法和通信方法的发明等。

实用新型也称小发明,它仅仅涉及具有一定形状的物品发明,不包括方法发明,与发明相比,实用新型对产品的创造性要求较低。

三、授予专利权的条件

发明专利和实用新型专利的授权条件和外观设计专利的授权条件不同。

(一)发明专利或者实用新型专利的授权条件

授予专利权的发明和实用新型,应当具备新颖性、创造性和实用性。

1.新颖性

新颖性是指该发明或者实用新型不属于现有技术;也没有任何单位或者个人就同样的发明或者实用新型在申请日以前向国务院专利行政部门提出过申请,并记载在申请日以后公布的专利申请文件或者公告的专利文件中。

申请专利的发明创造在申请日以前六个月内,有下列情形之一的,不丧失新颖性:

(1)在国家出现紧急状态或者非常情况时,为公共利益目的首次公开的;

(2)在中国政府主办或者承认的国际展览会上首次展出的;

(3)在规定的学术会议或者技术会议上首次发表的;

(4)他人未经申请人同意而泄露其内容的。

【例8-3】 李某设计了一个智能吸尘器,向国家有关部门申请专利,但发现国外已有这类产品销售。请问这个智能吸尘器是否还具有新颖性?

【解析】 只要发明创造没有在国内外出版物上公开发表过、在国内公开使用过或者以其他方式为公众所知,也没有由他人向国务院专利行政部门提出过申请并且记载在申请日以后公布的专利申请文件中,就具有新颖性。

2.创造性

创造性是指与现有技术相比,该发明具有突出的实质性特点和显著的进步,或该实用新型具有实质性特点和进步。

实用新型与发明在创造性上的要求是有差别的,它不要求"突出"和"显著"。

3.实用性

实用性是指该发明或者实用新型能够制造或者使用,并且能够产生积极效果。

(二)外观设计专利的授权条件

授予专利权的外观设计,应当不属于现有设计;也没有任何单位或者个人就同样的外观设计在申请日以前向国务院专利行政部门提出过申请,并记载在申请日以后公告的专利文件中。

现有设计是指申请日以前在国内外为公众所知的设计。

授予专利权的外观设计与现有设计或者现有设计特征的组合相比,应当具有明显区别。

授予专利权的外观设计不得与他人在申请日以前已经取得的合法权利相冲突。

(三)不授予专利权的发明创造

《专利法》对专利权客体的范围进行了某些限制性的规定,对违反法律、社会公德或者妨害公共利益的发明创造,对违反法律、行政法规的规定获取或者利用遗传资源,并依赖该遗传资源完成的发明创造,不授予专利权。此外,对不具有技术特征的发现和方法等,不受专利法保护。具体事项如下:

(1)科学发现；

(2)智力活动的规则和方法；

(3)疾病的诊断和治疗方法；

(4)动物和植物品种（动物和植物品种的生产方法，可以授予专利权）；

(5)原子核变换方法以及用原子核变换方法获得的物质；

(6)对平面印刷品的图案、色彩或者二者的结合作出的主要起标识作用的设计。

四、专利的申请与审批

作为无形财产的专利，其所属权利必须经过专门法律的确认，即专利申请人向国务院专利行政部门提出申请，经过法定程序的审查、批准后才能获得专利权。

以书面形式申请专利的，应当向国务院专利行政部门提交申请文件一式两份。

（一）专利的申请

1.专利申请所需文件

申请发明和实用新型专利时应向国务院专利行政部门递交请求书、说明书、摘要、权利要求书等文件。

2.专利申请的原则

(1)诚实信用原则。申请专利和行使专利权应当遵循诚实信用原则。不得滥用专利权损害公共利益或者他人合法权益。

(2)保密原则。保密审查的程序、期限等按照国务院的规定执行。对违反规定向外国申请专利的发明或者实用新型，在中国申请专利的，不授予专利权。

> ⚠ **特别提示 8-2**　向国务院专利行政部门提交专利国际申请的，视为同时提出了保密审查请求。

(3)单一性原则。一件发明或者实用新型专利申请应当限于一项发明或者实用新型。属于一个总的发明构思的两项以上的发明或者实用新型，可以作为一件申请提出。

一件外观设计专利申请应当限于一项外观设计。

(4)申请在先原则。申请在先原则是指两个以上的申请人分别就同样的发明创造申请专利的，专利权授予最先向国务院专利行政部门提出申请的人。如果两个以上的申请人在同一日分别就同样的发明创造申请专利的，应当在收到国务院专利行政部门的通知后自行协商确定申请人。

【例 8-4】 王某在黑龙江省齐齐哈尔市于 2022 年 4 月 1 日向国务院专利行政部门邮寄名为"保温鞋"的实用新型专利申请文件，邮戳日为

法条链接：
《专利法》第三条规定："国务院专利行政部门负责管理全国的专利工作；统一受理和审查专利申请，依法授予专利权。

省、自治区、直辖市人民政府管理专利工作的部门负责本行政区域内的专利管理工作。"

法条链接：
《专利法》第二十八条规定："国务院专利行政部门收到专利申请文件之日为申请日。如果申请文件是邮寄的，以寄出的邮戳日为申请日。"

2022年4月1日,国务院专利行政部门收到该申请文件的日期为2022年4月6日。李某在北京于2022年4月2日向国务院专利行政部门直接递交一份与王某同样的发明创造的专利申请文件,也名为"保温鞋"的实用新型专利申请。请问应该如何处理这两件申请?为什么?

【解析】 两个以上主题相同的发明创造分别向国务院专利行政部门提出申请的,实行申请在先原则。即谁是最先申请人,谁就是请求权人。确定的方法是,以申请日作为申请时间先后的判断标准,以国务院专利行政部门收到专利申请文件之日为申请日,但是申请文件是邮寄的,以寄出的邮戳日为申请日。在本题中,王某是以邮寄方式申请的,邮戳日是2022年4月1日,因此他的申请日依法应确定为2022年4月1日。而李某是以直接递交方式申请的,递交时间是2022年4月2日,申请日为2022年4月2日。由此可见,王某是该项专利的最先申请人,国务院专利行政部门应确定该项专利的专利权归王某所有。

(4)优先权原则。优先权是指一个发明创造在一个缔约国第一次提出申请以后,在一定期限内又在其他缔约国提出申请的,申请人有权要求将第一次申请的日期视为后来申请的日期。

申请人自发明或者实用新型在中国第一次提出专利申请之日起十二个月内,或者自外观设计在中国第一次提出专利申请之日起六个月内,又向国务院专利行政部门就相同主题提出专利申请的,可以享有优先权。

(二)专利的审批

1.发明专利的审批

专利申请的审查是一项发明创造能否获得专利权的决定性程序。对于发明专利申请,需要经过初步审查、早期公开、实质审查等几个阶段。

(1)初步审查。

(2)早期公开。早期公开是指国务院专利行政部门经初步审查认为符合《专利法》要求的,自申请日起满十八个月,即行公布其申请。

(3)实质审查。实质审查主要是从技术角度对申请专利的发明创造是否具有新颖性、创造性和实用性进行审查。

> ⚠️ **特别提示8-3** 申请人从申请日起三年内,可以随时请求实质审查;申请人无正当理由逾期不请求实质审查的,该申请即被视为撤回。

(4)通知申请人陈述或修改申请书。国务院专利行政部门自行修改的,应当通知申请人。

(5)授予发明专利权。发明专利申请经实质审查没有发现驳回理由的,由国务院专利行政部门作出授予发明专利权的决定,发给发明专利证书,同时予以登记和公告。

> ⚠️ **特别提示8-4** 发明专利权自公告之日起生效。

2.实用新型专利和外观设计专利的审批

实用新型专利和外观设计专利申请经初步审查没有发现驳回理由的,由国务院专利行政部门作出授予实用新型专利权或者外观设计专利权的决定,发给相应的专利证书,同时予以登记和公告。实用新型专利权和外观设计专利权自公告之日起生效。

(三)专利权的复审

专利申请人对国务院专利行政部门驳回申请的决定不服的,可以自收到通知之日起三个月内向国务院专利行政部门请求复审。国务院专利行政部门复审后,作出决定,并通知专利申请人。

专利申请人对国务院专利行政部门的复审决定不服的,可以自收到通知之日起三个月内向人民法院起诉。

知识拓展
专利权的无效宣告

法条链接:
《专利法》第四十一条规定"专利申请人对国务院专利行政部门驳回申请的决定不服的,可以自收到通知之日起三个月内向国务院专利行政部门请求复审。国务院专利行政部门复审后,作出决定,并通知专利申请人。

专利申请人对国务院专利行政部门的复审决定不服的,可以自收到通知之日起三个月内向人民法院起诉。"

> ⚠ **特别提示 8-5** 宣告无效的专利权视为自始即不存在。
>
> 对国务院专利行政部门宣告专利权无效或者维持专利权的决定不服的,可以自收到通知之日起三个月内向人民法院起诉。人民法院应当通知无效宣告请求程序的对方当事人作为第三人参加诉讼。

五、专利权的内容和期限

(一)专利权的内容

1.专利权人的权利

(1)独占权。发明和实用新型专利权被授予后,除《专利法》另有规定的以外,任何单位或者个人未经专利权人许可,都不得实施其专利。

外观设计专利权被授予后,任何单位或者个人未经专利权人许可,都不得实施其专利,即不得为生产经营目的制造、许诺销售、销售、进口其外观设计专利产品。

(2)许可权。专利权人自愿以书面方式向国务院专利行政部门声明愿意许可任何单位或者个人实施其专利,并明确许可使用费支付方式、标准的,由国务院专利行政部门予以公告,实行开放许可。

(3)转让权。专利权人有将自己的专利权转让给他人的权利。

(4)标记权。专利权人有在专利产品或者该产品包装上标明专利标记和专利号的权利。发明人和设计人有在专利文件上写明自己是发明人或设计人的权利。

(5)投资权。专利权人有将其专利作价投资的权利。

(6)排除侵犯权。专利权人有在其专利权受到侵犯时,请求管理专利工作的部门进行解决或直接向人民法院提起诉讼的权利。

(7)放弃专利权。专利权人有以书面声明形式放弃其专利权的权利。

2.专利权人的义务

(1)实施专利的义务。专利权人负有制造其专利产品或使用其专利方法,以及许可他人实施专利的义务。

(2)缴纳专利费的义务。专利费是专利权人付给国务院专利行政部门局的管理费用,从授予专利权的当年开始缴纳年费,不按规定缴纳年费的,视为自动放弃专利权。

(3)给予报酬的义务。被授予专利权的单位应当对职务发明创造的发明人或者设计人给予奖励。

(二)专利权的期限

发明专利权的期限为二十年,实用新型专利权的期限为十年,外观设计专利权的期限为十五年,均自申请日起计算。

专利权的终止有两种情况:

(1)期限届满终止,即正常终止。

(2)期限届满前终止,即提前终止,包括专利权人没有按期缴纳年费和专利权人以书面形式声明放弃专利权两种形式。

专利权的限制

专利权在期限届满前终止的,应由国务院专利行政部门登记和公告。

法条链接:《专利法》第四十二条第一款规定:"发明专利权的期限为二十年,实用新型专利权的期限为十年,外观设计专利权的期限为十五年,均自申请日起计算。"

【例8-5】 某铁道企业工人沈某发明了一种推进火车速度的磨合剂,并申请了专利。由于按该磨合剂的方法,可将现火车时速提高,国务院专利行政部门与沈某多次协商使用其发明,但沈某所提要求太高,未能达成协议。于是,便在铁道系统强制实施这项专利并支付其使用费5万元。沈某认为国务院专利行政部门侵犯了其专利权。请问该主管部门的行为是否合法?

【解析】 根据《专利法》的规定,为了公共利益的目的,国务院专利行政部门可以给予实施发明专利或者实用新型专利的强制许可。本案中沈某的发明将火车时速提高,对我国铁路运输事业无疑具有非常重要的意义。该主管部门在与其协商不成的情况下,强制实施其专利,是符合这一法律规定的。

六、专利权的保护

(一)专利权的保护范围

发明或者实用新型专利权的保护范围以其权利要求的内容为准,说明书及附图可以用于解释权利要求的内容。外观设计专利权的保护范围以表示在图片或者照片中的该产品的外观设计为准,简要说明可以用于解释图片或者照片所表示的该产品的外观设计。

(二)专利权的保护机构

国务院专利行政部门应当对管理专利工作的部门处理专利侵权纠纷、查处假冒专利行为、调解专利纠纷进行业务指导。

(三) 侵犯专利权的诉讼时效

侵犯专利权的诉讼时效为三年,自专利权人或者利害关系人得知或者应当得知侵权行为之日起计算。

(四) 专利侵权行为及例外

> ⚠️ **特别提示 8-6** 对于侵权行为的判断,以专利权保护的范围为准。

专利侵权行为是指在专利权有效期限内,任何人未经专利权人许可,也没有其他法定事由的情况下,擅自以营利为目的实施专利的行为。但是,法律规定特定的情形不视为专利侵权行为。

1. 假冒专利的行为

(1) 在未被授予专利权的产品或者其包装上标注专利标识,专利权被宣告无效后或者终止后继续在产品或者其包装上标注专利标识,或者未经许可在产品或者产品包装上标注他人的专利号。

(2) 销售上述所述产品。

(3) 在产品说明书等材料中将未被授予专利权的技术或者设计称为专利技术或者专利设计,将专利申请称为专利,或者未经许可使用他人的专利号,使公众将所涉及的技术或者设计误认为是专利技术或者专利设计。

(4) 伪造或者变造专利证书、专利文件或者专利申请文件。

(5) 其他使公众混淆,将未被授予专利权的技术或者设计误认为是专利技术或者专利设计的行为。

【例 8-6】 甲公司于 2023 年 5 月 14 日获得一项外观设计专利,乙公司未经许可,为生产经营目的制造该专利产品并销售。请问乙公司是否构成侵权?如构成侵权,该如何处理?

【解析】《专利法》第十一条规定,发明和实用新型专利权被授予后,除本法另有规定的以外,任何单位或者个人未经专利权人许可,都不得实施其专利,即不得为生产经营目的制造、使用、许诺销售、销售、进口其专利产品,或者使用其专利方法以及使用、许诺销售、销售、进口依照该专利方法直接获得的产品。又根据《专利法》第六十五条的规定,对侵权行为,专利权人或利害关系人可以请求管理专利工作的部门处理,或直接向人民法院起诉。管理专利工作的部门有权责令侵权人停止侵权,赔偿损失,消除影响。

2. 不视为侵犯专利权的行为

(1) 专利产品或者依照专利方法直接获得的产品,由专利权人或者经其许可的单位、个人售出后,使用、许诺销售、销售、进口该产品的。

(2) 在专利申请日前已经制造相同产品、使用相同方法或者已经作好制造、使用的必要准备,并且仅在原有范围内继续制造、使用的。

(3) 临时通过中国领陆、领水、领空的外国运输工具,依照其所属国同中国签订的协议或者共同参加的国际条约,或者依照互惠原则,为运输工具自身需要而在其装置和设备中使用有关专利的。

(4) 专为科学研究和实验而使用有关专利的。

(5) 为提供行政审批所需要的信息,制造、使用、进口专利药品或者专利医疗器械的,以及专门为其制造、进口专利药品或者专利医疗器械的。

专利侵权行为纠纷的处理

第三节 商标法

一、商标法概述

(一)商标和注册商标的概念

1. 商标的概念

商标是商品和服务项目的特定标志,在日常生活中,人们俗称其为"牌子"。商标是自然人、法人或者其他组织对其生产、制造、加工、拣选或者经销的商品或提供的服务同别人生产、制造、加工、拣选或经销的商品或提供的服务相区别的一种标志。

2. 注册商标的概念

注册商标是指经商标局核准注册的商标,包括商品商标、服务商标和集体商标、证明商标。以下主要介绍集体商标和证明商标。

集体商标是指以团体、协会或者其他组织名义注册,供该组织成员在商事活动中使用,以表明使用者在该组织中的成员资格的标志。"沙县小吃""五常大米""山西老陈醋"等为典型的集体商标。

证明商标是指由对某种商品或者服务具有监督能力的组织所控制,而由该组织以外的单位或者个人使用于其商品或者服务,用以证明该商品或者服务的原产地、原料、制造方法、质量或者其他特定品质的标志。例如在我国具有代表性的证明商标有"绿色食品""纯羊绒"等。

集体商标、证明商标注册和管理的特殊事项,由国务院工商行政管理部门规定。

(二)商标的特征

1. 标记性

商标是商品和商业服务的标记,它与商品和商业服务有紧密的联系,是用在商品和服务领域的特定的标记。

2. 区别性

商标是区别不同商品或相同商品生产者、经营者和商业服务者的标记。

3. 信誉性

商标反映商品的质量和服务的水平,为商品购买者和服务对象提供特殊的信息,代表不同的商业信誉。

(三)商标的分类

商标可以依不同标准进行分类,常见的分类方式如下:

(1)商标按照其使用对象的不同,可以分为商品商标和服务商标。

(2)商标按照其构成商标图案形态的不同,可以分为文字商标、图形商标和组合商标。

(3)商标按照其使用者的不同,可以分为制造商标、销售商标和集体商标。

(4)商标按照其特殊性质的不同,可以分为联合商标、防御商标和证明商标。

【例 8-7】 为了创造自己的品牌,某蛋糕店注册了"天天乐"商标。根据商标的用途,该商标的性质属于什么商标?

【解析】 商品商标。商品商标以商品特定规格、品种来区分使用在商品上。

(四)商标法的概念

商标法是调整在确认、保护商标专用权和商标使用过程中发生的社会关系的法律规范的总称。

1982年8月23日,第五届全国人民代表大会常务委员会第二十四次会议通过了《中华人民共和国商标法》(以下简称《商标法》),于1983年3月1日起施行。历经1993年、2001年、2013年、2019年四次修正。

二、商标权的取得

商标权是指按照《商标法》的规定,由国家商标管理部门授予商标注册申请人在法定期限内对其注册商标享有的专用权。

(一)取得商标权的方式

1.注册取得

自然人、法人或者其他组织在生产经营活动中,对其商品或者服务需要取得商标专用权的,应当向商标局申请商标注册。不以使用为目的的恶意商标注册申请,应当予以驳回。

两个以上的自然人、法人或者其他组织可以共同向商标局申请注册同一商标,共同享有和行使该商标专用权。

法律、行政法规规定必须使用注册商标的商品,必须申请商标注册,未经核准注册的,不得在市场销售。

申请注册和使用商标,应当遵循诚实信用原则。

商标使用人应当对其使用商标的商品质量负责。各级工商行政管理部门应当通过商标管理,制止欺骗消费者的行为。

2.转让取得

商标权人也可以通过转让注册商标,使受让人取得转让人的注册商标。

⚠ **特别提示 8-7** 转让注册商标要通过商标局,商标局核准转让注册商标申请后,发给受让人相应证明,并予以公告。

(二)商标注册的原则及条件

1.商标注册的原则

(1)自愿注册与强制注册相结合的原则。我国对大部分商品或服务

法条链接:
《商标法》第一条规定:"为了加强商标管理,保护商标专用权,促使生产、经营者保证商品和服务质量,维护商标信誉,以保障消费者和生产、经营者的利益,促进社会主义市场经济的发展,特制定本法。"

法条链接:
《商标法》第二条规定:"国务院工商行政管理部门商标局主管全国商标注册和管理的工作。
国务院工商行政管理部门设立商标评审委员会,负责处理商标争议事宜。"

法条链接:
《商标法》第六条规定:"法律、行政法规规定必须使用注册商标的商品,必须申请商标注册,未经核准注册的,不得在市场销售。"

项目使用的商标,采取自愿注册的原则,由商标使用人自主决定是否进行商标注册;与此同时,对部分商品实行商标强制注册制度。

国家规定必须使用注册商标的商品,一般限于与人民生活关系密切、涉及人身安全和健康的少数商品。

> ⚠ **特别提示 8-8** 目前我国必须使用注册商标的商品,包括人用药品、卷烟、雪茄烟和有包装的烟丝。

(2)申请在先原则。申请在先原则主要有以下三种情形:

①两个或两个以上的申请人,在同一种或类似商品或服务上,以相同或者近似的商标申请注册的,初步审定并公告申请在先的商标。

②同一天申请的,初步审定并公告使用在先的商标,驳回其他人的申请。

③同一天使用或者均未使用的,申请人应当进行协商解决;超过 30 天达不成协议时,由商标局裁定,或抽签决定。

商标注册的申请日期,以商标局收到申请文件的日期为准。

申请商标注册不得损害他人现有的在先权利,也不得以不正当手段抢先注册他人已经使用并有一定影响的商标。

(3)优先权原则。优先权原则包括下列两种情形:

①商标注册申请人自其商标在外国第一次提出商标注册申请之日起六个月内,又在中国就相同商品以同一商标提出商标注册申请的,依照该外国同中国签订的协议或者共同参加的国际条约,或者按照相互承认优先权的原则,可以享有优先权。

②商标在中国政府主办的或者承认的国际展览会展出的商品上首次使用的,自该商品展出之日起六个月内,该商标的注册申请人可以享有优先权。

(4)"一类商品,一个商标,一份申请"原则。申请商标注册,应当按照公布的商品和服务分类表按类申请,即"一类商品,一个商标,一份申请"原则提出申请。

(5)诚实信用原则。申请注册和使用商标,应当遵循诚实信用原则。

2.商标注册的条件

(1)商标注册的必备条件:

①应当具备法定的构成要素。任何能够将自然人、法人或者其他组织的商品与他人的商品区别开来的标志,包括文字、图形、字母、数字、三维标志、颜色组合和声音等,以及上述要素的组合,均可以作为商标申请注册。

②商标应当具有显著特征,便于识别,并不得与他人在先取得的合法权利相冲突。

(2)不得作为商标使用的标志:

①同中华人民共和国的国家名称、国旗、国徽、军旗、勋章相同或者近似的,以及同中央国家机关的名称、标志、所在地特定地点的名称或者标志性建筑物的名称、图形相同的;

②同外国的国家名称、国旗、国徽、军旗相同或者近似的,但经该国政府同意的除外;

③同政府间国际组织的名称、旗帜、徽记相同或者近似的,但经该组织同意或者不易误导公众的除外;

④与表明实施控制、予以保证的官方标志、检验印记相同或者近似的,但经授权的除外;

⑤同"红十字""红新月"的名称、标志相同或者近似的;

⑥带有民族歧视性的;

⑦带有欺骗性,容易使公众对商品的质量等特点或者产地产生误认的;

⑧有害于社会主义道德风尚或者有其他不良影响的;

⑨县级以上行政区划的地名或者公众知晓的外国地名,不得作为商标;但是,地名具有其他含义或者作为集体商标、证明商标组成部分的除外;已经注册的使用地名的商标继续有效。

【例8-8】 某药企在其生产的中成药外包装上使用"病必治"商标,但未进行注册。下列说法正确的是(　　)。

A.该企业使用"病必治"商标违法,人用药品商标必须注册

B.该商标夸大宣传并具有欺骗性,不得使用

C.该商标可以使用,但不得注册

D.该商标通过使用获得显著性后,可以注册

【解析】 答案B。根据《商标法》第十条的规定,带有欺骗性,容易使公众对商品的质量等特点或者产地产生误认的,不得作为商标使用。

(3)不得作为商标注册的标志:

①仅有本商品的通用名称、图形、型号的;

②仅直接表示商品的质量、主要原料、功能、用途、重量、数量及其他特点的;

③其他缺乏显著特征的;

④以三维标志申请注册商标的,仅由商品自身的性质产生的形状、为获得技术效果而需有的商品形状或者使商品具有实质性价值的形状,不得注册;

⑤商标中有商品的地理标志,而该商品并非来源于该标志所标示的地区,误导公众的,不予注册并禁止使用;但是,已经善意取得注册的继续有效。

地理标志是指标示某商品来源于某地区,该商品的特定质量、信誉或者其他特征主要由该地区的自然因素或者人文因素所决定的标志。

(三)注册商标的申请、审查和核准

1.注册商标的申请

商标注册申请人应当按规定的商品分类表填报使用商标的商品类别和商品名称,提出注册申请。

2.注册商标的审查和核准

对申请注册的商标,商标局应当自收到商标注册申请文件之日起九个月内审查完毕,符合本法有关规定的,予以初步审定公告。

对初步审定公告的商标,自公告之日起三个月内,在先权利人、利害关系人或者任何人均可以向商标局提出异议。公告期满无异议的,予以核准注册,发给商标注册证,并予公告。

法条链接:
《商标法》第二十七条规定:"为申请商标注册所申报的事项和所提供的材料应当真实、准确、完整。"

三、注册商标专用权人的权利和义务

(一)注册商标专用权人的权利

1. 专用权

注册商标专用权人对其注册商标享有独占使用的权利。

2. 许可权

注册商标专用权人享有许可他人使用其注册商标并收取使用费的权利。

3. 转让权

注册商标专用权人享有将其注册商标所有权转让给他人的权利。转让注册商标经核准后,商标局对其予以公告。受让人自公告之日起享有商标专用权。

4. 投资权

注册商标专用权人享有将注册商标作价投资的权利。投资作价由双方商定或由评估部门评估。

5. 续展权

注册商标的有效期为十年,自核准注册之日起计算。注册商标有效期满,需要继续使用的,应当在期满前十二个月内办理续展手续;在此期间未能提出申请的,可以给予六个月的宽展期。每次续展注册的有效期为十年,自该商标上一届有效期满次日起计算。

6. 标示权

使用注册商标,可以在商品、商品包装、说明书或者其他附着物上标明"注册商标"或者注册标记。使用注册标记,应当标注在商标的右上角或者右下角。

7. 禁止权

注册商标专用权人享有禁止他人未经许可在相同或者类似的商品或服务上使用与其注册商标相同或者近似的商标的权利。

(二)注册商标专用权人的义务

1. 依法使用注册商标的义务

注册商标必须依法使用,连续三年不使用的,可撤销其注册商标。

2. 保证商品质量的义务

注册商标专用权人必须保证使用注册商标的商品或服务的质量。

3. 缴纳各项费用的义务

注册商标专用权人需要按时缴纳各项费用。

> **法条链接:**
> 《商标法》第四十一条规定:"注册商标需要变更注册人的名义、地址或者其他注册事项的,应当提出变更申请。"

四、注册商标专用权的保护

(一)商标侵权行为的概念

商标侵权行为是指侵犯他人注册商标专用权的行为。未经注册商标专用权人许可,任何人都不准在相同商品或者类似商品上使用与其注册商标相同或近似的商标。

> ⚠ **特别提示 8-9** 注册商标专用权的保护范围,以核准注册的商标和核定使用的商品为限。

(二)商标侵权行为的表现形式

(1)未经商标注册人的许可,在同一种商品或者类似商品上使用与其注册商标相同或者近似的商标的;

(2)未经商标注册人的许可,在同一种商品上使用与其注册商标近似的商标,或者在类似商品上使用与其注册商标相同或者近似的商标,容易导致混淆的;

(3)销售侵犯注册商标专用权的商品的;

(4)伪造、擅自制造他人注册商标标识或者销售伪造、擅自制造的注册商标标识的;

(5)未经商标注册人同意,更换其注册商标并将该更换商标的商品又投入市场的;

(6)故意为侵犯他人注册商标专用权行为提供仓储、运输、邮寄、隐匿等便利条件,帮助他人实施侵犯商标专用权行为的;

(7)给他人的注册商标专用权造成其他损害的。

(三)对驰名商标的认定和特殊保护

驰名商标是指在市场上享有较高声誉并为相关公众所熟悉的商标。

驰名商标应当根据当事人的请求,作为处理涉及商标案件需要认定的事实进行认定。认定驰名商标应当考虑下列因素:

(1)相关公众对该商标的知晓程度;

(2)该商标使用的持续时间;

(3)该商标的任何宣传工作的持续时间、程度和地理范围;

(4)该商标作为驰名商标受保护的记录;

(5)该商标驰名的其他因素。

生产、经营者不得将"驰名商标"字样用于商品、商品包装或者容器上,或者用于广告宣传、展览以及其他商业活动中。

五、商标权的消灭

商标权因为注册商标被注销或撤销而终止。主要有以下四种情况:保护期限届满注销;注册商标专用权人声明放弃商标;无人继承而注销;被依法撤销。

课后思考题

1. 专利权人的权利和义务有哪些?
2. 简述专利申请的原则。
3. 授予发明和实用新型专利的实质条件有哪些?
4. 注册商标专用权人的权利和义务有哪些?
5. 商标侵权行为的表现形式有哪些?
6. 对于商标侵权行为的处理法律是如何规定的?

课后案例

【背景资料】 甲卷烟厂(以下简称甲厂)使用注册商标蓝鸟牌香烟,一年后发现乙卷烟厂(以下简称乙厂)未经商标注册,也生产销售蓝鸟牌香烟,且质量低劣。甲厂认为乙厂的行为严重损害了自己的产品信誉,就委托某律师事务所丙律师,欲诉诸法律。乙厂得知后,找到甲厂,申明:本厂使用该商标已有两年之久,并无假冒侵权之意。并主张通过许可协议,取得甲厂的使用权。甲厂同意,并签订商标许可协议,但坚持要求乙厂先行赔偿。之后,双方找到律师进行咨询。

【问题】
1. 乙厂的行为属于何种性质? 违反我国商标管理的哪些规定? 其法律后果如何?
2. 如果甲、乙双方达成了使用许可协议,当事人应遵循我国商标法的哪些规定?

同步训练

第九章 反不正当竞争法

内容提示

1. 反不正当竞争法的概念
2. 不正当竞争行为的概念及危害
3. 不正当竞争行为的表现
4. 不正当竞争行为的监督管理
5. 违反反不正当竞争法的法律责任

学习目标

★知识目标

1. 掌握不正当竞争行为的概念及表现、对涉嫌不正当竞争行为的调查、违反反不正当竞争法的法律责任。
2. 了解反不正当竞争法的概念、不正当竞争行为。

★能力目标

1. 实践中能依法识别不正当竞争行为。
2. 在市场竞争中运用法律武器维护企业的合法权益。

★素养目标

1. 正确理解《反不正当竞争法》所倡导的经营者在生产经营活动中应当遵循自愿、平等、公正、诚信的原则,做社会主义核心价值观的践行者。
2. 通过道德养成教育,培养遵纪守法、文明经商、诚实无欺的商业道德价值取向,引领社会风尚。

课前案例导入

【背景资料】 甲、乙两厂均为某市生产饮料的企业,使用在饮料上的商标分别注册为 A 和 B。甲厂是老牌企业,乙厂是后起之秀。由于乙厂饮料质优价廉,销路很好,导致甲厂的经济效益下降。甲厂为在竞争中取胜,在该市电视台加大广告宣传力度,广告词中称:目前,本市有一些厂家生产的同类商品与本厂生产的功能饮料在质量上有根本差别,系本厂产品的仿制品,唯有本厂生产的 A 牌饮料不含化学成分,才是正宗,特提请广大消费者注意,购买功能饮料时,请认准 A 牌商标,谨防上当受骗。甲厂的广告在市电视台播出后,许多经营乙厂功能饮料的客户纷纷找乙厂退货,称其为仿制产品,致使乙厂生产严重滑坡,造成近百万元的经济损失。于是,乙厂向工商行政管理机关反映,要求处理甲厂在电视台的广告行为。

【问题】
1. 甲厂行为的性质是什么?
2. 工商行政管理机关应如何处理此案?
3. 乙厂是否有权要求赔偿损失?损失额应当如何计算?

第一节　反不正当竞争法概述

一、反不正当竞争法的概念

反不正当竞争法是指调整在国家规制不正当竞争行为过程中发生的社会关系的法律规范的总称。

为了促进社会主义市场经济健康发展,鼓励和保护公平竞争,制止不正当竞争行为,保护经营者和消费者的合法权益,1993 年 9 月 2 日,中华人民共和国第八届全国人民代表大会常务委员会第三次会议通过了《中华人民共和国反不正当竞争法》(以下简称《反不正当竞争法》),自 1993 年 12 月 1 日起施行,历经 2017 年修订、2019 年修正。

二、不正当竞争行为的概念及危害

(一)不正当竞争行为的概念

不正当竞争行为是指经营者在生产经营活动中,违反《反不正当竞争法》规定,扰乱市场竞争秩序,损害其他经营者或者消费者的合法权益的行为。

《反不正当竞争法》所称的经营者是指从事商品生产、经营或者提供服务(以下所称商品包括服务)的自然人、法人和非法人组织。

法条链接:
《反不正当竞争法》第一条规定:"为了促进社会主义市场经济健康发展,鼓励和保护公平竞争,制止不正当竞争行为,保护经营者和消费者的合法权益,制定本法。"

法条链接:
《反不正当竞争法》第二条第一款规定:"经营者在生产经营活动中,应当遵循自愿、平等、公平、诚信的原则,遵守法律和商业道德。"

(二) 不正当竞争行为的危害

首先,体现在扰乱公平竞争的市场经济秩序,造成竞争秩序混乱和不公平竞争,削弱了市场经济竞争机制应有的活力和作用,阻碍了技术的进步和社会生产力的发展;其次,对其他合法经营者和消费者的合法权益造成损害。鉴于不正当竞争行为的危害,二十大报告明确提出,加强反垄断和反不正当竞争,破除地方保护和行政性垄断,依法规范和引导资本健康发展。

第二节 不正当竞争行为

一、混淆行为

混淆行为是指经营者在市场经营活动中,以种种不实手法对自己的商品或服务作虚假表示、说明或承诺,或不当利用他人的智力劳动成果推销自己的商品或服务,使用户或者消费者产生误解,扰乱市场秩序、损害同业竞争者的利益或者消费者利益的行为。

《反不正当竞争法》第六条规定,经营者不得实施下列混淆行为,引人误认为是他人商品或者与他人存在特定联系:

(1) 擅自使用与他人有一定影响的商品名称、包装、装潢等相同或者近似的标识;

(2) 擅自使用他人有一定影响的企业名称(包括简称、字号等)、社会组织名称(包括简称等)、姓名(包括笔名、艺名、译名等);

(3) 擅自使用他人有一定影响的域名主体部分、网站名称、网页等;

(4) 其他足以引人误认为是他人商品或者与他人存在特定联系的混淆行为。

【例9-1】 根据《反不正当竞争法》的规定,下列哪一选项属于不正当竞争行为中的混淆行为?( )

A. 甲厂在其产品说明书中做夸大其词的不实说明

B. 乙厂的矿泉水使用"乐泉"商标名称,而"乐泉矿泉水厂"是本地一知名矿泉水厂的企业名称

C. 丙商场在有奖销售中把所有的奖券刮奖区都印上"未中奖"字样

D. 丁酒厂将其在当地评奖会上的获奖证书复印在所有的产品包装上

【解析】 答案B。乙厂的矿泉水使用"乐泉"商标名称,属于擅自使用他人的企业名称,可引人误认为是他人的商品,构成了混淆行为。

二、商业贿赂行为

商业贿赂是指经营者采用财务或者其他手段进行贿赂,以销售商品或者购买商品、提供服务或者接受服务的不正当竞争行为。

《反不正当竞争法》第七条规定,经营者不得采用财物或者其他手段贿赂下列单位或者个人,以谋取交易机会或者竞争优势:

(1) 交易相对方的工作人员;

(2) 受交易相对方委托办理相关事务的单位或者个人;

(3)利用职权或者影响力影响交易的单位或者个人。

> ⚠ **特别提示 9-1** 经营者在交易活动中,可以以明示方式向交易相对方支付折扣,或者向中间人支付佣金。经营者向交易相对方支付折扣、向中间人支付佣金的,应当如实入账。接受折扣、佣金的经营者也应当如实入账。

法条链接:《反不正当竞争法》第七条第三款规定:"经营者的工作人员进行贿赂的,应当认定为经营者的行为;但是,经营者有证据证明该工作人员的行为与为经营者谋取交易机会或者竞争优势无关的除外。"

【例9-2】 A公司经销医疗器材,规定每台售价2000元,业务员按合同价7%提取奖金。业务员杨某在与B公司洽谈时提出,合同定价按照公司规定办,但自己按每台60元补贴B公司。B公司表示同意,遂与杨某签订了订货合同,并将获得的补贴款入账。对杨某的行为应如何定性?(　　)

  A.属于无权代理　　　　　　　B.属于滥用代理权
  C.属于不正当竞争　　　　　　D.属于合法行为

【解析】 答案D。本案例中,经营者是A公司而非杨某,A公司作为经营者,其按2000元的价格销售医疗器材且已经依法入账。而杨某给予B公司60元补贴的行为是其对自己财产权的合法处分和正当的竞争手段,因此并不构成不正当竞争。

三、虚假或引人误解的商业宣传行为

《反不正当竞争法》第八条规定,经营者不得对其商品的性能、功能、质量、销售状况、用户评价、曾获荣誉等作虚假或者引人误解的商业宣传,欺骗、误导消费者。

经营者不得通过组织虚假交易等方式,帮助其他经营者进行虚假或者引人误解的商业宣传。

四、侵犯商业秘密的行为

商业秘密是指不为公众所知悉、具有商业价值并经权利人采取相应保密措施的技术信息、经营信息等商业信息。

《反不正当竞争法》第九条规定,经营者不得实施下列侵犯商业秘密的行为:

(1)以盗窃、贿赂、欺诈、胁迫、电子侵入或者其他不正当手段获取权利人的商业秘密;

(2)披露、使用或者允许他人使用以前项手段获取的权利人的商业秘密;

(3)违反保密义务或者违反权利人有关保守商业秘密的要求,披露、使用或者允许他人使用其所掌握的商业秘密;

(4)教唆、引诱、帮助他人违反保密义务或者违反权利人有关保守商业秘密的要求,获取、披露、使用或者允许他人使用权利人的商业秘密。

经营者以外的其他自然人、法人和非法人组织实施前款所列违法行为的,视为侵犯商业秘密。

第三人明知或者应知商业秘密权利人的员工、前员工或者其他单位、个人实施前款所列违法行为,仍获取、披露、使用或者允许他人使用该商业秘密的,视为侵犯商业秘密。

五、违法有奖销售行为

有奖销售是指经营者以提供奖品或奖金的手段进行推销的行为。

《反不正当竞争法》第十条规定,经营者进行有奖销售不得存在下列情形:

(1)所设奖的种类、兑奖条件、奖金金额或者奖品等有奖销售信息不明确,影响兑奖;

(2)采用谎称有奖或者故意让内定人员中奖的欺骗方式进行有奖销售;

(3)抽奖式的有奖销售,最高奖的金额超过五万元。

六、诋毁竞争对手商业信誉、商品声誉的行为

《反不正当竞争法》第十一条规定,经营者不得编造、传播虚假信息或者误导性信息,损害竞争对手的商业信誉、商品声誉。

【例9-3】 红心地板公司在某市电视台投放广告,称"红心牌原装进口实木地板为您分忧",并称"强化木地板甲醛高、不耐用"。此后,本地市场上的强化木地板销量锐减。经查明,该公司生产的实木地板是用进口木材在国内加工而成的。关于该广告行为,下列哪一选项是正确的?( )

A.属于正当竞争行为

B.仅属于诋毁商誉行为

C.仅属于虚假宣传行为

D.既属于诋毁商誉行为,又属于虚假宣传行为

【解析】 答案D。其行为既构成虚假宣传行为,又构成诋毁商誉行为。

七、利用网络妨碍、破坏其他经营者经营活动的行为

《反不正当竞争法》第十二条规定,经营者利用网络从事生产经营活动,应当遵守本法的各项规定。

经营者不得利用技术手段,通过影响用户选择或者其他方式,实施下列妨碍、破坏其他经营者合法提供的网络产品或者服务正常运行的行为:

(1)未经其他经营者同意,在其合法提供的网络产品或者服务中,插入链接、强制进行目标跳转;

(2)误导、欺骗、强迫用户修改、关闭、卸载其他经营者合法提供的网络产品或者服务;

不正当竞争行为的社会危害性

(3)恶意对其他经营者合法提供的网络产品或者服务实施不兼容;

(4)其他妨碍、破坏其他经营者合法提供的网络产品或者服务正常运行的行为。

第三节 对不正当竞争行为的监督检查

一、不正当竞争行为的监督主体

(一)各级人民政府

各级人民政府应当采取措施,制止不正当竞争行为,为公平竞争创造良好的环境和条件。

国务院建立处理维护市场竞争秩序重大问题的机制。

县级以上人民政府履行工商行政管理职责的部门对不正当竞争行为进行查处;法律、行政法规规定由其他部门查处的,依照其规定。

(二)社会组织和个人

国家鼓励、支持和保护一切组织和个人对不正当竞争行为进行社会监督。

行业组织应当加强行业自律,引导、规范会员依法竞争,维护市场竞争秩序。

> **特别提示 9-2** 国家机关及其工作人员不得支持、包庇不正当竞争行为。

二、对涉嫌不正当竞争行为的调查

监督检查部门调查涉嫌不正当竞争行为,应当遵守《中华人民共和国行政强制法》和其他有关法律、行政法规的规定,并应当将查处结果及时向社会公开。

监督检查部门调查涉嫌不正当竞争行为,被调查的经营者、利害关系人及其他有关单位、个人应当如实提供有关资料或者情况。

对涉嫌不正当竞争行为的调查可采取的措施

> **特别提示 9-3** 对不正当竞争行为监督检查的部门及其工作人员对调查过程中知悉的商业秘密负有保密义务。

监督检查部门应当向社会公开受理举报的电话、信箱或者电子邮件地址,并为举报人保密。对实名举报并提供相关事实和证据的,监督检查部门应当将处理结果告知举报人。

法条链接:
《反不正当竞争法》第十六条规定:"对涉嫌不正当竞争行为,任何单位和个人有权向监督检查部门举报,监督检查部门接到举报后应当依法及时处理。

监督检查部门应当向社会公开受理举报的电话、信箱或者电子邮件地址,并为举报人保密。对实名举报并提供相关事实和证据的,监督检查部门应当将处理结果告知举报人。"

第四节　违反反不正当竞争法的法律责任

经营者违反《反不正当竞争法》规定,应当承担民事责任、行政责任和刑事责任,其财产不足以支付的,优先用于承担民事责任。

经营者违反《反不正当竞争法》规定从事不正当竞争,受到行政处罚的,由监督检查部门记入信用记录,并依照有关法律、行政法规的规定予以公示。

监督检查部门的工作人员滥用职权、玩忽职守、徇私舞弊或者泄露调查过程中知悉的商业秘密,构成犯罪的,依法追究刑事责任;不构成犯罪的,依法给予处分。

课后思考题

1.什么是不正当竞争行为？不正当竞争行为有哪些危害？
2.不正当竞争行为的具体表现有哪些？
3.对涉嫌不正当竞争行为的调查可以采取哪些措施？
4.什么是混淆行为？混淆行为有哪些表现？

课后案例1

【背景资料】　于某是某县食品厂的厂长,他看见邻县巧媳妇食品有限公司制作的点心十分畅销,便前去取经,但每次都被婉言拒绝。他不甘心自己的厂子面临破产境地,几经周折,终于认识了巧媳妇食品有限公司的工程师李某某。于某多次宴请李某某,李某某见于某对自己十分厚爱,便把巧媳妇食品有限公司制作点心的配方以及经营方法全部告诉了于某,于某如法炮制,生意从此兴隆。

【问题】　请分析于某的行为是否违法,并分析其行为的性质。

课后案例2

【背景材料】　某市A机械厂(以下简称A厂)2023年12月经过刘某介绍,向某市B铸造厂(以下简称B厂)定制车床主构架100套,单价4万元,总价款为400万元。B厂厂长为争取今后的业务发展,与A厂厂长协商一致,在订货合同上订明,B厂给予A厂10%的优惠。2024年1月15日B厂依照合同履行义务,发货至A厂;A厂依照合同通过银行转账支付了360万元货款。B厂也将40万元作为营业收入的抵减项目记了账。为酬谢介绍人,B厂付给刘某"好处费"5 000元;A厂向刘某支付"介绍费"3 000元。两厂又分别将"好处费""介绍费"支出入了账,并代为扣缴了刘某的个人所得税。

【问题】
1.B厂与A厂的"优惠"约定属于什么性质,是否属于不正当竞争行为？为什么？
2.两厂分别向刘某支付费用的行为属于什么性质,是否属于不正当竞争行为？为什么？
3.通过上述交易行为,试述合法行为与违法行为的区别。

同步训练

产品质量法

内容提示

1. 产品质量法的概念和调整对象
2. 产品标准、产品质量与产品质量责任的概念
3. 产品质量监督与管理
4. 生产者、销售者的产品质量责任和义务
5. 产品质量责任

学习目标

★ 知识目标

1. 掌握产品质量监督与管理制度，生产者、销售者的产品质量责任和义务，产品侵权责任。
2. 了解产品质量法的概念和调整对象、产品的界定、市场质量监督管理部门。

★ 能力目标

1. 依法判断产品质量责任的归属及承担责任的形式。
2. 实践中能运用产品质量法维护自身及他人的合法权益。

★ 素养目标

培养法律意识和公德意识，正确处理个人利益和社会利益、眼前利益和长远利益的关系。

课前案例导入

【背景资料】 2023年4月,24岁的章某从某商场买了5瓶某品牌啤酒,在章某饮用时,2瓶啤酒爆炸,飞起的酒瓶碎片将其击伤3处,他当场血流不止,两度休克。家人将其送往医院救治,共花去医药费10 000多元。事发之后,经查,该爆炸是由于啤酒瓶质量不合格所致。章某父亲欲向有关部门进行索赔。

【问题】

1. 章某父亲可以向谁请求赔偿?

2. 章某父亲找到该啤酒生产厂家,该厂提出赔偿伤者5 000元,章某父亲不同意,该厂领导表示:"如不同意,你爱去哪儿告去哪儿告。"无奈,目不识丁的章某父亲在厂家草拟的协议上签了字。请问该协议是否有效?

第一节 产品质量法概述

一、产品质量法的概念和调整对象

(一)产品质量法的概念

产品质量法是调整在产品的生产、销售和消费领域中,因产品质量而发生的生产者、销售者与消费者之间的权利、义务和责任关系以及产品质量监督管理关系的法律规范的总称。

1993年2月22日,第七届全国人民代表大会常务委员会第三十次会议通过《中华人民共和国产品质量法》(以下简称《产品质量法》)。历经2000年、2009年、2018年三次修正。

《产品质量法》共分为六章七十四条,其主要内容涉及产品质量的监督管理,生产者、销售者的产品质量责任和义务,损害赔偿和罚则等。

(二)产品质量法的调整对象

我国产品质量法调整的对象:一是产品质量责任关系;二是产品质量监督管理关系。

从本质上讲,房屋建筑、工程、药品、食品、化妆品、种子、烟草等出现质量问题同汽车出现质量问题一样,都应当受《产品质量法》调整,但鉴于其不同于普通产品的特点,国家又分别出台了一些特别的法律、法规,如《中华人民共和国建筑法》《中华人民共和国食品安全法》《中华人民共和国药品管理法》《中华人民共和国种子法》《化妆品监督管理条例》等,作为质量法体系里的特别法规,其同《产品质量法》的共同适用构成了解决该类产品质量纠纷的法律依据。

法条链接:

《产品质量法》第一条规定:"为了加强对产品质量的监督管理,提高产品质量水平,明确产品质量责任,保护消费者的合法权益,维护社会经济秩序,制定本法。"

法条链接:

《产品质量法》第二条规定:"在中华人民共和国境内从事产品生产、销售活动,必须遵守本法。

本法所称产品是指经过加工、制作,用于销售的产品。

建设工程不适用本法规定;但是,建设工程使用的建筑材料、建筑构配件和设备,属于前款规定的产品范围的,适用本法规定。"

二、产品标准、产品质量与产品质量责任

(一)产品标准

关于产品的定义,世界各国有不同界定。

我国所界定的"产品"范围较窄。《产品质量法》所称的产品是指经过加工、制作,用于销售的产品。产品有以下特点:

1.产品必须经过生产者的加工、制作

只有通过生产者的工业加工或者手工制作完成的实体物品,才可以称为产品。未经过生产者加工、制作而成的物品,均不受《产品质量法》调整。

2.产品应当投入流通,且以销售为目的

非用于最终销售的产品,均不属于《产品质量法》所指的"产品"范畴。

(二)产品质量

产品质量是指产品在正常使用的前提下,为满足合理使用要求所必须具备的适用性、安全性、可靠性、耐用性、可维修性、经济性等特征和特性的总和。

我国产品质量是指国家有关法律法规、质量标准以及合同规定的对产品适用性、安全性和其他特性的要求。

(三)产品质量责任

产品质量责任是指产品的生产者或销售者因生产或者销售的产品质量不合格,使消费者受损失时应承担的责任。

第二节 产品质量监督与管理

产品质量监督与管理是指在一定的经济技术条件下,根据国家和人们的需要,围绕制定和实施质量标准而进行的一系列管理工作的总称。

一、产品质量监督管理机构

产品质量监督管理机构是指国家法律授权负责对产品质量进行监督和管理的部门。

我国产品质量监督管理机构主要有:

(1)国务院市场监督管理部门。国务院市场监督管理部门主管全国产品质量监督工作。国务院有关部门在各自的职责范围内负责产品质量监督工作。

(2)县级以上地方市场监督管理部门。其主要职责是负责本行政区域内的产品质量监督工作。

(3)国务院和县级以上地方人民政府设置的有关行业主管部门。其主要职责是按照同级人民政府赋予的职权,负责本行政区域内本行业关于产品质量方面的行政监督和生产经营性管理工作。

任何单位和个人有权对违反本法规定的行为,向市场监督管理部门或者其他有关部门检举。

市场监督管理部门和有关部门应当为检举人保密,并按照省、自治区、直辖市人民政府的规定给予奖励。

二、产品质量监督管理制度

产品质量监督管理制度是指由《产品质量法》确认的产品质量监督管理机构、办法和措施的总称。产品质量监督管理的任务是通过对生产、流通、运输、储运领域的产品进行有效的监督管理和检验,实现对产品质量的宏观控制,以保护消费者和生产者的合法权益,提高产品质量和社会经济效益,促进生产力和市场经济的发展。

(一)企业内部产品质量管理制度

《产品质量法》对企业内部质量管理的规定,属于指导性的规定。要求生产者、经营者建立健全内部产品质量管理制度,严格实施岗位质量规范、质量责任以及相应的考核办法。

> ⚠ **特别提示 10-1**　除有法律规定以外,企业有权选择检验范围、方法和标准,有权规定检验程序和设置检验机构。

(二)产品质量的标准化管理制度

标准化管理制度的实现是通过一系列产品质量标准的适用完成的。产品质量标准是国家用以调整企业产品质量管理行为,以及企业产品质量责任的一个重要的法律手段。

我国现行的产品质量标准

我国现行的产品质量标准,从标准的适用范围和领域来看,主要包括国际标准、国家标准、行业标准(或部颁标准)、地方标准和企业标准等。

(三)企业质量体系认证制度和产品质量认证制度

《产品质量法》和《中华人民共和国认证认可条例》规定,认证制度包括企业质量体系认证制度和产品质量认证制度。

1.企业质量体系认证制度

企业质量体系认证制度是指企业自愿申请,由国务院市场监督管理部门认可的或者国务院市场监督管理部门授权的部门认可的认证机构根据国际通用的质量管理标准,对企业的质量保证和质量管理能力进行综合评定的制度。

国际通用的质量管理标准是指国际标准化组织(ISO)制定的已经被世界上许多国家采用的 ISO9000《质量管理与质量保证》系列标准。

法条链接:
《产品质量法》第十三条第一款规定:"可能危及人体健康和人身、财产安全的工业产品,必须符合保障人体健康和人身、财产安全的国家标准、行业标准;未制定国家标准、行业标准的,必须符合保障人体健康和人身、财产安全的要求。"

⚠ **特别提示 10-2** 申请企业质量体系认证实行自愿原则。这是法律赋予企业申请认证的自主权和选择权,任何部门和单位不得违反自愿原则强制企业申请认证。

2.产品质量认证制度

产品质量认证制度是指企业自愿申请,由国务院市场监督管理部门认可的或者国务院市场监督管理部门授权的部门认可的认证机构参照国际先进的产品标准和技术要求,对企业某一产品是否符合相应标准和相应技术要求进行认证的制度。

对于认证合格的企业和产品,认证机构发给相应的标志和证书。

(四)产品质量的监督检查制度

⚠ **特别提示 10-3** 国家对产品质量的监督检查,应当以抽查为主要方式。

抽查所需检验品应当从市场上和企业成品仓库内的待销售产品中随机抽取,以保证检验结果的公平性和代表性。

产品质量监督检查重点抽查的产品范围如下:

(1)可能危及人体健康和人身、财产安全的产品,包括药品、食品、电器产品、易燃易爆产品等。

(2)影响国计民生的重要工业产品,包括工业原材料、基础部件、农业生产资料和重要的民用日常工业品等。

(3)消费者和有关组织反映有质量问题的产品,包括通过消费者权益保护组织反映的发生质量问题较多的产品。

监督抽查应当由各级市场监督管理部门统一规划和组织。

国家监督抽查的产品,地方不得另行重复抽查;上级监督抽查的产品,下级不得另行重复抽查。

依法进行监督抽查的产品质量不合格的,由实施监督抽查的市场监督管理部门责令其生产者、销售者限期改正。逾期不改正的,由省级以上人民政府市场监督管理部门予以公告;公告后经复查仍不合格的,责令停业,限期整顿;整顿期满后经复查产品质量仍不合格的,吊销营业执照。

监督抽查的产品有严重质量问题的,依照本法第五章的有关规定进行处罚。

(五)工业产品生产许可证制度

工业产品生产许可证制度是我国政府为了加强产品质量管理,保证主要产品质量,依据国家的有关法规、规章对影响国计民生、危及人身健康和人身、财产安全的重要工业产品实行的一项质量监控制度。

国家对下列重要工业产品实行生产许可证制度:

(1)乳制品、肉制品、饮料、米面、食用油、酒精等直接关系人身健康的加工食品;

(2)电热毯、压力锅等可能危及人身、财产安全的产品;

(3)税控收款机、卫星电视广播地面接收设备等关于金融安全和通信质量安全的产品;

(4)安全网、安全帽等保障劳动安全的产品;

(5)电力铁塔、危险化学品等影响生产安全、公共安全的产品;

(6)法律、行政法规要求依照《中华人民共和国工业产品生产许可证管理条例》的规定实行生产许可证管理的其他产品。

(六)产品召回制度

产品召回制度是指产品进入流通领域后,当发现产品存在可能危害消费者人身及财产安全的缺陷时,经营者依法从市场上将其收回,并免费对其进行修理或更换的制度。

第三节 生产者、销售者的产品质量责任和义务

一、生产者的产品质量责任和义务

(一)产品的内在质量必须符合要求

生产者生产的产品质量应当符合下列要求:

(1)不存在危及人身、财产安全的不合理的危险,有保障人体健康和人身、财产安全的国家标准、行业标准的,应当符合该标准。

(2)具备产品应当具备的使用性能。但是,对产品存在使用性能的瑕疵作出说明的除外。

(3)产品质量应当符合明示的质量情况。符合在产品或者其包装上注明采用的产品标准,符合以产品说明、实物样品等方式表明的质量状况。

(二)产品或其包装上的标识必须符合要求

产品或者其包装上的标识必须真实,并符合下列要求:

(1)有产品质量检验合格证明;

(2)有中文标明的产品名称、生产厂厂名和厂址;

(3)根据产品的特点和使用要求,需要标明产品规格、等级、所含主要成分的名称和含量的,用中文相应予以标明;需要事先让消费者知晓的,应当在外包装上标明,或者预先向消费者提供有关资料;

(4)限期使用的产品,应当在显著位置清晰地标明生产日期和安全使用期或者失效日期;

(5)使用不当,容易造成产品本身损坏或者可能危及人身、财产安全的产品,应当有警示标或者中文警示说明。

> ⚠ **特别提示 10-4** 产品标识的例外规定:裸装的食品和其他根据产品的特点难以附加标识的裸装产品,可以不附加产品标识。

(三)特殊产品包装必须符合特定要求

易碎、易燃、易爆、有毒、有腐蚀性、有放射性等危险物品以及储运中不能倒置和其他有特殊要求的产品,其包装质量必须符合相应要求,依照国家有关规定作出警示标志或中文警

示说明,标明储运注意事项。

> ⚠ **特别提示 10-5** 这是针对危险物品和其他对包装有特殊要求的产品在包装上的规定。这一规定仅针对特殊产品,而未对除此之外的其他产品的包装作出限定。

生产者所承担的包装必须符合要求的义务有两方面需要注意:
(1)包装质量必须符合相应要求,避免产品本身毁损或造成损失。
(2)依照国家有关规定作出警示标志或中文警示说明,标明储运注意事项。

(四)关于生产者产品生产的禁止性规定

(1)生产者不得生产国家明令淘汰的产品。
(2)生产者不得伪造产地,不得伪造或者冒用他人的厂名、厂址。
(3)生产者不得伪造或者冒用认证标志等质量标志。
(4)生产者生产产品,不得掺杂、掺假,不得以假充真、以次充好,不得以不合格产品冒充合格产品。

二、销售者的产品质量责任和义务

(1)进货检查验收制度。进货检查验收制度是指销售者根据国家有关规定和同生产者或其他供货者之间订立的合同的约定,对购进的产品质量进行检查,予以验收的制度。销售者应当建立并执行进货检查验收制度,验明产品合格证明和其他标识。

> ⚠ **特别提示 10-6** 进货检查验收包括产品标识检查、产品感观检查和必要的产品内在质量检验。

(2)保证产品质量。销售者应当采取措施,保持销售产品的质量。对某些特殊产品的保管,尤其是药品和食品等,采取的措施还应包括配置必要的设备和设施。
(3)产品标识符合规定。销售者所销售产品的标识与生产者所生产的产品上使用的标识在法律上有着同等的要求。
(4)销售者不得销售国家明令淘汰并停止销售的产品和失效、变质的产品。
(5)销售者不得伪造产地,不得伪造或冒用他人的厂名、厂址。
(6)销售者不得伪造或者冒用认证标志等质量标志。
(7)销售者销售产品,不得掺杂、掺假,不得以假充真、以次充好,不得以不合格产品冒充合格产品。

第四节 产品质量责任

产品质量责任分为民事责任、行政责任与刑事责任。其中民事责任主要有产品合同责任和产品侵权责任。

一、产品质量责任的承担者

产品质量责任的主体主要分为两大类：

(一)产品的生产者

产品的生产者包括成品、半成品、原材料及零件生产者。产品生产者为产品质量责任的最主要的主体。

(二)产品的销售者

产品的销售者为产品质量责任的直接承担者之一。在许多情况下，用户和消费者在损失发生后，都是直接向销售者索赔的，如果销售者能够证明产品缺陷不是由自己的过错造成的，就可以向有责任的生产者索赔。如果不能指明缺陷产品的生产者，也不能指明缺陷产品的供货者，销售者应当承担赔偿责任。这里的销售者包括批发商、零售商、批零兼营商以及进出口商等。

【例10-1】宋某在商场购买了一台彩色电视机，并附有产品合格证。宋某使用两个多月后，电视机出现图像不清晰的现象，后来声音和图像全无。宋某去找商场服务人员要求更换，商场服务人员称电视机不是他们生产的，让宋某找电视机厂进行交涉。请问该商场应当承担怎样的责任？

【解析】宋某购买的电视机出现严重质量问题，该商场与生产者或供货者在订立买卖合同之时又未明确地约定事后处理纠纷的方式，则该商场依法负有产品瑕疵担保责任，应根据消费者宋某的要求予以修理、更换或者退货。因为本案中宋某所购电视机已经达不到使用的要求，所以商场应予以更换；如宋某要求退货，商场也不得拒绝。

二、产品合同责任

产品合同责任指当事人不履行或不适当履行合同义务时应承担的责任。因产品不符合合同约定的质量被称作产品的瑕疵，故产品合同责任也称为产品瑕疵担保责任。

(一)承担产品合同责任的条件

(1)不具备产品应当具备的使用性能而事先未作说明的。
(2)不符合在产品或者其包装上注明采用的产品标准的。
(3)不符合以产品说明、实物样品等方式表明的质量状况的。

(二)产品合同责任的承担形式

1.修理、更换、退货

当销售者售出的产品不符合合同约定的质量要求，存在瑕疵时，买受人可以根据法律的相关规定要求销售者修理、更换、退货，予以补救。

2.赔偿损失

销售者售出的产品不符合合同约定的质量要求，给购买产品的买受人造成损失的，销售者应当赔偿损失。

(三)产品合同责任的承担者

销售者依照法律规定负责修理、更换、退货、赔偿损失后,属于生产者的责任或者属于向销售者提供产品的其他销售者(以下简称供货者)的责任的,销售者有权向生产者、供货者追偿。但生产者之间,销售者之间,生产者和销售者之间订立的买卖合同、承揽合同有不同约定的,合同当事人按照合同约定执行。

三、产品侵权责任

产品侵权责任又称产品责任,是指因产品存在缺陷造成人身、缺陷产品以外的其他财产(以下简称他人财产)损害应承担的赔偿责任。

(一)产品侵权责任的归责原则

1.对于生产者适用的是无过错责任原则

无过错责任原则又称严格责任原则。因生产的产品存在缺陷造成人身、他人财产损害的,生产者应当承担赔偿责任,无须原告出具证据证明生产者存在过错。

2.对于销售者适用的是过错责任原则

销售者由于过错使产品存在缺陷,造成人身、他人财产损害的,销售者应当承担赔偿责任。

> ⚠ **特别提示 10-7** 销售者不能指明缺陷产品的生产者也不能指明缺陷产品的供货者的,销售者应当承担赔偿责任。

我国产品侵权责任的归责原则是生产者的无过错责任原则与销售者的过错责任原则的结合。

(二)承担产品侵权责任的条件

1.产品存在缺陷

《产品质量法》所称缺陷是指产品存在危及人身、他人财产安全的不合理的危险;产品有保障人体健康和人身、财产安全的国家标准、行业标准的,是指不符合该标准。

2.消费者受到人身或财产损害的事实

产品侵权责任的承担要求以当事人遭受人身伤害、财产损失为前提。无损害事实则不可能形成产品侵权责任。

3.产品缺陷与损害后果之间存在因果关系

产品缺陷与损害后果之间的因果关系是指产品缺陷与损害后果之间的相互关系,而不是某种具体行为与损害后果之间的关系。

(三)产品侵权责任的承担方式及赔偿范围

产品侵权责任的基本形式为损害赔偿。损害赔偿分为人身损害赔偿

法条链接:
《产品质量法》第四十三条规定:"产品存在缺陷造成人身、他人财产损害的,受害人可以向产品的生产者要求赔偿,也可以向产品的销售者要求赔偿。属于产品的生产者的责任,产品的销售者赔偿的,产品的销售者有权向产品的生产者追偿。属于产品的销售者的责任,产品的生产者赔偿的,产品的生产者有权向产品的销售者追偿。"

法条链接:
《产品质量法》第四十二条规定:"由于销售者的过错使产品存在缺陷,造成人身、他人财产损害的,销售者应当承担赔偿责任。

销售者不能指明缺陷产品的生产者也不能指明缺陷产品的供货者的,销售者应当承担赔偿责任。"

和财产损害赔偿。

(1)就人身损害赔偿而言,因产品存在缺陷造成受害人人身伤害的,侵害人应当赔偿医疗费、治疗期间的护理费、因误工减少的收入等费用;造成残疾的,还应当支付残疾者生活自助具费、生活补助费、残疾赔偿金以及由其扶养的人所必需的生活费等费用;造成受害人死亡的,并应当支付丧葬费、死亡赔偿金以及由死者生前扶养的人所必需的生活费等费用。

(2)就财产损害赔偿而言,因产品存在缺陷造成受害人财产损失的,侵害人应当恢复原状或者折价赔偿。受害人因此遭受其他重大损失的,侵害人应当赔偿损失。

(四)产品侵权责任的诉讼时效

《产品质量法》第四十五条规定,因产品存在缺陷造成损害要求赔偿的诉讼时效期间为二年,自当事人知道或者应当知道其权益受到损害时起计算。

【例 10-2】 丁某于2022年6月从市场买回一口高压锅,一开始高压锅能正常使用,未有异常。2023年9月6日,丁某做饭时,高压锅发生爆炸,锅盖飞起,煤气灶被损坏,天花板被冲裂,玻璃被震碎。发生事故后,丁某找高压锅的生产厂家某日用品厂要求赔偿。该日用品厂提出,丁某的锅是于2022年6月买的,已经过去一年多了,早已过了规定的保修期,因此对发生的损害不负责任。丁某与该日用品厂进行多次交涉未果。请问该日用品厂的理由是否成立?

【解析】 《产品质量法》第四十五条规定,因产品存在缺陷造成损害要求赔偿的诉讼时效期间为二年,自当事人知道或者应当知道其权益受到损害时起计算。

本案中,丁某购买的高压锅虽然超过了保修期,但并不影响产品的诉讼时效,丁某购买的高压锅仍然在诉讼时效期内,丁某有权就高压锅出现的产品质量问题要求日用品厂赔偿损失,日用品厂应当赔偿丁某的全部经济损失。

因产品存在缺陷造成损害要求赔偿的请求权,在造成损害的缺陷产品交付最初消费者满十年丧失;但是,尚未超过明示的安全使用期的除外。

> ⚠ **特别提示 10-8** 这里的十年期间从缺陷产品交付最初消费者时开始计算。

(五)产品侵权责任的免除

1.生产者的免责条件

(1)未将产品投入流通的。

(2)产品投入流通时,引起损害的缺陷尚不存在的。

(3)将产品投入流通时的科学技术水平尚不能发现缺陷的存在的。

法条链接:
《产品质量法》第四十七条规定:"因产品质量发生民事纠纷时,当事人可以通过协商或者调解解决。当事人不愿通过协商、调解解决或者协商、调解不成的,可以根据当事人各方的协议向仲裁机构申请仲裁;当事人各方没有达成仲裁协议或者仲裁协议无效的,可以直接向人民法院起诉。"

生产者能够提供证据证明上述三项内容中的任何一项,则可不承担赔偿责任。

【例10-3】 刘某与某机械厂的王某是好朋友,一日刘某到该机械厂办事,顺便找王某聊天。刘某走时发现自行车没气了,就问王某有无气筒,王某顺手拿起一个气筒递给刘某说:"这是我们厂新出的一批气筒的样品,你用吧。"当刘某拿起气筒打气时,气筒栓塞脱落,栓塞飞到刘某脸上造成伤害,刘某为此花去医疗费1 600元,于是要求该机械厂予以赔偿。请问该机械厂是否应当承担损害赔偿责任?刘某应如何保护自己的合法权益?

【解析】 气筒确实存在缺陷,但该气筒只是机械厂的样品,未投入流通,刘某并非消费者或用户,因此气筒因缺陷造成对刘某的损害不适用《产品质量法》,应依《民法典》的规定进行处理。

2.生产者、销售者共同的免责条件

下列六种情况生产者、销售者不负质量责任:

(1)损害是由于消费者擅自改变产品性能、用途或者没有按照产品的使用说明使用,并且确因改变或使用不当造成的。

(2)损害是由于受害人的故意行为造成的。

(3)损害是由于常识性的危险造成的。

(4)产品造成的损害是由于使用者自身特殊敏感所致。

(5)产品已过有效期限。

(6)超过诉讼和赔偿请求时效。

课后思考题

1.简述产品质量管理的法律制度。
2.产品质量责任的构成要件有哪些?
3.试述生产者、销售者的产品质量责任和义务。
4.产品出现质量缺陷,哪些情况下生产者可以不承担赔偿责任?
5.产品侵权责任的归责原则是什么?

课后案例

【背景资料】 2024年2月4日,王某在某百货公司买到一台冰箱,冰箱附有产品合格证。王某买回冰箱后6天,发现冰箱噪声太大,就去找百货公司交涉,百货公司服务人员说冰箱一开始使用时有些噪声是正常的,过一段时间就会好。没过多长时间,冰箱的制冷器又出现问题,到后来完全丧失了冷冻食品的功能,成了一个食品储藏柜。王某再去找百货公司,百货公司服务人员说冰箱不是他们生产的,冰箱不制冷属于技术问题,此事只有生产厂家才能解决,因此让王某去找生产厂家。王某说生产厂家离本市有几千公里,况且冰箱又不像小件物品,可以来回搬运,因此只能先找百货公司,让百货公司联系生产厂家。王某遭到百货公司的拒绝,于是于2024年6月15日向人民法院起诉,要求百货公司对冰箱进行维修,如修理不好,应负责退货。

【问题】

1.什么是产品的瑕疵担保责任?
2.该百货公司对售出的有瑕疵的产品是否负有责任?

消费者权益保护法

内容提示

1. 消费者权益保护法的适用范围
2. 消费者的权益和经营者的义务
3. 消费者权益争议的解决
4. 违反消费者权益保护法的法律责任

学习目标

★ 知识目标

1. 掌握消费者权益保护法的适用对象、消费者的权利、经营者的义务、消费者权益争议的解决途径。
2. 了解违反消费者权益保护法的法律责任。

★ 能力目标

1. 依法自主选择消费纠纷解决的途径。
2. 运用法律维护消费过程中的权利。
3. 依法行使消费者损害赔偿请求权。

★ 素养目标

1. 自觉遵循消费者权益保护法所倡导的自愿、平等、公正、诚实信用原则,做社会主义核心价值观的践行者。
2. 倡导文明、健康、节约资源和保护环境的消费方式,反对浪费,树立理性和科学的消费观,弘扬中华民族勤俭节约的传统美德。

课前案例导入

【背景资料】 2018年4月8日,小米科技有限责任公司(以下简称小米公司)在其官方网站上公布的广告显示:10400mAh 移动电源,"米粉节"特价49元。当日,王辛在该网站上订购了以下两款移动电源:小米金属移动电源10400mAh 银色69元,小米移动电源5200mAh 银色39元。王辛提交订单后,于当日通过支付宝向小米公司付款108元。同月12日,王辛收到上述两个移动电源及配套的数据线,同月要求调换数据线。小米公司同意调换并已收到该数据线。此后,王辛以小米公司对实际价格欺诈为由向北京市海淀区人民法院起诉,请求撤销网络购物合同,王辛退还小米公司两套涉案移动电源,并请求小米公司:

1. 赔偿王辛500元;2.退还王辛购货价款108元;3.支付王辛快递费15元;4.赔偿王辛交通费、打印费、复印费100元。

【问题】
1. 涉案网络购物合同是否有效?
2. 小米公司的行为是否构成欺诈?

第一节 消费者权益保护法概述

一、消费者和消费者权益的含义

消费者是指为满足个人生活消费需要而购买、使用商品或接受服务的人。消费者作为消费主体,其范围包括一切进行生活消费的个人和消费群体。

消费者权益是指消费者在购买、使用商品或接受服务时依法享有的受法律保护的权利。

二、消费者权益保护法的概念及适用范围

消费者权益保护法是指调整在保护消费者权益过程中所发生的社会关系的法律规范的总称。

《中华人民共和国消费者权益保护法》(以下简称《消费者权益保护法》)于1993年10月31日第八届全国人民代表大会常务委员会第四次会议通过,自1994年1月1日起施行。历经2009年、2013年二次修正。

《消费者权益保护法》的适用范围:

(1)消费者为生活消费需要购买、使用商品或接受服务的,适用本法;

(2)农民购买、使用直接用于农业生产的生产资料,参照本法执行;

(3)经营者为消费者提供其生产、销售的商品或者提供服务的,适用本法。

> ⚠ **特别提示 11-1** 医疗服务纠纷可以适用《消费者权益保护法》的规定。

法条链接:
《消费者权益保护法》第一条规定:"为保护消费者的合法权益,维护社会经济秩序,促进社会主义市场经济健康发展,制定本法。"

法条链接:
《消费者权益保护法》第二条规定:"消费者为生活消费需要购买、使用商品或者接受服务,其权益受本法保护;本法未作规定的,受其他有关法律、法规保护。"

第二节 消费者的权利与经营者的义务

一、消费者的权利

消费者的权利是指消费者根据《消费者权益保护法》的规定,在生活消费活动中享有的各种权利。《消费者权益保护法》为消费者设立了十一项权利。

(一)安全保障权

消费者的人身和财产安全不受侵犯是消费者最重要的权利。消费者

的安全权是指消费者在购买、使用商品或者接受服务时,依法律规定或者依合同约定所享有的生命健康和财产不受威胁、不受损害的权利。具体包括:

(1)在购买、使用家用电器、家用器械、燃气以及燃气用具、日用百货、文化用品、儿童玩具等生活消费品时,有权要求这些产品质量能够有安全性,或有安全性保障措施,不存在缺陷而使消费者受到保护。

(2)在购买、使用食品、药品、化妆品时,有权要求商品符合国家规定的安全、卫生标准。

(3)在接受服务时,有权要求相关的服务设施、服务用具和用品、服务环境、服务活动及服务中所提供的产品或商品符合安全、卫生等要求,不致使消费者因此受到人身伤害或财产安全遭到威胁。

法条链接:
《消费者权益保护法》第五条规定:"国家保护消费者的合法权益不受侵害。

国家采取措施,保障消费者依法行使权利,维护消费者的合法权益。

国家倡导文明、健康、节约资源和保护环境的消费方式,反对浪费。"

(二)知情权

消费者的知情权是指消费者在购买、使用商品或接受服务时,知悉商品或服务的真实情况的权利。这是每个消费者作出消费决定的前提。

【例 11-1】 2023 年 7 月 14 日,庐山风景名胜区消费者协会接到深圳游客王某投诉。王某 5 月 11 日入住庐山某宾馆,办理住宿登记手续后将车停放在宾馆院内。当时宾馆总台未告知停车需要单独收费。住宿三天后,王某才知道每天要收停车费 10 元。王某一行游客认为宾馆未事先告知停车收费,拒绝支付,随后引发纠纷。王某投诉道:"希望消协保护消费者知情权和被诉方的信息公开请求权"后经消协调解,宾馆免收王某三天的停车费。

【问题】 宾馆侵犯了王某的哪项权利?

【解析】 宾馆侵犯了王某的知情权。《消费者权益保护法》第八条规定:"消费者享有知悉其购买、使用的商品或者接受的服务的真实情况的权利。"本案中,宾馆违反了《消费者权益保护法》第二十条规定:"经营者应当向消费者提供有关产品或者服务的真实信息,不得做引人误解的虚假宣传。经营者对消费者就其提供的商品或者服务的质量和使用方法等问题提出的询问,应当做出真实、明确的答复。经营者提供商品应当明码标价。"

微课
首例机场超售案

消费者有权要求得到商品或服务的全面、真实的信息,有权要求商品或服务按国家规定附有合格证、说明书和标志,有权要求经营者明确回答关于商品或服务的质量、数量、价格等问题。经营者应向消费者提供真实信息,不得作引人误解的虚假宣传,不得制造商品或服务的假象。

(三)自主选择权

自主选择权是指消费者根据自己的意愿独立自主地选择经营者、选择商品品种、选择服务方式,自主决定购买或不购买任何一种商品,接受或不接受任何一项服务,在自主选择商品或接受服务时享有进行比较、鉴别和挑选的权利。消费者的自主决定不受任何人的强制。

(四)反悔权

经营者采用网络、电视、电话、邮购等方式销售商品,消费者有权自收到商品之日起七日内退货,且无须说明理由,但下列商品除外:①消费者定作的;②鲜活易腐的;③在线下载或者消费者拆封的音像制品、计算机软件等数字化商品;④交付的报纸、期刊。此外,根据商品性质并经消费者在购买时确认不宜退货的商品,不适用无理由退货。

(五)公平交易权

公平交易权是指消费者购买商品或接受服务时,有权获得质量保障、价格合理、计量准确等公平交易条件。

> ⚠ **特别提示 11-2** 强买强卖侵犯的就是消费者的公平交易权和自主选择权。

(六)损害赔偿请求权

损害赔偿请求权是指消费者在因购买、使用商品或接受服务受到人身、财产损害时,依法享有的要求获得赔偿的权利。

消费者的损害赔偿请求权包括人身损害赔偿请求权和财产损害赔偿请求权。

(七)结社权

消费者的结社权是指消费者享有的依法成立维护自身合法权益的社会组织的权利。

> ⚠ **特别提示 11-3** 结社权也是公民的宪法权利。

法条链接:
《消费者权益保护法》第十二条规定:"消费者享有依法成立维护自身合法权益的社会组织的权利。"

(八)获取知识权

获取知识权是指消费者享有获得有关消费和消费者权益保护方面的知识的权利。

获取知识权包括:
(1)享有获得消费的知识的权利;
(2)享有获得消费者权益保护方面的知识的权利。

(九)维护人格尊严权

维护人格尊严权是指消费者在购买、使用商品和接受服务时享有的人格尊严、民族风俗习惯得到尊重的权利。人格尊严权是宪法赋予公民的基本权利。

(十)个人信息保护权

消费者在购买、使用商品和接受服务时,享有个人信息依法得到保护的权利。

(十一)监督权

消费者享有对商品和服务以及保护消费者权益工作进行监督的权利。消费者有权检举、控告侵害消费者权益的行为和国家机关及其工作人员在消费者权益工作中违法失职的行为,有权对保护消费者权益工作提出批评和建议。监督的形式主要有检举、控告、提出批评和建议。

二、经营者的义务

经营者是向消费者生产、销售商品或者提供服务的单位和个人,是以营利为目的从事生产经营活动并与消费者相对应的另一方当事人。

经营者的义务是经营者在生产经营活动中必定为一定行为或者不为一定行为的责任。根据《消费者权益保护法》的有关规定,经营者的义务包括下列内容:

(一)法定义务和约定义务

法定义务是指经营者向消费者提供商品或服务必须按照《产品质量法》和其他法律、法规的规定履行义务。

约定义务是指经营者和消费者有约定的,应当按照约定履行义务。双方的约定不得违背法律、法规的规定。

(二)接受监督的义务

经营者应当听取消费者对其提供的商品或服务的意见,接受消费者的监督和检查。

(三)保障消费者人身和财产安全的义务

这是与消费者的安全保障权相对应的经营者的义务。经营者应当保证其提供的商品或者服务符合保障人身、财产安全的要求。对可能危及人身、财产安全的商品或者服务,应当向消费者作出真实的说明和明确的警示,并说明和标明正确使用商品或接受服务的方法以及防止危害发生的方法。

宾馆、商场、餐馆、银行、机场、车站、港口、影剧院等经营场所的经营者,应当对消费者尽到安全保障义务。

(四)提供真实信息的义务

经营者向消费者提供有关商品或者服务的质量、性能、用途、有效期限等信息,应当真实、全面,不得作虚假或者引人误解的宣传。

> ⚠ **特别提示 11-4**　经营者提供商品或者服务应当明码标价。

(五)标明真实名称和标记的义务

经营者在提供商品或服务时,应当标明真实名称和标记。租赁他人柜台或场地的经营者也应当标明真实的名称和标记。

(六)出具购货凭证和服务单据的义务

经营者提供商品或服务,应当按照国家有关规定或者商业惯例向消费者出具购货凭证或者服务单据,消费者索要购货凭证或服务单据的,经营者必须出具。

(七)保证商品或服务质量的义务

经营者应当保证在正常使用商品或提供服务的情况下说明其提供的商品或服务应当具备的质量、性能、用途和有效期限,但消费者在购买该商品或接受该服务前已经知道其存在瑕疵的除外。

经营者以广告、产品说明、实物样品或者其他方式表明商品或者服务的质量状况的,应当保证其提供的商品或服务的实际质量状况与表明的相符。

经营者提供的机动车、计算机、电视机、电冰箱、空调器、洗衣机等耐用商品或者装饰装修等服务,消费者自接受商品或者服务之日起六个月内发现瑕疵,发生争议的,由经营者承担有关瑕疵的举证责任。

(八)履行退货、更换、修理义务

经营者提供的商品或者服务不符合质量要求的,消费者可以依照国家规定、当事人约定退货,或者要求经营者履行更换、修理等义务。没有国家规定和当事人约定的,消费者可以自收到商品之日起七日内退货;七日后符合法定解除合同条件的,消费者可以及时退货,不符合法定解除合同条件的,可以要求经营者履行更换、修理等义务,经营者应当承担运输等必要费用。

经营者采用网络、电视、电话、邮购等方式销售商品,消费者有权自收到商品之日起七日内退货,且无需说明理由,但下列商品除外:

(1)消费者定作的;

(2)鲜活易腐的;

(3)在线下载或者消费者拆封的音像制品、计算机软件等数字化商品;

(4)交付的报纸、期刊。

除上述所列商品外,其他根据商品性质并经消费者在购买时确认不宜退货的商品,不适用无理由退货。

消费者退货的商品应当完好。经营者应当自收到退回商品之日起七日内返还消费者支付的商品价款。退回商品的运费由消费者承担;经营者和消费者另有约定的,按照约定。

(九)公平、合理交易的义务

为保障消费者公平交易权的顺利实现,经营者不得以格式条款、通知、声明、店堂告示等方式,作出排除或者限制消费者权利、减轻或者免除经营者责任、加重消费者责任等对消费者不公平、不合理的规定,不得利用格式条款并借助技术手段强制交易。

⚠ **特别提示 11-5** 格式条款、通知、声明、店堂告示含有上述所列内容的,其内容无效。

法条链接:

《消费者权益保护法》第二十六条规定:"经营者在经营活动中使用格式条款的,应当以显著方式提请消费者注意商品或者服务的数量和质量、价款或者费用、履行期限和方式、安全注意事项和风险警示、售后服务、民事责任等与消费者有重大利害关系的内容,并按照消费者的要求予以说明。"

【例11-2】 某通信设备专卖店中有一告示：本店是××通信设备股份有限公司的特约经销处，由于××手机是名牌产品，且所有通信设备都是从厂家直接进货，若有质量问题请与厂家联系，本店不承担任何责任。请问这一告示符合法律规定吗？

【解析】 该专卖店的告示不符合法律规定。《消费者权益保护法》第二十六条规定，经营者不得以格式条款、通知、声明、店堂告示等方式作出排除或者限制消费者权利、减轻或者免除经营者责任、加重消费者责任等对消费者不公平、不合理的规定。

（十）尊重消费者人格尊严权的义务

消费者的人身自由、人格尊严是基本的民事权利。经营者不得对消费者进行侮辱、诽谤，不得搜查消费者的身体及其携带的物品，不得侵犯消费者的人身自由。

【例11-3】 王某、李某于2024年4月在某超市中被疑偷东西，于是他们被引导至贴有店堂告示处，工作人员向他们指了指"本公司保留在收银处检查顾客带进本店各类袋子的权利"的店堂告示后，他们被迫摘下帽子，解开衣服，打开手袋，由工作人员进行检查，结果并没有查出两人偷拿货品。王某、李某认为自己的人格尊严受到了侵犯，诉至人民法院。请问法院应如何处理？

【解析】 《消费者权益保护法》第二十七条规定，经营者不得对消费者进行侮辱、诽谤，不得搜查消费者的身体及其携带的物品，该超市的行为侵犯了消费者的人格尊严权，同时其店堂告示对消费者不公平、不合理，所以人民法院应主张其店堂告示的内容无效，经营者应当对王、李二人恢复名誉，消除影响，赔礼道歉，并赔偿损失。

（十一）保护消费者个人信息的义务

经营者收集、使用消费者个人信息，应当遵循合法、正当、必要的原则，明示收集、使用信息的目的、方式和范围，并经消费者同意。经营者收集、使用消费者个人信息，应当公开其收集、使用规则，不得违反法律、法规的规定和双方的约定收集、使用信息。

经营者及其工作人员对收集的消费者个人信息必须严格保密，不得泄露、出售或者非法向他人提供。经营者应当采取技术措施和其他必要措施，确保信息安全，防止消费者个人信息泄露、丢失。在发生或者可能发生信息泄露、丢失的情况时，应当立即采取补救措施。

⚠ **特别提示11-6** 经营者未经消费者同意或者请求，或者消费者明确表示拒绝的，不得向其发送商业性信息。

第三节 消费者权益争议的解决

一、消费者权益争议的解决途径

消费者和经营者发生消费者权益争议的，可以通过下列途径解决：

（一）与经营者协商

消费者与经营者之间发生争议之后，双方可就争议的相关事宜进行协商，达成一致意见，从而使纠纷得以解决。

（二）请求消费者协会或者依法成立的其他调解组织调解

消费者协会和其他依法成立的消费者组织是对商品和服务进行社会监督的保护消费者合法权益的社会组织。

> ⚠ **特别提示 11-7** 各级人民政府对消费者协会履行职责应当予以必要的经费等支持。

（三）向有关行政部门投诉

消费者向有关行政部门投诉的，该部门应当自收到投诉之日起七个工作日内，予以处理并告知消费者。

（四）根据与经营者达成的仲裁协议提请仲裁机构仲裁

仲裁是指发生纠纷的当事人自愿将他们之间的争议提交仲裁机构进行裁决的活动。争议的双方可以在他们的合同中订立仲裁条款；也可以在争议发生后，双方自愿达成仲裁的书面协议，提请仲裁机构仲裁。

（五）向人民法院提起诉讼

对侵害众多消费者合法权益的行为，中国消费者协会以及在省、自治区、直辖市设立的消费者协会，可以向人民法院提起诉讼。

二、消费者损害赔偿请求权的行使

消费者损害赔偿请求权的行使，即承担损害赔偿责任主体的确定。确定损害赔偿责任主体的方法有以下几种：

（1）消费者在购买、使用商品时，其合法权益受到损害的，可以向销售者要求赔偿。销售者赔偿后，属于生产者的责任或者属于向销售者提供商品的其他销售者的责任的，销售者有权向生产者或者其他销售者追偿。

（2）消费者或其他受害人因商品缺陷造成人身、财产损害的，可以向销售者要求赔偿，也可以向生产者要求赔偿。属于生产者责任的，销售者赔偿后，有权向生产者追偿。属于销售者责任的，生产者赔偿后，有权向销售者追偿。

（3）消费者在接受服务时，其合法权益受到损害的，可以向服务者要求赔偿。

（4）消费者在购买、使用商品或接受服务时，其合法权益受到损害，因原企业分立、合并的，可以向变更后承受其权利义务的企业要求赔偿。

（5）使用他人营业执照的违法经营者提供商品或服务，损害消费者合法权益的，消费者可以向其要求赔偿，也可以向营业执照的持有人要求赔偿。

（6）消费者在展销会、租赁柜台购买商品或者接受服务，其合法权益受到损害的，可以向销售者或者服务者要求赔偿。展销会结束或者租赁柜台期满后，也可以向展销会的举办者、柜台的出租者要求赔偿。展销会的举办者、柜台的出租者赔偿后，有权向销售者或服务者追偿。

（7）消费者通过网络交易平台购买商品或者接受服务，其合法权益受到损害的，可以向销售者或者服务者要求赔偿。网络交易平台提供者不能提供销售者或者服务者的真实名称、地址和有效联系方式的，消费者也可以向网络交易平台提供者要求赔偿；网络交易平台提供者作出更有利于消费者的承诺的,应当履行承诺。网络交易平台提供者赔偿后,有权向销售者或者服务者追偿。

> **特别提示 11-8** 网络交易平台提供者明知或者应知销售者或者服务者利用其平台侵害消费者合法权益,未采取必要措施的,依法与该销售者或者服务者承担连带责任。

【例 11-4】 在甲公司举办的商品展销会期间,消费者李某从标明参展单位为乙公司的展位柜台购买了一台丙公司生产的家用电暖气,使用时发现有漏电现象,无法正常使用。由于展销会已经结束,李某先后找到甲公司、乙公司,方得知展销会期间乙公司将租赁的部分柜台转租给了丁公司,该电暖气是由丁公司卖出的。请问在这种情况下,李某可以向谁要求赔偿?

【解析】 消费者李某可以向甲公司、乙公司要求赔偿。《消费权益保护法》第四十三条规定,消费者在展销会、租赁柜台购买商品或者接受服务,其合法权益受到损害的,展销会结束或者租赁柜台期满后,可以向展销会的举办者、柜台的出租者要求赔偿。展销会的举办者、柜台的出租者赔偿后,有权向销售者或服务者追偿。

(8)消费者因经营者利用虚假广告或者其他虚假宣传方式提供商品或者服务,其合法权益受到损害的,可以向经营者要求赔偿。广告经营者、发布者发布虚假广告的,消费者可以请求行政主管部门予以惩处。广告经营者、发布者不能提供经营者的真实名称、地址和有效联系方式的,应当承担赔偿责任。

第四节　违反消费者权益保护法的法律责任

违反消费者权益保护法的法律责任包括民事责任、行政责任和刑事责任,其中民事责任内容丰富。《消费者权益保护法》第四十条对侵犯消费者合法权益行为的民事责任进行了一般性规定,应注意的是,当《产品质量法》和其他有关法律法规另有规定的时候,应该优先适用。

一、民事责任

(一)民事责任的一般规定

经营者提供商品或者服务有下列情形之一的,除《消费者权益保护法》另有规定外,应当依照其他有关法律、法规的规定,承担民事责任:

(1)商品或者服务存在缺陷的;
(2)不具备商品应当具备的使用性能而出售时未作说明的;
(3)不符合在商品或者其包装上注明采用的商品标准的;
(4)不符合商品说明、实物样品等方式表明的质量状况的;
(5)生产国家明令淘汰的商品或者销售失效、变质的商品的;
(6)销售的商品数量不足的;

(7)服务的内容和费用违反约定的;

(8)对消费者提出的修理、重作、更换、退货、补足商品数量、退还货款和服务费用或者赔偿损失的要求,故意拖延或者无理拒绝的;

(9)法律、法规规定的其他损害消费者权益的情形。

经营者对消费者未尽到安全保障义务,给消费者造成损害的,应当承担侵权责任。

(二)民事责任的特殊规定

1.邮购商品的责任

经营者以邮购方式提供商品的,应当按照约定提供;未按照约定提供的,应当按照消费者的要求履行约定或者退回货款,并应当承担消费者必须支付的合理费用。

2.预收款方式提供商品或服务的责任

经营者以预收款方式提供商品或者服务的,应当按照约定提供。未按照约定提供的,应当按照消费者的要求履行约定或者退回预付款,并应当承担预付款的利息、消费者必须支付的合理费用。

3.消费者购买不合格商品的责任

依法经有关行政部门认定为不合格的商品,消费者可以要求退货,经营者应当负责退货,而不得无理拒绝。

> ⚠️ **特别提示 11-9** 经过行政机关认定为不合格商品的,退货不受"三包"时间限制。

4.经营者提供商品或者服务有欺诈行为的责任

经营者提供商品或者服务有欺诈行为的,应当按照消费者的要求增加赔偿其受到的损失,增加赔偿的金额为消费者购买商品的价款或者接受服务的费用的三倍;增加赔偿的金额不足五百元的,可定为五百元。法律另有规定的,依照其规定。

经营者明知商品或者服务存在缺陷,仍然向消费者提供,造成消费者或者其他受害人死亡或者健康严重损害的,受害人有权要求经营者依法赔偿损失,并有权要求所受损失二倍以下的惩罚性赔偿。

(三)因提供商品或服务造成人身伤害、人格受损、财产损失的民事责任及赔偿范围

1.造成人身伤害的民事责任

经营者提供商品或者服务,造成消费者或者其他受害人人身伤害的,应当赔偿医疗费、护理费、交通费等为治疗和康复支出的合理费用,以及因误工减少的收入。造成残疾的,还应当赔偿残疾生活辅助具费和残疾赔偿金。造成死亡的,还应当赔偿丧葬费和死亡赔偿金。

2.侵犯人格尊严、人身自由的民事责任

经营者侵害消费者的人格尊严、侵犯消费者人身自由或者侵害消费者个人信息依法得到保护的权利的,应当停止侵害、恢复名誉、消除影响、赔礼道歉,并赔偿损失。

3.造成严重精神损害的赔偿责任

经营者有侮辱诽谤、搜查身体、侵犯人身自由等侵害消费者或者其他受害人人身权益的行为,造成严重精神损害的,受害人可以要求精神损害赔偿。

4.造成财产损害的民事责任

经营者提供商品或者服务,造成消费者财产损害的,应当依照法律规定或者当事人约定承担修理、重作、更换、退货、补足商品数量、退还货款和服务费用或者赔偿损失等民事责任。

> ⚠ **特别提示 11-10**　"三包"中的退货实际就是解除合同。

二、行政责任

经营者有下列情形之一,除承担相应的民事责任外,其他有关法律、法规对处罚机关和处罚方式有规定的,依照法律、法规的规定执行;法律、法规未作规定的,由市场监督管理部门或者其他有关行政部门责令改正,可以根据情节单处或者并处警告、没收违法所得、处以违法所得一倍以上十倍以下的罚款,没有违法所得的,处以五十万元以下的罚款;情节严重的,责令停业整顿、吊销营业执照:

(1)提供的商品或者服务不符合保障人身、财产安全要求的;
(2)在商品中掺杂、掺假,以假充真,以次充好,或者以不合格商品冒充合格商品的;
(3)生产国家明令淘汰的商品或者销售失效、变质的商品的;
(4)伪造商品的产地,伪造或者冒用他人的厂名、厂址,篡改生产日期,伪造或者冒用认证标志等质量标志的;
(5)销售的商品应当检验、检疫而未检验、检疫或者伪造检验、检疫结果的;
(6)对商品或者服务作虚假或者引人误解的宣传的;
(7)拒绝或者拖延有关行政部门责令对缺陷商品或者服务采取停止销售、警示、召回、无害化处理、销毁、停止生产或者服务等措施的;
(8)对消费者提出的修理、重作、更换、退货、补足商品数量、退还货款和服务费用或者赔偿损失的要求,故意拖延或者无理拒绝的;
(9)侵害消费者人格尊严、侵犯消费者人身自由或者侵害消费者个人信息依法得到保护的权利的;
(10)法律、法规规定的对损害消费者权益应当予以处罚的其他情形。

> ⚠ **特别提示 11-11**　经营者有《消费者权益保护法》第五十六条规定情形的,除依照法律、法规规定予以处罚外,处罚机关应当记入信用档案,向社会公布。

三、刑事责任

经营者违反消费者权益保护法规定提供商品或者服务,侵害消费者合法权益,构成犯罪的,依法追究刑事责任。

国家机关工作人员玩忽职守或者包庇经营者侵害消费者合法权益的行为的,由其所在单位或者上级机关给予行政处分;情节严重,构成犯罪的,依法追究刑事责任。

课后思考题

1. 简述消费者权益保护法的适用范围。
2. 消费者享有哪些权利？
3. 经营者的义务有哪些？
4. 消费者权益争议解决的途径有哪些？

课后案例

【背景资料】 2023年12月，女青年梁某与祝某到郑州某商厦购买电视机。两人决定买某品牌彩电，便向服务员要求挑选。服务员说不交钱不能挑选，梁某拿出电视机款2 600元交给了服务员。服务员协助两人挑选完毕并开具发票后，梁某与祝某抬着电视机走出了商厦。正当二人在商厦门口打出租车时，卖电视机的服务员跑出商厦将二人拦住，把电视机抱回，称怀疑二人将放在桌子上的电视机款又拿走了。梁某与祝某称钱并未拿回。二人被带进一间小屋子，该商厦女保卫人员脱掉梁某与祝某的衣服搜身，但未搜到电视机款2 600元。二人被关在屋子里不准出去，直到晚上，商厦有关人员才在扣下电视机的情况下让又饥又渴的梁某和祝某离开。当晚，梁某和祝某向郑州市某电视台哭诉了被辱的经过。第二天，商厦经理和卖电视机的服务员来到梁某和祝某的住处，送来昨天扣下的电视机和500元现金，并对二人说："不要再闹下去，否则大家都不好看。"梁某和祝某未收电视机和500元现金，二人决心就商厦侵犯自己权益的行为向人民法院提起诉讼。

【问题】
1. 商厦是否有权对消费者梁、祝二人搜身？
2. 商厦侵犯了消费者梁、祝二人哪些权利？
3. 商厦应承担什么责任？

第十二章 证券法

内容提示

1. 证券的概念和种类
2. 证券发行
3. 证券交易
4. 上市公司的收购
5. 证券机构

学习目标

★ **知识目标**

1. 掌握证券的种类、证券的发行及证券交易的一般规则、上市公司收购、禁止的证券交易行为。
2. 了解证券机构。

★ **能力目标**

运用证券市场的基本原理和运行机制为证券发行等企业行为提供可行性建议。

★ **素养目标**

1. 提高现代金融素养。
2. 理解公平、公正、公开以及诚信在证券发行与交易过程中的重要意义,引导学生自觉践行和弘扬社会主义核心价值观。

课前案例导入

【背景资料】 东昇股份有限公司是一家以制造业为主的公司,申请公开发行股票并上市。2023年5月8日,公司获知本公司的股票发行申请已通过审核,在公告公开发行募集文件前,将拟发行股票总额的15%自行卖给当地投资者,其余部分委托甲证券公司代销,并确定代销期限为6月8日至10月8日。

【问题】
东昇股份有限公司的哪些行为不符合规定?

第一节　证券法概述

一、证券的概念和种类

证券是以证明或设定权利为目的的一种书面凭证。

证券有广义和狭义之分。广义的证券是证明持券人享有一定的经济权益的书面凭证,包括资本证券(如股票、债券、证券衍生品种等)、货币证券(如汇票、本票、支票)、商品证券(如提单、仓单等)。狭义的证券仅是指资本证券,即证明投资者对收益的请求权利的书面凭证。

二、证券法的概念及适用范围

证券法有广义和狭义之分。广义的证券法是指一切与资本证券有关的法律规范的总称。狭义的证券法专指《中华人民共和国证券法》,它是规范证券发行、交易及监管过程中产生的各种法律关系的基本法,是证券市场各类行为主体必须遵守的行为规范。

1998年12月29日第九届全国人民代表大会常务委员会第六次会议通过了《中华人民共和国证券法》(以下简称《证券法》),自1999年7月1日起施行,历经2004年、2013年、2014年三次修正以及2005年、2019年两次修订。

《证券法》所指的证券,主要包括:①股票、公司债券、存托凭证和国务院依法认定的其他证券;②上市交易的政府债券、证券投资基金份额;③资产支持证券、资产管理产品。

> ⚠ **特别提示 12-1**　政府债券、证券投资基金份额适用《证券法》仅指上市交易,不包括发行行为;其他法律、行政法规另有规定的,适用其规定。

【例 12-1】 根据证券法律制度的规定,在我国境内发行下列证券时,应当适用《中华人民共和国证券法》的有(　　)。

A.股票　　　B.公司债券　　　C.政府债券　　　D.存托凭证

【解析】答案 ABD。选项 C,政府债券的发行不适用《证券法》,政府债券的上市交易适用《证券法》。

法条链接:
《证券法》第二条规定:"在中华人民共和国境内,股票、公司债券、存托凭证和国务院依法认定的其他证券的发行和交易,适用本法;本法未规定的,适用《中华人民共和国公司法》和其他法律、行政法规的规定。

政府债券、证券投资基金份额的上市交易,适用本法;其他法律、行政法规另有规定的,适用其规定。

资产支持证券、资产管理产品发行、交易的管理办法,由国务院依照本法的原则规定。"

第二节 证券发行

一、证券发行的概念和方式

证券发行是指符合发行条件的政府、金融机构、工商企业等组织,以筹集资金为目的,依照法律规定的程序向公众投资者出售代表一定权利的资本证券行为。

> ⚠ **特别提示 12-2** 证券发行人是指证券市场上发行证券的单位,一般包括公司、企业、金融机构和政府部门等。

二、证券发行的条件

(一)公开发行股票的条件

公司首次公开发行新股,应当符合下列条件:①具备健全且运行良好的组织机构;②具有持续经营能力;③最近三年财务会计报告被出具无保留意见审计报告;④发行人及其控股股东、实际控制人最近三年不存在贪污、贿赂、侵占财产、挪用财产或者破坏社会主义市场经济秩序的刑事犯罪;⑤经国务院批准的国务院证券监督管理机构规定的其他条件。

上市公司发行新股,应当符合经经国务院批准的国务院证券监督管理机构规定的条件,具体管理办法由国务院证券监督管理机构规定。

公司对公开发行股票所募集资金,必须按照招股说明书所列资金用途使用。改变招股说明书所列资金用途,必须经股东大会作出决议。

> 【例 12-2】 下列属于股票首次公开发行条件的有( )。
> A.具备健全且运行良好的组织机构
> B.具有持续经管能力
> C.最近三年财务会计报告被出具无保留意见审计报告
> D.发行人及其控股股东、实际控制人最近 3 年不存在贪污、贿赂、侵占财产、挪用财产或者破坏社会主义市场经济秩序的刑事犯罪
> 【解析】 答案 ABCD。上述选项均属于股票首次公开发行的条件。

(二)公司债券的发行条件

具体发行条件见本教材"公司法"中的规定。

法条链接:
《证券法》第九条第二款规定:"有下列情形之一的,为公开发行:
(一)向不特定对象发行证券;
(二)向特定对象发行证券累计超过二百人,但依法实施员工持股计划的员工人数不计算在内;
(三)法律、行政法规规定的其他发行行为。

非公开发行证券,不得采用广告、公开劝诱和变相公开方式。"

三、证券发行的程序

(一)证券发行的注册

1. 申请

发行人依法申请核准发行证券所报送的申请文件的格式、报送方式,由依法负责注册的机构或者部门规定。发行人申请核准公开发行股票、公司债券,应当按照规定缴纳审核费用。

2. 初审

国务院证券监督管理机构设股票发行审核委员会,依法审核股票发行申请。

3. 审核

国务院证券监督管理机构或者国务院授权的部门应当自受理证券发行申请文件之日起三个月内,依照法定条件和法定程序作出予以注册或者不予注册的决定,发行人根据要求补充、修改发行申请文件的时间不计算在内;不予注册的,应当说明理由。

4. 发行申请的预披露与信息披露

证券发行申请经注册后,发行人应当依照法律、行政法规的规定,在证券公开发行前公告公开发行募集文件,并将该文件置备于指定场所供公众查阅。发行证券的信息依法公开前,任何知情人不得公开或者泄露该信息。发行人不得在公告公开发行募集文件前发行证券。

5. 注册决定的撤销

国务院证券监督管理机构或者国务院授权的部门对已作出的证券发行核准的决定,发现不符合法定条件或者法定程序,尚未发行证券的,应当予以撤销,停止发行。已经发行尚未上市的,撤销发行注册决定,发行人应当按照发行价并加算银行同期存款利息返还证券持有人;发行人的控股股东、实际控制人以及保荐人,应当与发行人承担连带责任,但是能够证明自己没有过错的除外。

【例12-3】 H公司以欺诈的手段骗取股票发行注册,股票正在发行之中,经群众举报,中国证券监督管理委员会作出了撤销决定。该公司便将扣除股票发行费用后的股款余额退还给了股票持有人。请问该公司的做法是否合法?

【解析】 不合法。注册决定撤销后,证券已经发行的,发行人应该按照发行价并加算银行同期存款利息返还证券持有人。

6. 发行风险责任

股票依法发行后,发行人经营与权益的变化,由发行人自行负责;由此变化引致的投资风险,由投资者自行负责。

(二)证券发行的保荐制度

发行人申请公开发行股票、可转换为股票的公司债券,依法采取承销方式的,或者公开发行法律、行政法规规定实行保荐制度的其他证券的,应当聘请证券公司担任保荐人。

保荐人应当遵守业务规则和行为规范,诚实守信,勤勉尽职,对发行人的申请文件和信息披露资料进行审慎核查,督导发行人规范运作。

> ⚠️ **特别提示 12-3** 保荐人,顾名思义就是担保推荐人,当然担保就意味着要承担连带责任,即保荐人要承担连带责任。

(三)证券承销

证券承销是指证券经营机构依照协议包销或者代销发行人向社会公开发行的证券的行为。发行人向不特定对象公开发行的证券,法律、行政法规规定应当由证券公司承销的,发行人应当同证券公司签订承销协议。

1.证券承销的方式

证券承销业务采取代销或者包销方式。

证券代销是指证券公司代发行人发售证券,在承销期结束时,将未售出的证券全部退还给发行人的承销方式。

证券包销是指证券公司将发行人的证券按照协议全部购入或者在承销期结束时,将售后剩余证券全部自行购入的承销方式。

> ⚠️ **特别提示 12-4** 公司设立发行时,采用包销方式,肯定可以设立成功,但是代销方式却未必,因此前者费用比后者费用要高得多,因为承销商承担着风险。

2.证券承销的协议

证券公司承销证券,应当同发行人签订代销或者包销协议。

3.承销团承销证券

向不特定对象发行证券聘请承销团承销的,承销团应当由主承销和参与承销的证券公司组成。

4.证券承销的期限

证券的代销、包销期限最长不得超过九十日。证券公司在代销、包销期内,对所代销、包销的证券应当保证先行出售给认购人,证券公司不得为本公司预留所代销的证券和预先购入并留存所包销的证券。

【例 12-4】 下列关于证券承销说法中,正确的是( )。

A.我国证券承销的主要方式有包销和代销两种方式

B.公开发行债券的发行人有权依法自主选择承销的证券公司

C.向不特定对象发行证券聘请承销团承销的,承销团应当由主承销和参与承销的证券公司组成

D.代销、包销期限最长不得超过 90 日

【解析】 答案 ABCD。四个选项均符合证券承销的法律规定。

四、证券投资基金发行

证券投资基金依照其运作方式不同,可以分为封闭式基金和开放式基金。基金管理人由依法设立的基金管理公司担任。担任基金管理人,应当经国务院证券监督管理机构核准。

基金管理人依照《中华人民共和国证券投资基金法》(以下简称《证券投资基金法》)发售基金份额,募集资金,应当向国务院证券监督管理机构提交有关文件,并经国务院证券监督管理机构核准。

国务院证券监督管理机构应当自受理公开募集基金的募集注册之日起六个月内依照法律、行政法规及国务院证券监督管理机构的规定进行审查,作出注册或者不予注册的决定,并通知申请人;不予注册的,应当说明理由。

基金份额的发售,由基金管理人或者其委托的基金销售机构办理。

基金管理人应当在基金份额发售的三日前公布招募说明书、基金合同及其他有关文件。

基金管理人应当自收到准予注册文件之日起六个月内进行基金募集。

第三节 证券交易

一、证券交易的概念及分类

证券交易主要指证券买卖,即证券持有人依照证券交易规则,将已依法发行的证券转让给其他证券投资者的行为。

证券在证券交易所挂牌交易,应当采用公开的集中竞价交易方式。集中竞价应当实行价格优先、时间优先的原则。

证券交易根据不同标准可以进行不同分类,按照交易对象不同可以分为股票交易、债券交易和基金交易等;按照成交时间和交割时间不同可以分为期货交易、现货交易、信用交易和期权交易等。

法条链接:
《证券法》第三十八条规定:"证券在证券交易所上市交易,应当采用公开的集中交易方式或者国务院证券监督管理机构批准的其他方式。"

二、证券上市制度

证券上市是证券发行与证券交易的桥梁,联结证券一级市场和证券二级市场。证券上市是已依法发行的证券进入证券交易所进行证券交易的前提。

(一)股票上市交易

1. 股票上市条件

申请证券上市交易,应当向证券交易所提出申请,由证券交易所依法审核同意,并由双方签订上市协议。申请股票上市交易,应当符合证券交易所上市规则规定的上市条件。证券交易所上市规则规定的上市条件,应当对发行人的经营年限、财务状况、最低公开发行比例和公司治理、诚信记录等提出要求。

2.股票终止上市

股票终止上市是指公司股票在证券交易所终止上市交易。股票终止上市是资本市场重要的基础性制度。一方面,上市公司认为不再需要继续维持上市地位或者继续维持上市地位不再有利于公司发展,可以主动向证券交易所申请其股票终止交易。另一方面,证券交易所依照规则要求交投不活跃、股权分布不合理、市值过低而不再适合公开交易的股票终止交易,特别是对于存在严重违法违规行为的公司,证券交易所可以依法强制其股票退出市场交易。

(二)公司债券上市交易

1.公司债券上市交易的条件

《证券法》第四十六条规定,申请证券上市交易,应当向证券交易所提出申请,由证券交易所依法审核同意,并由双方签订上市协议。申请证券上市交易,应当符合证券交易所上市规则规定的上市条件。证券交易所上市规则规定的上市条件,应当对发行人的经营年限、财务状况、最低公开发行比例和公司治理、诚信记录等提出要求。

2.公司债券终止上市

《证券法》第四十八条规定,上市交易的证券,有证券交易所规定的终止上市情形的,由证券交易所按照业务规则终止其上市交易。证券交易所决定终止证券上市交易的,应当及时公告,并报国务院证券监督管理机构备案。

【例12-5】证券交易所上市规则规定的上市条件,应当对发行人的(　　)等提出要求。

A.经营年限　　　　　　B.财务状况、最低公开发行比例
C.公司治理　　　　　　D.诚信记录

【解析】　答案 ABCD。《证券法》第四十七条规定:"申请证券上市交易,应当符合证券交易所上市规则规定的上市条件。证券交易所上市规则规定的上市条件,应当对发行人的经营年限、财务状况、最低公开发行比例和公司治理、诚信记录等提出要求。"

三、信息披露制度

(一)信息披露制度的概念

信息披露制度又称信息公开制度,是证券发行人、上市公司及其他主体,依照法律规定的方式,将证券发行、交易及与之有关的重大信息予以公开的一种法律制度。信息披露制度包括证券发行的信息披露和持续信息公开。

证券发行的信息披露是指证券公开发行时对发行人、拟发行的证券以及与发行证券有关的信息进行披露。该类信息披露文件主要有招股说明书、募集说明书、上市公告书等。

持续信息公开是指证券上市交易过程中发行人、上市公司对证券上市交易及与证券上市交易有关的信息要进行持续的披露。该类信息披露文件主要有上市公司定期报告和上市公司临时报告。

(二)上市公司定期报告

上市公司应当披露的定期报告包括中期报告和年度报告。凡是对投资者作出投资决策

有重大影响的信息,均应当披露。

1.中期报告

上市公司和公司证券上市交易的公司,应当在每一会计年度的上半年结束之日起两个月内,向国务院证券监督管理机构和证券交易所报送中期报告并予以公告。中期报告应记载以下事项:①公司基本情况;②主要会计数据和财务指标;③公司股票、债券发行及变动情况、股东总数、公司前十大股东持股情况,控股股东及实际控制人发生变化的情况;④管理层讨论与分析;⑤报告期内重大诉讼、仲裁等重大事件及对公司的影响;⑥财务会计报告;⑦中国证监会规定的其他事项。

2.年度报告

上市公司和公司证券上市交易的公司,应当在每一会计年度结束之日起四个月内,向国务院证券监督管理机构和证券交易所报送年度报告并予以公告。年度报告应记载以下事项:①公司基本情况;②主要会计数据和财务指标;③公司股票、债券发行及变动情况,报告期末股票、债券总额、股东总数、公司前十大股东持股情况;④持股百分之五以上股东、控股股东及实际控制人情况;⑤董事、监事、高级管理人员的任职情况、持股变动情况、年度报酬情况;⑥董事会报告;⑦管理层讨论与分析;⑧报告期内重大事件及对公司的影响;⑨财务会计报告和审计报告全文;⑩中国证监会规定的其他事项。

(三)上市公司临时报告

发生可能对上市公司证券及其衍生品种交易价格产生较大影响的重大事件,投资者尚未得知时,上市公司应当立即将有关该重大事件的情况向国务院证券监督管理机构和证券交易所报送临时报告并予以公告,说明事件的起因、目前的状态和可能产生的法律后果。

【例12-6】 上市公司发生下列情形,应当立即公告的是( )。

A.公司经理发生变动

B.公司发生重大亏损或者重大损失

C.公司经营方针和经营范围的重大变化

D.公司副经理发生变动

【解析】 答案BC。上市公司发生重大事件时,应当立即向国务院证券监督管理机构和证券交易所报送临时报告并予以公告。B和C均为上市公司的重大事件。

(四)信息的发布与监督

(1)发行人及法律、行政法规和国务院证券监督管理机构规定的其他信息披露义务人,应当及时依法履行信息披露义务。信息披露义务人披露的信息,应当真实、准确、完整,简明清晰、通俗易懂,不得有虚假记载、误导性陈述或者重大遗漏。

(2)上市公司、公司债券上市交易的公司、股票在国务院批准的其他全国性证券交易场所交易的公司,应当按照国务院证券监督管理机构和证券交易场所规定的内容和格式编制定期报告,并按照规定报送和公告。

(3)发生可能对上市公司、股票在国务院批准的其他全国性证券交易场所交易的公司的股票交易价格产生较大影响的重大事件,投资者尚未得知时,公司应当立即将有关该重大事件的情况向国务院证券监督管理机构和证券交易场所报送临时报告,并予公告,说明事件的起因、目前的状态和可能产生的法律后果。

(4)发生可能对上市交易公司债券的交易价格产生较大影响的重大事件,投资者尚未得知时,公司应当立即将有关该重大事件的情况向国务院证券监督管理机构和证券交易场所报送临时报告,并予公告,说明事件的起因、目前的状态和可能产生的法律后果。

(5)发行人的董事、高级管理人员应当对证券发行文件和定期报告签署书面确认意见;发行人的监事会应当对董事会编制的证券发行文件和定期报告进行审核并提出书面审核意见,监事应当签署书面确认意见;发行人的董事、监事和高级管理人员应当保证发行人及时、公平地披露信息,所披露的信息应当真实、准确、完整。

(6)信息披露义务人披露的信息应当同时向所有投资者披露,不得提前向任何单位和个人泄露。但是,法律、行政法规另有规定的除外。

(7)除依法需要披露的信息之外,信息披露义务人可以自愿披露与投资者作出价值判断和投资决策有关的信息,但不得与依法披露的信息相冲突,不得误导投资者。发行人及其控股股东、实际控制人、董事、监事、高级管理人员等作出公开承诺的,应当披露。不履行承诺给投资者造成损失的,应当依法承担赔偿责任。

(8)依法披露的信息,应当在证券交易场所的网站和符合国务院证券监督管理机构规定条件的媒体发布,同时将其置备于公司住所、证券交易场所,供社会公众查阅。

(9)国务院证券监督管理机构对信息披露义务人的信息披露行为进行监督管理。

(10)信息披露义务人未按照规定披露信息,或者公告的证券发行文件、定期报告、临时报告及其他信息披露资料存在虚假记载、误导性陈述或者重大遗漏,致使投资者在证券交易中遭受损失的,信息披露义务人应当承担赔偿责任;发行人的控股股东、实际控制人、董事、监事、高级管理人员和其他直接责任人员以及保荐人、承销的证券公司及其直接责任人员,应当与发行人承担连带赔偿责任,但是能够证明自己没有过错的除外。

四、限制的证券交易行为

(一)对证券交易主体的限制

(1)证券交易所、证券公司和证券登记结算机构的从业人员、证券监督管理机构的工作人员以及法律、行政法规禁止参与股票交易的其他人员,在任期或者法定期限内,不得直接或者以化名、借他人名义持有、买卖股票,也不得收受他人赠送的股票。任何人在成为上述所列人员时,其原已持有的股票,必须依法转让。

(2)为股票发行出具审计报告、资产评估报告或者法律意见书等文件的证券服务机构和人员,在该股票承销期内和期满后六个月内,不得买卖该种股票。除上述规定外,为上市公司出具审计报告、资产评估报告或者法律意见书等文件的证券服务机构和人员,自接受上市公司委托之日起至上述文件公开后五日内,不得买卖该种股票。

(3)关于公司董事、监事、高级管理人员转让持有的本公司股票的限制性规定见本教材"公司法"一章。

(二)对证券交易客体的限制

(1)证券交易当事人依法买卖的证券,必须是依法发行并交付的证券。非依法发行的证券,不得买卖。

(2)依法发行的股票、公司债券及其他证券,法律对其转让期限有限制性规定的,在限定的期限内不得买卖。

(3)发起人持有的本公司股份,自公司成立之日起一年内不得转让。公司公开发行股票前已持有的股份,自公司股票在证券交易所上市交易之日起一年内不得转让。

(三)对短线交易的限制

上市公司、股票在国务院批准的其他全国性证券交易场所交易的公司持有百分之五以上股份的股东、董事、监事、高级管理人员,将其持有的该公司的股票或者其他具有股权性质的证券在买入后六个月内卖出,或者在卖出后六个月内又买入,由此所得收益归该公司所有,公司董事会应当收回其所得收益。但是,证券公司因购入包销售后剩余股票而持有百分之五以上股份,以及有国务院证券监督管理机构规定的其他情形的除外。前面所称董事、监事、高级管理人员、自然人股东持有的股票或者其他具有股权性质的证券,包括其配偶、父母、子女持有的及利用他人账户持有的股票或者其他具有股权性质的证券。

(四)对交易收费的限制

证券交易的收费必须合理,并公开收费项目、收费标准和管理办法。证券交易的收费项目、收费标准和管理办法由国务院有关主管部门统一规定。

五、禁止的证券交易行为

(一)虚假陈述和误导性陈述

虚假陈述是指信息披露义务人违反证券法规定,在证券发行或者交易过程中,对重大事件作出违背事实真相的虚假记载、误导性陈述,或者在披露信息时发生重大遗漏、不正当披露信息的行为。

误导性陈述是指虚假陈述行为人在信息披露文件中或者通过媒体,作出使投资人对其投资行为发生错误判断并产生重大影响的陈述。

禁止国家工作人员、传播媒介从业人员和有关人员编造、传播虚假信息,扰乱证券市场。

禁止证券交易所、证券公司、证券登记结算机构、证券服务机构及其从业人员,证券业协会、证券监督管理机构及其工作人员,在证券交易活动中作出虚假陈述或者误导性陈述。

各种传播媒介传播证券市场信息必须真实、客观,禁止误导。

(二)内幕交易行为

内幕交易行为是指证券交易内幕信息的知情人和非法获取内幕信息的人利用内幕信息买卖其所持有的该公司的证券,或者泄露该信息或建议他人买卖该证券的行为。

内幕信息是指证券交易活动中,涉及公司的经营、财务或者对该公司证券的市场价格有重大影响的尚未公开的信息。证券交易内幕信息的知情人和非法获取内幕信息的人,在内幕信息公开前,不得买卖该公司的证券,或者泄露该信息,或者建议他人买卖该证券。内幕交易行为给投资者造成损失的,行为人应当依法承担赔偿责任。

微课
证券违法行为
之内幕交易

【例12-7】李某是A上市公司的董事,一次与朋友聚会期间,无意泄露了本公司即将配股的消息。其朋友张某次日便购买了该公司股份10万元,待配股消息公开后,全部卖出,获利 4 万元。试分析张某行为的性质。

【解析】 该行为属于内幕交易行为。即证券交易内幕信息的知情人在信息公开前利用该信息买卖证券。

(三)操纵证券市场行为

操纵证券市场行为是指以获取利益或减少损失为目的,利用手中掌握的资金等优势影响证券市场价格,制造证券市场假象,诱导或者致使投资者在不了解事实真相的情况下作出证券投资决定,而扰乱证券市场秩序的行为。

操纵证券市场行为给投资者造成损失的,应当依法承担赔偿责任。

(四)欺诈客户行为

欺诈客户行为是指证券公司及其从业人员在证券交易及相关活动中进行的违背客户真实意思表示、损害客户利益的行为。

操纵证券市场的行为有哪些

欺诈客户行为给客户造成损失的,行为人应当依法承担赔偿责任。

(五)其他禁止的交易行为

(1)禁止法人非法利用他人账户从事证券交易,禁止法人出借自己或者他人的证券账户;

(2)依法拓宽资金入市渠道,禁止资金违规流入股市;

(3)禁止任何人挪用公款买卖证券;

(4)国有企业和国有资产控股的企业买卖上市交易的股票,必须遵守国家有关规定。

第四节 上市公司的收购

一、上市公司收购的概念和方式

(一)上市公司收购的概念

上市公司收购是指收购人依法通过取得股份的方式成为一个上市公司的控股股东,或通过投资关系、协议、其他安排的途径成为一个上市公司的实际控制人,或同时采取上述方式和途径取得上市公司控制权的行为。

(二)上市公司收购的方式

投资者可以采取要约收购、协议收购及其他合法方式收购上市公司。

要约收购是指投资者向目标公司的所有股东发出要约,表明愿意以要约中的条件购买目标公司的股票,以期达到对目标公司控制权的获得或巩固。

协议收购是指投资者在证券交易所外与目标公司的股东,主要是持股比例较高的大股东,就股票的价格、数量等方面进行私下协商,购买目标公司的股票,以期达到对目标公司控制权的获得或巩固。

二、要约收购规则

(一)收购要约的发出

投资者通过证券交易所的证券交易持有或者通过协议、其他安排与他人共同持有一个上市公司已发行的股份达到百分之三十时,继续进行收购的,应当依法向该上市公司所有股东发出收购上市公司全部或者部分股份的要约。收购上市公司部分股份的收购要约应当约定,被收购公司股东承诺出售的股份数额超过预定收购的股份数额的,收购人按比例进行收购。

(二)收购要约的公告

收购人在依照上述规定报送上市公司收购报告书之日起十五日后,公告其收购要约。在上述期限内,国务院证券监督管理机构发现上市公司收购报告书不符合法律、行政法规规定的,应当及时告知收购人,收购人不得公告其收购要约。

(三)收购要约的期限

收购要约约定的收购期限不得少于三十日,并不得超过六十日。

(四)收购要约的撤销

撤销收购要约是指收购人公告收购要约后,将该收购要约取消,使收购要约的法律效力归于消灭的意思表示。

(五)收购要约的变更

收购人需要变更收购要约的,必须事先向国务院证券监督管理机构及证券交易所提出报告,经批准后,予以公告。收购要约变更是指收购要约生效后,收购要约发出人改变要约内容的意思表示。

(六)收购要约的适用

收购要约提出的各项收购条件,适用于被收购公司的所有股东。

采取要约收购方式的,收购人在收购期限内,不得卖出被收购公司的股票,也不得采取要约规定以外的形式和超出要约的条件买入被收购公司的股票。

三、协议收购规则

收购人可以依法同被收购公司的股东以协议方式进行股权转让。

以协议方式收购上市公司时,达成协议后,收购人必须在三日内将该收购协议向国务院证券监督管理机构及证券交易所作出书面报告,并予以公告。在公告前不得履行收购协议。

采取协议收购方式的,收购人收购或者通过协议、其他安排与他人共

法条链接:
《证券法》第七十条规定:"采取要约收购方式的,收购人在收购期限内,不得卖出被收购公司的股票,也不得采取要约规定以外的形式和超出要约的条件买入被收购公司的股票。"

同收购一个上市公司已发行的股份达到百分之三十时,继续进行收购的,应当向该上市公司所有股东发出收购上市公司全部或者部分股份的要约。但是,经国务院证券监督管理机构免除发出要约的除外。

收购人依照上述规定以要约方式收购上市公司股份,应当遵守《证券法》的相关规定。

四、上市公司收购的权益披露

投资者收购上市公司,要依法披露其在上市公司中拥有的权益,包括登记在其名下的股份和虽未登记在其名下但该投资者可以实际支配表决权的股份。投资者及其一致行动人在一个上市公司中拥有的权益应当合并计算。

五、上市公司收购的法律后果

(1)收购期限届满,被收购公司股权分布不符合上市条件的,该上市公司的股票应当由证券交易所依法终止上市交易;其余仍持有被收购公司股票的股东,有权向收购人以收购要约的同等条件出售其股票,收购人应当收购。收购行为完成后,被收购公司不再具备股份有限公司条件的,应当依法变更企业形式。

(2)在上市公司收购中,收购人持有的被收购的上市公司的股票,在收购行为完成后的十八个月内不得转让。

> **⚠ 特别提示 12-5** 为防止非法集资、圈钱外逃之非法目的,发起人在一年内不得转让公司股票。

(3)收购行为完成后,收购人与被收购公司合并,并将该公司解散的,被解散公司的原有股票由收购人依法更换。

(4)收购行为完成后,收购人应当在十五日内将收购情况报告国务院证券监督管理机构和证券交易所,并予以公告。

(5)收购上市公司中由国家授权投资的机构持有的股份,应当按照国务院的规定,经有关主管部门批准。

【例 12-8】 下列各项中,依法可以收购戊上市公司股份的是( )。
A.财务状况与公司信誉良好的甲上市公司
B.在过去一年中存在虚假信息披露、被中国证监会给予行政处罚的乙上市公司
C.丙上市公司已经拥有戊上市公司 20% 的股份,打算继续收购
D.自然人丁。丁曾经担任某股份有限公司董事长,因不可抗力原因,该股份有限公司已在 3 年前破产关闭

【解析】 答案 ACD。根据法律规定,收购人最近 3 年有证券市场失信行为,不得收购上市公司,所以 B 为排除选项。其他 3 个选项均符合收购上市公司的条件。

第五节 证券机构

一、证券交易所

证券交易所是为证券集中交易提供场所和设施,组织和监督证券交易,实行自律管理的法人。

证券交易所有公司制和会员制两种,我国的证券交易所是实行自律性管理的会员制的事业法人。目前我国有上海证券交易所和深圳证券交易所。证券交易所的设立和解散,由国务院决定。

二、证券公司

证券公司是指依照《公司法》和《证券法》规定成立,经营证券业务以及相关业务的有限责任公司或者股份有限公司。

证券公司的业务范围包括:①证券经纪;②证券投资咨询;③与证券交易、证券投资活动有关的财务顾问;④证券承销与保荐;⑤证券自营;⑥证券资产管理;⑦其他证券业务。

三、证券登记结算机构

证券登记结算机构是为证券交易提供集中登记、托管与结算服务,不以营利为目的的法人。

我国的证券登记结算机构是中国证券登记结算公司,其股东是上海证券交易所、深圳证券交易所。

证券登记结算机构应该妥善保存登记、托管和结算的原始凭证,重要原始凭证保存不少于二十年。

⚠ **特别提示 12-6** 之所以规定原始凭证保存不少于二十年是因为要和最长诉讼时效相衔接,确保相关当事人的诉讼权利可以获得相应的证据支持。

四、证券交易服务机构

证券交易服务机构是指从事证券投资咨询、财务顾问、资信评估、资产评估、会计实务等业务,为证券发行和证券交易提供专业性服务的机构。

法条链接:
《证券法》第一百条规定:"证券交易所必须在其名称中标明证券交易所字样。其他任何单位或者个人不得使用证券交易所或者近似的名称。"

五、证券业协会

证券业协会是证券经营机构依法自行组织的自律性组织,具有独立的社会团体法人资格。

证券业协会设理事会,理事会成员依章程的规定由选举产生,协会的权力机构为由全体会员组成的会员大会。

证券业协会的职能主要有:制定会员应遵守的规则,对会员之间、会员与客户之间发生的纠纷进行调解,对会员违反法律、行政法规或协会章程的,按照规定给予纪律处分等。

六、证券监督管理机构

国务院证券监督管理机构即中国证券监督管理委员会(简称"证监会"),其主要职责是依法对证券市场实行监督管理,维护证券市场秩序,保障其合法运行。

课后思考题

1. 简述股票和公司债券发行的条件。
2. 什么是证券交易?《证券法》对证券交易做了哪些一般性规定?
3. 简述股票和公司债券上市交易的条件。
4. 简述《证券法》中的禁止性交易行为。
5. 简述上市公司收购的限制性规定。

课后案例

【背景资料】 2018年10月,时任B证券公司常务副总经理的熊某到大连,向A公司董事长兼总经理李某、副总经理王某了解有关经营情况,知悉了2018年A公司"预计全年每股收益可达0.60元以上""公司具有每10股送6股至7股的能力"等财务情况和"将实施一个大幅度扩张股本的转送股方案"的分配情况,以及当时尚未公开披露的追加海水养殖项目投资计划和受托开发大连高新技术产业园区的地产投资项目等重大内幕信息。在此期间,熊某还提出由其所在B证券公司武汉分公司作为A公司的配股主承销商,A公司表示同意。2019年1月11日,在A公司临时股东大会表决通过其增资配股的预案后,B证券公司武汉分公司即派人到A公司具体操作实施配股。后经证监会查实,A公司于2019年1月17日和4月14日公开披露的每10股转赠5股和每10股送3股的分配方案与王某向熊某介绍的上述内幕信息基本一致。B证券公司从2018年10月至2019年4月,利用该内幕信息大量买卖A公司股票,持仓量高达1 711万股,占A公司发行在外股份的16.23%,占流通股份的60.61%。在双方的配合下,A公司股票价格在2019年1月23日和4月21日公司实施转送股方案期间,从每股8.86元涨到每股16.25元,涨幅近1倍。而B证券公司在2019年1月23日A公司实施转送股方案后,于2019年1月24日至4月25日又连续全部卖出A公司股票,获利7 455.89万元。

【问题】 试分析B证券公司的行为是否合法(思考方向:内幕信息的界定;知情人员的范围和义务;内幕交易的法律责任)。

支付结算法律制度

内容提示

1. 支付结算的概念
2. 银行结算账户
3. 汇票、本票和支票
4. 汇兑、托收承付、委托收款、银行卡、预付卡和电子支付的具体法律规定

学习目标

★ **知识目标**

1. 掌握银行结算账户的类型及使用规定，票据权利，汇票、银行卡、预付卡和电子支付等相关法律规定。
2. 了解本票、支票、汇兑、托收承付和委托收款的相关内容。

★ **能力目标**

1. 依法熟练使用不同的结算方式。
2. 提高支付结算的效率及安全性。

★ **素养目标**

1. 增强依法安全交易意识。
2. 培养遵纪守法、文明经商、货真价实、买卖公平、诚实无欺等社会主义商业道德规范，树立正确的商业道德价值观。

课前案例导入

【背景资料】甲公司向某工商银行申请一张银行承兑汇票,该银行进行了必要的审查后受理了这份申请,并依法在票据上签章。甲公司得到这张票据后没有在票据上签章便将该票据直接交付给乙公司作为购货款。乙公司又将此票据背书转让给丙公司以偿债。待到票据上记载的付款日期时,丙公司持票向承兑银行请求付款,该银行以票据无效为理由拒绝付款。

【问题】

1. 从以上案情显示的情况看,这张汇票有效吗?
2. 根据我国票据法关于汇票出票行为的规定,记载了哪些事项的汇票才为有效票据?
3. 银行已经在票据上依法签章,它可以拒绝付款吗?为什么?

第一节　支付结算法律制度概述

一、支付结算

(一)支付结算的概念

支付结算是指单位、个人在社会经济活动中使用票据、信用卡和汇兑、托收承付、委托收款、信用证、电子支付等结算方式,进行货币给付及资金清算的行为,其主要功能是完成资金从一方当事人向另一方当事人的转移。

(二)支付结算的工具

非现金支付工具包括"三票一卡"和结算方式。"三票"是《票据法》所指的汇票、本票、支票,"一卡"是指银行卡;结算方式除传统的汇兑、托收承付、委托收款和信用证外,还包括网上银行、条码支付、网络支付等新兴电子支付方式。我国目前已形成以票据和银行卡为主,以电子支付为未来发展方向的非现金支付工具体系。

【例13-1】下列属于支付结算工具的有(　　)。
A.银行卡　　B.汇票　　C.股票　　D.条码支付
【解析】答案ABD。根据支付结算法律制度的规定,银行卡、汇票和条码支付均属于支付结算工具,股票不在其范围。

(三)支付结算的原则

支付结算工作的任务,是根据经济往来组织支付结算,准确、及时、安全办理支付结算,按照有关法律、行政法规规定管理支付结算,保障支付结算活动的正常进行。

因此,单位、个人和银行办理支付结算时必须遵守下列原则:
(1)恪守信用、履约付款;
(2)谁的钱进谁的账、由谁支配;
(3)银行不垫款。

二、支付结算法律制度

为了规范支付结算工作,我国制定了一系列关于支付结算方面的法律、法规和制度。如中国人民银行1997年9月19日发布的《支付结算办法》;2003年4月10日发布的《人民币银行结算账户管理办法》;2005年1月19日印发的《人民币银行结算账户管理办法实施细则》;1995年5月10日经第八届全国人民代表大会常务委员会第十三次会议审议通过的

法条链接:
《支付结算办法》第十六条规定:"单位、个人和银行办理支付结算必须遵守下列原则:
一、恪守信用,履约付款;
二、谁的钱进谁的账,由谁支配;
三、银行不垫款。"

《中华人民共和国票据法》（以下简称《票据法》）；1997年6月23日经国务院批准，1997年8月21日由中国人民银行令第2号发布的《票据管理实施办法》等。

近些年，我国电子支付持续保持迅猛发展态势，为规范、引导电子支付健康发展，国家发布并推行了一系列与之有关的政策性规定，例如《电子支付指引（第一号）》《电子银行业务管理办法》《非银行支付机构网络支付业务管理办法》《条码支付业务规范（试行）》等。

第二节　银行结算账户

一、银行结算账户的概念和种类

银行结算账户是指银行为存款人开立的办理资金收付结算的人民币活期存款账户。

银行结算账户按存款人不同分为单位银行结算账户和个人银行结算账户。存款人以单位名称开立的银行结算账户为单位银行结算账户。单位银行结算账户按用途分为基本存款账户、一般存款账户、专用存款账户和临时存款账户。个体工商户凭营业执照以字号或经营者姓名开立的银行结算账户纳入单位银行结算账户管理。存款人凭个人身份证件以自然人名称开立的银行结算账户为个人银行结算账户。

二、基本存款账户

基本存款账户是存款人因办理日常转账结算和现金收付需要开立的银行结算账户。基本存款账户是存款人的主办账户。存款人日常经营活动的资金收付及其工资、奖金和现金的支取，应通过该账户办理。

下列存款人，可以申请开立基本存款账户：(1)企业法人；(2)非法人企业；(3)机关、事业单位；(4)团级（含）以上军队、武警部队及分散执勤的支（分）队；(5)社会团体；(6)民办非企业组织；(7)异地常设机构；(8)外国驻华机构；(9)个体工商户；(10)居民委员会、村民委员会、社区委员会；(11)单位设立的独立核算的附属机构；(12)其他组织。

单位银行结算账户的存款人只能在银行开立一个基本存款账户。

基本存款账户是存款人的主办账户。存款人日常经营活动的资金收付及其工资、奖金和现金的支取，应通过该账户办理。

三、一般存款账户

一般存款账户是存款人因借款或其他结算需要，在基本存款账户开户银行以外的银行营业机构开立的银行结算账户。

一般存款账户用于办理存款人借款转存、借款归还和其他结算的资金收付。该账户可以办理现金缴存，但不得办理现金支取。

四、专用存款账户

专用存款账户是存款人按照法律、行政法规和规章,对其特定用途资金进行专项管理和使用而开立的银行结算账户。

合格境外机构投资者在中华人民共和国境内从事证券投资开立的人民币特殊账户和人民币结算资金账户纳入专用存款账户管理。其开立人民币特殊账户时应出具国家外汇管理部门的批复文件,开立人民币结算资金账户时应出具证券管理部门的证券投资业务许可证。

存款人可以开立专用存款账户的情形

五、临时存款账户

临时存款账户是存款人因临时需要并在规定期限内使用而开立的银行结算账户。有下列情况的,存款人可以申请开立临时存款账户:

(1)设立临时机构;
(2)异地临时经营活动;
(3)注册验资;
(4)境外(含港澳台地区)机构在境内从事经营活动;
(5)军队、武警单位承担基本建设或异地执行作战、演习、抢险救灾、应对突发事件等临时任务。

临时存款账户用于办理临时机构以及存款人临时经营活动发生的资金收付。临时存款账户应根据有关开户证明文件确定的期限或存款人的需要确定其有效期限,最长不得超过2年。

临时存款账户支取现金,应按照国家现金管理的规定办理。注册验资的临时存款账户在验资期间只收不付。

【例13-2】 下列各项中,属于开立临时存款账户的情形有(   )
A.公司成立后,在X银行开立的用于日常经营的账户
B.摄制组因临时拍摄需要,在外地Y银行开立的账户
C.因期货交易需要,在Z银行开立的账户
D.因借款需要,在R银行开立的账户

【解析】 答案B。A选项开立的是基本存款账户;B选项属于异地临时经营,开立临时存款账户;C选项属于专门用途,开立专用存款账户;D选项出于借款需要,开立的是一般存款账户。

六、个人银行结算账户

个人银行结算账户是自然人因投资、消费、结算等而开立的可办理支付结算业务的存款账户。自然人可根据需要申请开立个人银行结算账户,也可以在已开立的储蓄账户中选择并向开户银行申请确认为个人银行结算账户。

个人银行结算账户分为Ⅰ类户、Ⅱ类户和Ⅲ类户。银行可通过Ⅰ类户为存款人提供存款、购买投资理财产品等金融产品、转账、消费和缴费支付、支取现金等服务。Ⅱ类户可办理存款、购买投资理财产品等金融产品、限额消费和缴费、限额向非绑定账户转出资金业务。Ⅲ类户可以办理限额消费和缴费、限额向非绑定账户转出资金业务。Ⅲ类户账户余额不得超过2000元。银行不得通过Ⅲ类户为存款人提供存取现金服务，不得为Ⅲ类户发放实体介质。

> ⚠ **特别提示 13-1** Ⅰ类户的特点是安全性高，资金量大，适用于大额支付；Ⅱ、Ⅲ类户的特点是便捷性突出，资金量相对小，适用于小额支付，Ⅲ类户更适用于移动支付等新兴支付方式。个人可根据需要，将资金量较大的账户设定为Ⅰ类户，经常用于网络支付、移动支付的账户降级，或增开设Ⅱ、Ⅲ类户，在有效保障账户资金安全的同时又能体验便捷、创新的支付方式。

七、银行结算账户的撤销

银行结算账户的撤销是指存款人因开户资格或其他原因终止银行结算账户使用的行为。有下列情形之一的，存款人应向开户银行提出撤销银行结算账户的申请：

(1)被撤并、解散、宣告破产或关闭的；
(2)注销、被吊销营业执照的；
(3)因迁址需要变更开户银行的；
(4)其他原因需要撤销银行结算账户的。

> ⚠ **特别提示 13-2** 存款人因主体资格终止后撤销银行结算账户的，应先撤销一般存款账户、专用存款账户、临时存款账户，将账户资金转入基本存款账户后，方可办理基本存款账户的撤销。

存款人尚未清偿其开户银行债务的，不得申请撤销该账户。

银行对一年未发生收付活动且未欠开户银行债务的单位银行结算账户，应通知单位自发出通知之日起30日内办理销户手续，逾期视同自愿销户，未划款项列入久悬未取专户管理。

第三节 票据法

一、票据法概述

(一)票据的概念

票据有广义和狭义之分。广义上的票据包括各种有价证券和凭证，狭义上的票据仅指《中华人民共和国票据法》(以下简称《票据法》)规定的票据，包括汇票、本票、支票。

票据是由出票人签发的、约定自己或者委托付款人在见票时或指定的日期向收款人或持票人无条件支付一定金额的有价证券。

(二)票据当事人

票据当事人是指票据法律关系中享有票据权利、承担票据义务的主体。票据当事人分为基本当事人和非基本当事人。

1.基本当事人

基本当事人是指在票据做成和交付时就已经存在的当事人,包括出票人、付款人和收款人。基本当事人不存在或不完全,票据法律关系就不成立,票据就无效。

(1)出票人是指依法定方式签发票据并将票据交付给收款人的人。

(2)收款人是指票据到期后有权收取票据所载金额的人,又称票据权利人。

(3)付款人是指由出票人委托付款或自行承担付款责任的人。

【例13-3】 以下情形中,甲与乙之间存在票据关系的是(　　)。
A.甲持有由乙签发的甲为收款人的支票
B.甲用银行卡向乙支付货款
C.汇票的承兑人甲支付票款后向出票人乙追偿欠款
D.甲向乙银行申请签发银行本票

【解析】 答案A。票据关系可以根据票据种类或票据行为进行分类。以票据的法律上的分类作为划分标准,可将票据关系分为汇票关系、本票关系、支票关系。以票据行为作为划分标准,可将票据关系分为票据发行关系、票据背书关系、票据承兑关系、票据保证关系、票据参加关系、票据保付关系等。

2.非基本当事人

非基本当事人是指在票据做成并交付后,通过一定的票据行为加入票据关系而享有一定权利、承担一定义务的当事人。非基本当事人包括承兑人、背书人与被背书人、保证人等。

(1)承兑人是指接受汇票出票人的付款委托,同意承担支付票款义务的人,它是汇票主债务人。

(2)背书人与被背书人。背书人是指在转让票据时,在票据背面或粘单上签字或盖章,并将该票据交付给受让人的票据收款人或持有人。被背书人是指被记名受让票据或接受票据转让的人。背书后,被背书人成为票据新的持有人,享有票据的所有权利。

(3)保证人是指为票据债务提供担保的人,由票据债务人以外的第三人担当。保证人在被保证人不能履行票据付款责任时,以自己的金钱履行票据付款义务,然后取得持票人的权利,向票据债务人追索。

(三)票据权利和责任

1.票据权利的概念和种类

票据权利是指持票人向票据债务人请求支付票据金额的权利,包括

法条链接:
《票据法》第四条第四款规定:"本法所称票据权利,是指持票人向票据债务人请求支付票据金额的权利,包括付款请求权和追索权。"

付款请求权和追索权。

付款请求权是持票人最基本的权利,也称票据的第一次权利或主票据权利,是向票据的主债务人行使的。票据主债务人对票据负有绝对的付款责任。

追索权是持票人在行使了票据的第一次权利后,遭到拒绝承兑或拒绝付款时,向其前手请求支付票据金额的权利,也称第二次请求权。追索权行使的对象包括出票人、背书人、保证人、承兑人等,持票人可向其中的任一人、数人或全体主张权利。被追索人清偿债务后,即与持票人享有同等的权利,即具有再追索权。

2.票据权利的取得

票据权利的取得有两种方式:一是因票据的创设而取得票据的权利,是原始取得;二是由于票据的转让或继承、合并等法定原因而取得票据的权利,是继受取得。

票据权利依持票人取得票据时的主观意思不同,也可分为善意取得和恶意取得。善意取得票据的受让人可取得票据上的一切权利,即使票据让与人的票据权利有瑕疵,也不影响善意取得票据者享有权利。恶意取得票据的人,不得享有票据上的权利,债务人可以拒绝付款(但要负举证责任)。持票人遭到拒付后,责任自负。

【例 13-4】 甲公司是一张 3 个月以后到期的银行承兑汇票所记载的收款人。甲公司和乙公司合并为丙公司,丙公司于上述票据到期时向承兑人提示付款。丙公司能否取得票据权利?

【解析】 可以。当事人可以依税收、继承、赠与、企业合并等方式获得票据权利。在本案中,甲公司和乙公司合并为丙公司,丙公司合法取得票据权利。

法条链接:
《票据法》第十二条规定:"以欺诈、偷盗或者胁迫等手段取得票据的,或者明知有前列情形,出于恶意取得票据的,不得享有票据权利。"

3.票据权利的补救

票据丧失是指票据因灭失、遗失、被盗等原因而使票据权利人脱离了其对票据的占有。票据丧失后,可以采取挂失止付、公示催告、普通诉讼三种形式进行补救。

(1)挂失止付。挂失止付是指失票人将丧失票据的情况通知付款人或代理付款人,由接受通知的付款人或代理付款人审查后暂停支付的一种方式。只有确定付款人或代理付款人的票据丧失时,才可进行挂失止付。挂失止付并不是票据丧失采取的必经措施,而只是一种暂时的预防措施,最终要通过申请公示催告或提起普通诉讼。

(2)公示催告。公示催告是指在票据丧失后由失票人向人民法院提出申请,请求人民法院以公告方式通知不确定的利害关系人限期申报权利。逾期未申报者,则权利失效,而由人民法院通过除权判决宣告所丧失的票据无效的一种制度或程序。失票人可在通知挂失止付后的 3 日内,也可在票据丧失后,依法向票据支付地人民法院申请公示催告,申请公示催告的主体必须是可以背书转让的票据的最后持票人。

(3)普通诉讼。普通诉讼是指丧失票据的人为原告,承兑人或出票人为被告,请求人民法院判决其向失票人付款的诉讼活动。如果与票据上的权利有利害关系的人是明确的,则无须公示催告,可按一般的票据纠纷向人民法院提起诉讼。

4.票据权利的消灭

票据权利的消灭有两种情况:一是付款票据权利的消灭,即票据债务人履行了票据债务,票据权利随之消灭;二是时效票据权利的消灭。

票据权利在下列期限内不行使而消灭:持票人对票据的出票人和承兑人的权利,自票据到期日起二年;持票人对见票即付的汇票、本票的权利,自出票日起二年;持票人对支票出票人的权利,自出票日起六个月;持票人对前手的追索权,自被拒绝承兑或者被拒绝付款之日起六个月;持票人对前手的再追索权,自清偿日或者被提起诉讼之日起三个月。票据的出票日、到期日由票据当事人依法确定。

⚠ **特别提示 13-3** 持票人因超过票据权利时效或者因票据记载事项欠缺而丧失票据权利的,仍享有民事权利,可以请求出票人或者承兑人返还其与未支付的票据金额相当的利益。

5.票据抗辩

票据抗辩是指票据债务人依法对票据债权人拒绝履行义务的行为。票据债务人可对持票人行使抗辩权的情况如下:持票人与票据债务人有直接债权债务关系并且不履行约定义务的;持票人以欺诈、偷盗或者胁迫等非法手段取得票据,或者明知有前列情形,出于恶意取得票据的;持票人明知票据债务人与出票人或者持票人的前手之间存在抗辩事由而取得票据的;因重大过失取得票据的;其他依法不得享有票据权利的。

(四)票据行为

票据行为是指票据当事人以发生票据债务为目的、以在票据上签名或盖章为权利与义务成立要件的法律行为,包括出票、背书、承兑和保证四种。

1.出票

出票是指出票人签发票据并将其交付给收款人的票据行为。出票包括两个行为:一是出票人依照《票据法》的规定制作票据,即在原始票据上记载法定事项并签章;二是交付票据,即将制作的票据交付给他人占有。这两者缺一不可。

2.背书

背书是指在票据背面或者粘单上记载有关事项并签章的票据行为。背书包括将票据权利转让背书和非转让背书。转让背书以持票人将票据权利转让给他人为目的;非转让背书是将一定的票据权利授予他人行使,包括委托收款背书和质押背书。无论何种目的,都应当记载背书事项并交付票据。

3.承兑

承兑仅适用于商业汇票,是指汇票付款人承诺在汇票到期日支付汇票金额并签章的行为。见票即付的汇票无需提示承兑。付款人承兑汇票,不得附有条件;承兑附有条件的,视为拒绝承兑;付款人承兑汇票后,应当承担到期付款的责任。

4.保证

保证是指票据债务人以外的人,为担保特定债务人履行票据债务而在票据上记载有关事项并签章的行为。保证人对合法取得票据的持票人所享有的票据权利承担保证责任。保证不得附有条件;附有条件的,不影响对汇票的保证责任。被保证的票据,保证人应当与被保证人对持票人承担连带责任。保证人为两人以上的,保证人之间承担连带责任。票据到期后得不到付款的,持票人有权向保证人请求付款,保证人应当足额付款。保证人清偿票据债务后,可以行使持票人对被保证人及其前手的追索权。

二、汇票

(一)汇票的概念和种类

汇票是出票人签发的,委托付款人在见票时或者在指定日期无条件支付确定的金额给收款人或者持票人的票据。

《票据法》第十九条第二款规定,汇票分为银行汇票和商业汇票。可见,我国的汇票是按出票人不同来分类的。

> ⚠ **特别提示 13-4**　由银行签发的汇票为银行汇票,由银行以外的企业、单位等签发的汇票为商业汇票。

> ⚠ **特别提示 13-5**　汇票的出票人必须与付款人具有真实的委托付款关系,并且具有支付汇票金额的可靠资金来源。不得签发无对价的汇票用以骗取银行或者其他票据当事人的资金。

(二)银行汇票

银行汇票是出票银行签发的,由其在见票时按照实际结算金额无条件支付给收款人或者持票人的票据。银行汇票的基本当事人只有两个,即出票银行和收款人,银行既是出票人,又是付款人。银行汇票可以用于转账,填明"现金"字样的银行汇票也可以用于支取现金。单位和个人在同城、异地或统一票据交换区域的各种款项结算,均可使用银行汇票。

办理银行汇票的程序如下:

1.申请

申请人使用银行汇票,应向出票银行填写"银行汇票申请书",填明收款人名称、汇票金额、申请人名称、申请日期等事项并签章,签章为其预留银行的签章。

2.签发并交付

出票银行受理银行汇票申请书,收妥款项后签发银行汇票。签发银行汇票必须记载法定事项。欠缺记载法定事项之一的,银行汇票无效。

法条链接:
《票据法》第二十二条规定:"汇票必须记载下列事项:

(一)表明'汇票'的字样;

(二)无条件支付的委托;

(三)确定的金额;

(四)付款人名称;

(五)收款人名称;

(六)出票日期;

(七)出票人签章。

汇票上未记载前款规定事项之一的,汇票无效。"

3.流通转让

申请人应将银行汇票和解讫通知一并交付给汇票上记名的收款人。收款人收到申请人交付的银行汇票后,应在出票金额以内,根据实际需要的款项办理结算,并将实际结算金额和多余金额准确、清晰地填入银行汇票和解讫通知的有关栏内。银行汇票的实际结算金额低于出票金额的,其多余金额由出票银行退交申请人。收款人可以将银行汇票背书转让给被背书人。银行汇票的背书转让以不超过出票金额的实际结算金额为准。

4.提示付款

银行汇票的提示付款期为自出票日起1个月。持票人超过提示付款期限提示付款的,代理付款人不予受理。持票人向银行提示付款时,必须同时提交银行汇票和解讫通知。

5.银行汇票退款和丧失

申请人因银行汇票超过付款提示期限或其他原因要求退款时,应将银行汇票和解讫通知同时提交到出票银行。申请人为单位的,应出具该单位的证明;申请人为个人的,应出具本人的身份证件。申请人缺少解讫通知要求退款的,出票银行应于银行汇票提示付款期满1个月后办理。银行汇票丧失,失票人可以凭人民法院出具的其享有票据权利的证明,向出票银行请求付款或退款。

(三)商业汇票

商业汇票是出票人签发的,委托付款人在指定日期无条件支付确定的金额给收款人或者持票人的票据。商业汇票一般有三个当事人,即出票人、付款人和收款人。

按照承兑人的不同,商业汇票分为商业承兑汇票和银行承兑汇票。

商业承兑汇票是指出票人签发汇票后,付款人(企业法人或购货人)在汇票上签章,表示承诺到期付款的汇票。

银行承兑汇票是指出票人开出汇票后,应出票人的请求,银行在汇票上签章,表示承诺到期付款的汇票,汇票一经银行承兑,银行就以自己的信用对收款人或持票人作出了付款保证。

办理商业汇票的程序如下:

1.签发商业汇票并记载法定事项

商业承兑汇票可以由付款人签发并承兑,也可以由收款人在出票后先使用,再向付款人签发,交由付款人承兑。银行承兑汇票应由在承兑银行开立存款账户的存款人签发。商业汇票签发后应交付交易当事人。

2.承兑

商业汇票提示承兑是指持票人向付款人出示汇票,并要求付款人承诺付款的行为。定日付款或者见票后定期付款的商业汇票,持票人应当在汇票到期日前向付款人提示承兑。见票后定期付款的汇票,持票人应当自出票日起一个月内向付款人提示承兑。

> ⚠ **特别提示 13-6** 商业汇票未按照规定期限提示承兑的,持票人丧失对其前手的追索权。

商业汇票的付款人接到出票人或持票人向其提示承兑的汇票时,应当向出票人或持票人签发收到汇票的回单,记明汇票提示承兑日期并签章。付款人应当在自收到提示承兑的汇票之日起三日内承兑或者拒绝承兑。付款人拒绝承兑的,必须出具拒绝承兑的证明。付款人承兑汇票后,应当承担到期付款的责任。

银行承兑汇票的出票人或持票人向银行提示承兑时,银行信贷部门负责按照有关规定和审批程序,对出票人的资格、资信、购销合同和汇票记载的内容进行认真审查,必要时可由出票人提供担保。符合规定和承兑条件的,与出票人签订承兑协议。

3.提示付款

商业汇票的提示付款期限,为自汇票到期日起10日内。持票人应在提示付款期限内通过开户银行委托收款或直接向付款人提示付款。持票人未按规定期限提示付款的,在作出说明后,承兑人或者付款人仍应当继续对持票人承担付款责任。纸质商业汇票的付款期限,最长不得超过6个月。电子商业汇票的付款期限,最长不得超过1年。

4.付款

付款分为商业承兑汇票的付款和银行承兑汇票的付款两种。

(1)商业承兑汇票的付款。商业承兑汇票的付款人开户银行收到通过委托收款寄来的商业承兑汇票,将商业承兑汇票留存,并及时通知付款人。付款人收到开户银行的付款通知,应该在当日通知银行付款。付款人在接到通知日的次日起3日内(遇法定节假日顺延,下同)未通知银行付款的,视同付款人承诺付款。付款人提前收到由其承兑的商业汇票,应通知银行于汇票到期日付款。银行应于汇票到期日将票款划给持票人。

付款人存在合法抗辩事由拒绝支付的,应自接到通知日的次日起3日内,做成拒绝付款证明送交开户银行,银行将拒绝付款证明和商业承兑汇票邮寄持票人开户银行转交持票人。

(2)银行承兑汇票的付款。银行承兑汇票的出票人应于汇票到期前将票款足额交存其开户银行。承兑银行应在汇票到期日或到期日后的见票当日支付票款。承兑银行存在合法抗辩事由拒绝支付的,应自见票日的次日起3日内,做成拒绝付款证明,连同银行承兑汇票邮寄持票人开户银行转交持票人。

【例13-5】北京的甲公司从天津的乙公司购进一批电脑,于2024年4月20日开出了10万元的、见票后3个月付款的银行承兑汇票支付该笔货款,乙公司于4月28日提示承兑,则乙公司最迟应于何时向承兑人提示付款?

微课
商业汇票

【解析】该汇票是见票后定期付款的银行汇票,乙于4月28日提示承兑,3个月是到7月28日,提示付款日是到期日起10日内,所以最迟是8月6日。

⚠ 特别提示13-7 根据中国人民银行下发的《关于规范和促进电子商业汇票业务发展的通知》,中国人民银行要求自2017年1月1日起,单张出票金额在300万元以上的商业汇票应全部通过电票办理;自2018年1月1日起,原则上单张出票金额在100万元以上的商业汇票应全部通过电票办理。

【例13-6】下列有关汇票出票人的说法中错误的有(   )。

A.汇票出票人是票据债务人之一,他和其他票据债务人一样,对持票人承担连带责任

B.汇票出票人的出票行为完成后,就表示他承担票据的承兑、付款义务,他始终是票据的第一债务人

C.汇票的出票人如和其后手之一存在《票据法》规定的抗辩事由的,则可以对抗持票人的追索权

D.汇票的出票人是持票人时,汇票的其他债务人仍应在汇票遭到拒绝付款后对出票人所持汇票权利承担连带责任

【解析】 答案BCD。汇票的出票人、背书人、承兑人和保证人对持票人承担连带责任,故A选项正确。汇票的出票人与承兑人、付款人是不同的主体,出票人不一定承担承兑或付款义务,故B选项不正确。持票人有向其前手(包括出票人)追索的权利;被追索人不得以其与后手之间的抗辩事由,对抗持票人,而只能在承担了票据责任后,再向其前手追索,故C选项不正确。持票人为出票人的,对其前手无追索权,故D选项不正确。

三、本票

(一)本票的概念、种类和使用范围

本票是出票人签发的,承诺自己在见票时无条件支付确定的金额给收款人或者持票人的票据。本票是出票人约定自己付款的一种自付票据,票据到期前无须进行承兑。

我国使用的本票仅限于银行本票,且为记名式本票和即期本票,是申请人将款项交存银行,由银行签发给申请人凭以办理同一票据交换区域内转账或支取现金的票据。

(二)办理本票的程序

1.申请

申请人使用银行本票,应向银行填写本票申请书。

2.签发并交付

出票银行受理银行本票申请书,收妥款项后签发银行本票。出票银行在银行本票上签章后交给申请人。本票的出票人必须具有支付本票金额的可靠资金来源,并保证支付。

签发银行本票必须记载下列事项:表明"本票"的字样;无条件支付的承诺;确定的金额;收款人名称;出票日期;出票人签章。

⚠️ **特别提示13-8** 本票上未记载付款地的,出票人的营业场所为付款地。本票上未记载出票地的,出票人的营业场所为出票地。

3.流通转让

出票人应将银行本票交付给本票上记明的收款人。收款人可以将银行本票背书转让给被背书人。

法条链接:
《票据法》第七十五条规定:"本票必须记载下列事项:

(一)表明'本票'的字样;

(二)无条件支付的承诺;

(三)确定的金额;

(四)收款人名称;

(五)出票日期;

(六)出票人签章。

本票上未记载前款规定事项之一的,本票无效。"

4.提示付款

银行本票的提示付款期限自出票日起最长不得超过二个月。本票的持票人未按照规定期限提示见票的,丧失对出票人以外的前手的追索权。

汇票关于出票、背书、保证、付款及追索权等有关规定,除法律另有规定的,均适用于本票。

四、支票

(一)支票的概念、种类和使用范围

支票是出票人签发的,委托办理支票存款业务的银行或者其他金融机构在见票时无条件支付确定的金额给收款人或者持票人的票据。支票为见票即付。《票据法》按照支付票款方式,将支票分为现金支票和转账支票。

> ⚠ **特别提示 13-9**　单位和个人在同一支票交换区域的各种款项结算,均可以使用支票。

(二)办理支票的程序

1.签发

签发支票必须记载下列事项:表明"支票"的字样;无条件支付的委托;确定的金额;付款人名称;出票日期;出票人签章。支票的付款人为支票上记载的出票人开户银行。支票的金额、收款人名称,可以由出票人授权补记,未补记前不得背书转让和提示付款。支票上未记载付款地的,付款人的营业场所为付款地。支票上未记载出票地的,出票人的营业场所、住所或者经常居住地为出票地。出票人可以在支票上记载自己为收款人。支票的出票人签发支票的金额不得超过付款时付款人处实有的存款金额。

支票上出票人的签章,出票人为单位的,为与该单位在银行预留签章一致的财务专用公章或者盖章。支票的出票人预留银行签章是银行审核支票付款的依据。出票人不得签发与其预留银行签章不符的支票。

2.提示付款

支票的提示付款期限为自出票日期起十日;异地使用的支票,其提示付款的期限由中国人民银行另行规定。持票人可以委托开户银行收款或直接向付款人提示付款。用于支取现金的支票仅限于收款人向付款人提示付款。

3.付款

出票人必须按照签发的支票金额承担保证向该持票人付款的责任。出票人在付款人处的存款足以支付支票金额时,付款人应当在见票当日足额付款。

支票的其他行为,诸如背书、付款行为和追索权的行使,除支票的规定外,适用《票据法》中有关汇票的规定。

⚠ **特别提示13-10** 出票人签发的支票金额超过其付款时在付款人处实有的存款金额的,为空头支票。签发空头支票,或者签发与其预留的签章不符的支票,不以骗取财物为目的的,由中国人民银行处以票面金额5%但不低于1 000元的罚款;持票人有权要求出票人赔偿支票金额2%的赔偿金。以骗取财物为目的的,出票人将被追究刑事责任。

第四节 其他结算方式

一、汇兑

汇兑是汇款人委托银行将其款项支付给收款人的结算方式。单位和个人的各种款项结算,均可使用汇兑方式。汇兑分为信汇、电汇两种形式,由汇款人根据实际情况选择使用。汇款人对汇出银行尚未汇出的款项可以申请撤销,对汇出银行已经汇出的款项可以申请退汇。

汇出银行受理汇款人签发的汇兑凭证,经审查无误后,应及时向汇入银行办理汇款,并向汇款人签发汇款回单。汇入银行对开立存款账户的收款人,应将汇给其的款项直接转入收款人账户,并向其发出收账通知。

⚠ **特别提示13-11** 汇款回单是汇出银行受理汇款的依据,收账通知是银行将款项确已收入收款人账户的凭据。

二、委托收款

(一)委托收款的概念

委托收款是收款人委托银行向付款人收取款项的结算方式。委托收款结算款项的划回方式,分邮寄和电报两种,由收款人选用。

委托收款结算方式在同城、异地均可使用。单位和个人凭已承兑商业汇票、债券、存单等付款人债务证明办理款项的结算,均可使用委托收款结算方式。

【例13-7】 根据支付结算法律制度的规定,( )可以进行委托收款。

A.转账支票　　　　　　　　B.未承兑的商业汇票
C.到期的债券　　　　　　　D.到期的存单

【解析】 答案ACD。只有已经承兑的商业汇票可以进行委托收款;转账支票也属于债务证明的一种,所以也可以通过银行委托收款。

(二)委托收款的程序

1.委托

收款人办理委托收款应向银行提交委托收款凭证和有关的债务证明。

2.付款

银行接到寄来的委托收款凭证及债务证明,审查无误应向收款人办理付款。以银行为付款人的,银行应在当日将款项主动支付给收款人。以单位为付款人的,银行应及时通知付款人,按照有关办法规定,需要将有关债务证明交给付款人的应交给付款人,并签收。付款人应于接到通知的当日书面通知银行付款。

3.拒绝付款

付款人审查有关债务证明后,对收款人委托收取的款项需要拒绝付款的,可以办理拒绝付款。以银行为付款人的,应自收到委托收款及债务证明的次日起3日内出具拒绝证明连同有关债务证明、凭证寄给被委托银行,转交收款人。以单位为付款人的,应在付款人接到通知日的次日起3日内出具拒绝证明,持有债务证明的,应将其送交开户银行。银行将拒绝证明、债务证明和有关凭证一并寄给被委托银行,转交收款人。

三、银行卡

(一)银行卡的概念和分类

银行卡是指由商业银行(含邮政金融机构)向社会发行的具有消费信用、转账结算、存取现金等全部或部分功能的信用支付工具。

银行卡按是否具有透支功能,分为信用卡和借记卡。信用卡是指记录持卡人账户相关信息,具备银行授信额度和透支功能,并为持卡人提供相关银行服务的各类介质。信用卡按是否向发卡银行交存备用金分为贷记卡、准贷记卡两类。借记卡是指持卡人先将款项存入卡内账户,然后再进行消费的银行卡。借记卡不具备透支功能。借记卡按功能不同分为转账卡(含储蓄卡)、专用卡、储值卡。

(二)银行卡的计息和收费

发卡银行对准贷记卡及借记卡账户内的存款,按照中国人民银行规定的同期同档次存款利息及计息办法计付利息。贷记卡持卡人非现金交易享受免息还款期待遇和最低还款额待遇,享受条件和标准等由发卡机构自主确定。贷记卡持卡人支取现金、准贷记卡持卡人透支,不享受免息还款期和最低还款额待遇。

信用卡透支利率由发卡机构与持卡人自主协商确定,取消信用卡透支利率上下限管理。但是,对于信用卡利率标准,应注明日利率和年利率。

法条链接:
《银行卡业务管理办法》第六条规定:"信用卡按是否向发卡银行交存备用金,分为贷记卡、准贷记卡两类。

贷记卡是指发卡银行给予持卡人一定的信用额度,持卡人可在信用额度内先消费、后还款的信用卡。

准贷记卡是指持卡人须先按发卡银行要求交存一定金额的备用金,当备用金账户余额不足支付时,可在发卡银行规定的信用额度内透支的信用卡。"

发卡机构向持卡人收取的违约金、年费、取现手续费、货币兑换费等服务费用不得计收利息。

(三)银行卡的使用

单位人民币卡账户的资金一律从其基本存款账户转账存入,不得存取现金,不得将销货收入存入单位卡账户。个人人民币卡账户的资金以其持有的现金存入或以其工资性款项、属于个人的合法的劳务报酬、投资回报等收入转账存入。

信用卡预借现金业务包括现金提取、现金转账和现金充值。信用卡持卡人通过自动柜员机(ATM)办理现金提取业务,每卡每日累计不得超过人民币1万元。发卡机构不得将持卡人信用卡预借现金额度内资金划转至其他信用卡,以及非持卡人的银行结算账户或支付账户。

持卡人可通过借记卡存取现金,借记卡自动柜员机(ATM)取款交易上限为每卡每日累计人民币2万元。持卡人可持银行卡在特约单位购物、消费。特约单位不得拒绝受理持卡人合法持有的、签约银行发行的有效银行卡,不得因持卡人使用银行卡而向其收取附加费用。

四、预付卡

(一)预付卡的概念

预付卡是指发卡机构以特定载体和形式发行的,可在发卡机构之外购买商品或服务的预付凭证。预付卡按是否记载持卡人身份信息分为记名预付卡和不记名预付卡。

(二)预付卡的期限

记名预付卡可挂失,可赎回,不得设置有效期。记名预付卡可在购卡3个月后办理赎回。单位购买的记名预付卡,只能由单位办理赎回。除另有规定外,不记名预付卡不挂失,不赎回。不记名预付卡有效期不得低于3年。超过有效期尚有资金余额的预付卡,发卡机构应当提供延期、激活、换卡等服务,保障持卡人继续使用。

(三)预付卡的办理

发卡机构发行的预付卡应当以人民币计价,单张记名预付卡资金限额不超过5000元,单张不记名预付卡资金限额不超过1000元。

个人或单位购买记名预付卡或一次性购买不记名预付卡1万元以上的,应当使用实名并提供有效身份证件。单位一次性购买预付卡5000元以上,个人一次性购买预付卡5万元以上的,应当通过银行转账等非现金结算方式购买。一次性充值5000元以上不得使用现金。购卡人不得使用信用卡购买和充值预付卡。

(四)预付卡的使用

预付卡可在发卡机构拓展、签约的特约商户中使用,不得用于或变相用于提取现金;不得用于购买、交换非本发卡机构发行的预付卡;卡内资金不得向银行账户或向非本发卡机构开立的网络支付账户转移。预付卡不得具有透支功能。

⚠ **特别提示 13-12** 从事零售业、住宿和餐饮业、居民服务业的企业法人也可在境内开展单用途商业预付卡业务。单用途预付卡是指企业发行的，仅限于在本企业或本企业所属集团或同一品牌特许经营体系内兑付货物或服务的预付凭证，包括以磁条卡、芯片卡、纸券等为载体的实体卡和以密码、串码、图形、生物特征信息等为载体的虚拟卡。

五、电子支付

（一）电子支付的概念和种类

电子支付是指单位、个人直接或授权他人通过电子终端发出支付指令，实现货币支付与资金转移的行为。

电子支付的类型按电子支付指令发起方式分为网上支付、电话支付、移动支付、销售点终端交易、自动柜员机交易和其他电子支付。随着应用的不断广泛，电子支付方式也在不断创新，我国目前常见的电子支付方式主要有网上银行、网络支付、条码支付等。

（二）网上银行

网上银行又称网络银行、在线银行，是指银行借助网络和信息技术在互联网上搭建虚拟银行柜台提供金融服务。我国现有的网上银行主要是传统银行利用互联网作为新的服务手段为客户提供在线服务，实际是传统银行服务在互联网上的延伸。

网上银行系统涵盖个人网上银行系统和企业网上银行系统。个人网上银行系统主要功能包括：账户信息查询、人民币转账业务、银证转账业务、外汇买卖业务、账户管理业务和B2C（Business to Customer）网上支付等。企业网上银行系统主要功能包括：账户信息查询、支付指令、B2B（Business to Business）网上支付、批量支付等。

（三）网络支付

网络支付业务是指收款人或付款人通过计算机、移动终端等电子设备，依托公共网络信息系统远程发起支付指令，且付款人电子设备不与收款人特定专属设备交互，由支付机构为收付款人提供货币资金转移服务的活动。支付机构是指依法取得《支付业务许可证》，获准办理网络支付业务的非银行机构。

支付机构为客户开立支付账户的，应当对客户实行实名制管理，登记并采取有效措施验证客户身份基本信息，按规定核对有效身份证件并留存复印件或影印件，建立客户唯一识别编码，并在与客户业务关系存续期间采取持续的身份识别措施，确保有效核实客户身份及其真实意愿，不得开立匿名、假名支付账户。

⚠ **特别提示 13-13** 获得互联网支付业务许可的支付机构，经客户主动提出申请，可为其开立支付账户；仅获得移动电话支付、固定电话支付、数字电视支付业务许可的支付机构，不得为客户开立支付账户。

（四）条码支付

条码支付业务是指银行业金融机构（以下简称银行）、非银行支付机构（以下简称支付机构）应用条码技术，实现收付款人之间货币资金转移的业务活动。条码支付业务包括付款扫码和收款扫码。付款扫码是指付款人通过移动终端识读收款人展示的条码完成支付的行为。收款扫码是指收款人通过识读付款人移动终端展示的条码完成支付的行为。

银行、支付机构提供付款扫码服务，应使用动态条码，设置条码有效期、使用次数等方式，防止条码被重复使用导致重复扣款，确保条码真实有效。开展条码支付业务所设计的业务系统、客户端软件、受理终端（网络支付接口）等，应当持续符合监管部门及行业标准要求，确保条码生成和识读过程的安全性、真实性和完整性。

条码支付的交易验证

法条链接：
《条码支付业务规范（试行）》第五条规定："支付机构不得基于条码技术，从事或变相从事证券、保险、信贷、融资、理财、担保、信托、货币兑换、现金存取等业务。"

课后思考题

1.什么是支付结算？支付结算的原则有哪些？
2.什么是银行结算账户？银行结算账户的种类有哪些？
3.什么是票据权利？票据权利具体包括哪些内容？
4.办理支票的具体程序是什么？
5.什么是预付卡？预付卡的种类有哪些？
6.哪些要素可以用于客户条码支付交易验证？

课后案例

【背景资料】 2023年5月11日某公司在A银行开立基本存款账户，后因于6月15日与B银行签订借款合同，便持相关材料向B银行申请开立了一般存款账户。9月20日，将工会经费存入其在C银行的专用账户。2024年5月20日该公司因经营不善导致破产，在撤销银行结算账户时，先撤销了基本存款账户，后撤销了一般存款账户和专用存款账户。

【问题】

1.该公司在B银行开立的一般存款账户是否符合规定？请说明理由。
2.专用存款账户的使用范围有哪些？
3.该公司在撤销银行账户时是否符合规定？请说明理由。

同步训练

第十四章 税法

内容提示

1. 税收的概念和特征
2. 税收的分类
3. 税法的概念及其构成要素
4. 我国现行主要税种
5. 税收征收管理法

学习目标

★ **知识目标**

1. 掌握税收的特征,税法的构成要素,增值税、消费税、企业所得税、个人所得税的含义及其相关规定和计税方法。
2. 了解税收征收管理法律制度。

★ **能力目标**

1. 确认纳税主体、税种、税率,依法纳税。
2. 配合税务机关的税收征收管理工作。

★ **素养目标**

1. 培养依法纳税意识。
2. 树立正确的价值观,既能够熟知税法,又能够认同法律的价值导向。

课前案例导入

【背景资料】 某作家2023年在某出版社出版一部长篇小说,2月份收到预付稿酬20 000元。10月份将小说手稿在某国公开拍卖,取得拍卖收入90 000元,并按该国有关税法缴纳了个人所得税10 000元。

【问题】 该作家在中国境内应缴纳多少个人所得税(以上货币均为人民币)?

第一节 税法概述

一、税收的概念和特征

(一)税收的概念

税收是国家为实现其职能,凭借政治权力,按照法律规定的标准和程序,无偿取得财政收入的一种特定分配方式。税收体现的是作为主体的国家与纳税人在征税、纳税的利益分配上的一种特定分配关系,它是国家财政收入的主要形式和调节经济的重要杠杆。

(二)税收的特征

税收具有强制性、无偿性、固定性三个特征。

1.强制性

国家以社会管理者的身份,凭借政治权力,通过颁布法律或政令强制征收税收。负有纳税义务的社会集团和社会成员,都必须遵守国家强制性的税收法令,依法纳税,否则,就要受到法律制裁。

2.无偿性

国家凭借政治权力,将社会集团和社会成员的一部分收入收归国家所有,这部分收入即税收。国家不需要向纳税人支付任何报酬或代价,也不再直接偿还给原来的纳税人。

3.固定性

税收是按照国家法令预定的标准征收的,即征税对象、税目、税率、纳税义务人、计算纳税办法和纳税期限等,都是税收法令预先核准了的,有一个比较稳定的适用期限,是国家的一种固定的、连续性的收入。

二、税收的分类

(一)按照征收对象分类

按照征收对象不同,税收可以划分为流转税、所得税、财产税、资源税和行为税。

(1)流转税是以商品生产、商品流通或提供劳动服务的流转额为征税对象的一种税收。包括增值税、消费税和关税等。

(2)所得税也称收益税,是以纳税人的各种收益额为征税对象的一类税收,包括企业所得税、个人所得税。

(3)财产税是以纳税人拥有的财产数量或财产价值为征税对象的一种税收,包括房产税、契税、车船税、土地增值税、城镇土地使用税等。

(4)资源税是以自然资源和某些社会资源为征税对象的一种税收,包括陆地矿产资源税、海洋石油、盐类资源税。

(5)行为税也称特定行为目的税类,是国家为了实现某种特定目的,以纳税人某些特定行为为征税对象的一种税收,包括印花税、城市维护建设税、耕地占用税等。

(二)按照征收管理的分工体系分类

按照征收管理的分工体系不同,税收可以划分为工商税和关税。

(1)工商税是指以工业产品、商业零售、交通运输、服务性业务的流转额为征税对象的各种税收的总称,是我国现行税制的主体部分。工商税由税务机关负责征收管理。

(2)关税是指对进出境的货物、物品征税的总称,主要包括进出口关税,由海关代征的进口环节增值税、消费税和船舶吨税。关税由海关负责征收管理。

(三)按照税收征收权限和收入支配权限分类

按照税收征收权限和收入支配权限不同进行划分,税收分为中央税、地方税、中央和地方共享税。

(1)中央税是指由中央政府财政支配,委托地方政府国家税务局征收、管理的税收,包括关税、消费税和车辆购置税等。

(2)地方税是指由地方政府财政支配、地方税务局征收并管理的税收,包括车船税、城镇土地使用税、城市维护建设税、印花税和契税等。

(3)中央和地方共享税是指中央和地方按比例支配的税收,包括增值税、企业所得税和个人所得税。如:①增值税,除进口环节由海关代征外,其他由国家税务局征收,中央财政支配50%,地方财政支配50%;②企业所得税,除一部分企业所缴纳的税款全部归中央外,其他企业的企业所得税由中央和地方四六分成,即中央财政支配60%,地方财政支配40%。

三、税法的概念及其构成要素

(一)税法的概念

税法即税收法律制度,是国家制定的用于调整国家和纳税人之间在征纳税方面的权利与义务关系的法律规范的总称。

(二)税法的构成要素

税法的构成要素是指税法应当具备的必要因素和内容。一般包括征税人、纳税义务人、征税对象、税目、税率、计税依据、纳税期限、纳税环节、纳税地点、减免税、法律责任等。

> ⚠ **特别提示 14-1** 纳税义务人、征税对象和税率是构成税法的三个最基本的要素。

(1)征税人是指代表国家行使税收征管职权的各级税务机关和其他征收机关。因税种的不同,可能有不同的征税人,如国家税务局和地方税务局分别行使不同的征管职权。

(2)纳税义务人也称纳税人,是指税法规定的直接负有纳税义务的单位或个人。纳税义务人可以是自然人,也可以是法人或其他经济组织和社会组织。纳税义务人是税收制度中区别不同税种的重要标志之一,因此,每个税种都应明确规定各自的纳税义务人。

(3)征税对象又称课税对象,是指对什么征税,是税收法律关系中权利与义务共同指向的对象。征税对象包括物或行为,它是区别不同类型税种的主要标志。

(4)税目是指税法中规定的征税对象的具体项目,是征税的具体根据,它规定了征税对象的具体范围。

(5)税率是指对征税对象的征收比例或征收额度,它是计算税额的尺度。税率是税法的核心要素。目前我国现行税率主要有比例税率、定额税率、累进税率。

(6)计税依据又称计税标准,是指计算应纳税额的依据或标准,即根据什么来计算纳税人应纳税额。计税依据可以分为从价计征、从量计征、复合计征三种形式。

(7)纳税期限是指纳税人发生纳税义务后,应依法缴纳税款的期限。纳税期限可以分为按期纳税和按次纳税两种。

(8)纳税环节是指税法规定的征税对象在从生产到消费的流转过程中应当缴纳税款的环节。

(9)纳税地点是指纳税人依据税法规定向征税机关申报纳税的具体地点。税法规定的纳税地点主要有机构所在地、经济活动发生地、不动产所在地、报关地等。

(10)减免税是指国家对某些纳税人和征税对象给予鼓励和照顾的一种特殊规定。它主要包括三方面的内容:减税和免税、起征点、免征额。

(11)法律责任是指对违反税法规定的行为人采取的处罚措施。因违反税法而应承担的法律责任包括行政责任和刑事责任。

【例 14-1】 税收与费有什么区别?

【解析】 (1)税收具有无偿性,而费则具有有偿性。费是向受益者收取的代价,是提供某种服务或准许某种作用权力而获得的补偿。

(2)征收的主体不同。税收的征收主体是代表国家的各级税务机关和海关;而费的征收主体有的是政府部门,有的是事业单位,有的是经济部门。

(3)税收具有稳定性,而费则具有灵活性。税法一经制定对全国有统一效力,相对具有稳定性;而费的收取一般由不同部门、不同地区根据实际情况灵活确定,具有灵活性。

(4)两者的使用方向不一。税收收入由国家预算统一安排使用,用于固定资产投资、物资储备及文教、行政、国防、援外等支出;而费一般有专门的用途,专款专用。

第二节 我国现行主要税种

根据我国税收法律制度的规定,我国现行的税种主要有:增值税、消费税、车辆购置税、关税、企业所得税、个人所得税、土地增值税、房产税、城镇土地使用税、耕地占用税、契税、资源税、车船税、船舶吨税、印花税、城市维护建设税、烟叶税等。下面介绍增值税、消费税、企业所得税、个人所得税四种常见的税种。

一、增值税

增值税是以应税货物和应税劳务新增加的价值(增值额)作为征税对象的一种税收。所谓增值额,是指纳税人在我国境内销售货物或者加工、修理修配劳务(以下简称劳动)销售服务、无形资产、不动产以及进口货物过程中新增加的价值额,即所取得的收入大于所购进商品或者取得劳务时所支付的金额的差额。

2016年5月1日起,我国营改增工作全面展开,建筑业、房地产业、金融业、生活服务等全部营业税纳税人,由缴纳营业税改为缴纳增值税。

> ⚠️ **特别提示 14-2** 营改增是指以前缴纳营业税的应税项目改成缴纳增值税。营改增的最大特点是减少重复征税,可以促使社会形成更好的良性循环,有利于企业降低税负。2011年,经国务院批准,财政部、国家税务总局联合下发营业税改增值税试点方案。2012年底,国务院扩大营改增试点至10省市;2013年把营改增范围推广到全国试行,将广播影视服务业纳入试点范围;2014年将铁路运输和邮政服务业纳入营改增试点,至此交通运输业已全部纳入营改增范围;2016年5月1日,营改增工作全面展开,将建筑业、房地产业、金融业、生活服务业全部纳入营改增试点。2017年10月30日,国务院第191次常务会议通过《国务院关于废止〈中华人民共和国营业税暂行条例〉和修改〈中华人民共和国增值税暂行条例〉的决定》,至此,营业税退出历史舞台,增值税制度更加规范。

(一)纳税主体

根据2017年10月30日国务院第191次常务会议通过的《国务院关于废止〈中华人民共和国营业税暂行条例〉和修改〈中华人民共和国增值税暂行条例〉的决定》的第一条,在中华人民共和国境内销售货物或者提供加工、劳务、服务、无形资产、不动产以及进口货物的单位和个人,为增值税的纳税人(以下简称纳税人),应当依照本条例缴纳增值税。

纳税人分为一般纳税人和小规模纳税人。

1.一般纳税人

(1)生产货物或者提供应税劳务的纳税人,以及以生产货物或者提供应税劳务为主(纳税人的货物生产或者提供应税劳务的年销售额占应税销售额的比重在50%以上),并兼营货物批发或者零售的纳税人,年应税销售额超过50万元的。

(2)从事货物批发或者零售经营,年应税销售额超过80万元的。

(3)营改增后,年应税销售额超过500万元的。

(4)年应税销售额未超过规定标准的纳税人,会计核算健全,能够提供准确税务资料的,可以向主管税务机关办理一般纳税人资格登记,成为一般纳税人。

2.小规模纳税人

(1)从事货物生产或者提供应税劳务的纳税人,以及以从事货物生产或者提供应税劳务为主(纳税人的货物生产或者提供应税劳务的年销售额占年应税销售额的比重在50%以上),并兼营货物批发或者零售的纳税人,年应税销售额在50万元及以下的。

(2)除上述规定以外的纳税人,年应税销售额在80万元及以下的。

(3)营改增后,年应税销售额未超过500万元的。

(4)非企业性单位、不经常提供应税服务的企业和个体工商户可选择按照小规模纳税人纳税。

(二)征税范围

凡在我国境内销售货物、劳务、服务、无形资产、不动产以及进口货物的,均属于增值税的征收范围。

1.销售货物

货物是增值税的基本课税对象,具体是指土地、房屋和其他建筑物等不动产之外的有形动产,包括电力、热力、气体在内,不包括无形资产。

2.销售劳务

销售劳务指销售加工、修理修配劳动。加工是指委托方提供原料和主要材料,受托方按照委托方的要求制造货物并收取加工费的业务。修理修配是指接受委托对损坏或丧失功能的物品进行修复,使其恢复原状和功能的业务。

3.销售服务

销售服务是指提供交通运输服务、邮政服务、电信服务、建筑服务、金融服务、现代服务、生活服务。

4.销售无形资产

销售无形资产是指有偿转让无形资产,是转让无形资产所有权或者使用权的业务活动。无形资产是指不具有实物形态,但能带来经济利益的资产,包括技术、商标、著作权、商誉、自然资源使用权和其他权益性无形资产。技术包括专利技术和非专利技术。自然资源使用权包括土地使用权、海域使用权、探矿权、采矿权、取水权和其他自然资源使用权。其他权益性无形资产,包括基础设施资产经营权(例如高速公路经营权)、公共事业特许权、配额、经营权(包括特许经营权、连锁经营权、其他经营权)、经销权、分销权、代理权、会员权、席位权、网络游戏虚拟道具、域名、名称权、肖像权、冠名权、转会费等。

5.销售不动产

销售不动产是指有偿转让不动产,是转让不动产所有权的业务活动。不动产是指不能移动或者移动后会引起性质、形状改变的财产,包括建筑物和构筑物等。建筑物包括住宅、商业营业用房、办公楼等可供居住、工作或者进行其他活动的建造物。构筑物包括道路、桥梁、隧道、水坝等建造物。转让建筑物有限产权或者永久使用权的,转让在建的建筑物或者构筑物所有权的,以及在转让建筑物或者构筑物时一并转让其所占土地的使用权的,按照销售不动产缴纳增值税。有偿是指取得货币、货物或者其他经济利益。

6.进口货物

进口货物是指申报进口中国海关的货物。我国增值税法规定,只要是报关进口的应税货物,均属于增值税的征税范围,除享受免税政策外,在进口环节缴纳增值税。

(三)特殊经营情况的税务处理

1.兼营行为

纳税人销售货物、劳务、服务、无形资产、不动产适用不同税率或者征收率的,应分别核算适用不同税率或者征收率的销售额,未分别核算销售额的,从高适用税率。

2.视同销售

以下行为在《中华人民共和国增值税暂行条例》(以下简称《增值税暂行条例》)中被视同销售货物,均要征收增值税:

(1)将货物交由他人代销。

(2)代他人销售货物。

(3)将货物从一地移送至另一地(同一县、市除外)。

(4)将自产或委托加工的货物用于非应税项目。

(5)将自产、委托加工或购买的货物作为对其他单位的投资。

(6)将自产、委托加工或购买的货物分配给股东或投资者。

(7)将自产、委托加工的货物用于职工福利或个人消费。

(8)将自产、委托加工或购买的货物无偿赠送他人。

(9)单位或者个体工商户向其他单位或者个人无偿提供服务,但用于公益事业或者以社会公益为对象的除外。

(10)单位或者个人向其他单位或者个人无偿转让无形资产或者不动产,但用于公益事业或者以社会公益为对象的除外。

(11)财政部和国家税务总局规定的其他情形。

3.混合销售

一项销售行为如果既涉及服务,又涉及货物,为混合销售行为。从事货物的生产、批发或者零售的单位和个体工商户的混合销售行为,按照销售货物缴纳增值税;其他单位和个体工商户的混合销售行为,按照销售服务缴纳增值税。

4.兼营

纳税人兼营免税、减税项目的,应当分别核算免税、减税项目的销售额;未分别核算的,不得免税、减税。

【例 14-2】 下列行为中,不属于视同销售货物征收增值税的是(   )。

A.将外购货物分配给投资者　　　　B.将外购货物用于集体福利

C.将外购货物无偿赠送他人　　　　D.将外购货物作为投资提供给个体工商户

【解析】 答案 B。对于外购的货物用于集体福利,不视同销售货物,而是其进项税额不得抵扣。

(四)增值税税率和征收率

我国的增值税计征方式目前有两种:一般纳税人正常实行按比例税率征收增值税,有13%、9%、6%和零税率4档;小规模纳税人以及一般纳税人选择经营办法计税的发生应税销售行为,实行按照销售额和征收率计算应纳税额的简易办法。

1.增值税税率

(1)纳税人销售货物、劳务、有形动产租赁服务或进口货物,除第(2)项、第(4)项、第(5)项另有规定外,税率为13%。

(2)纳税人销售交通运输、邮政、基础电信、建筑、不动产租赁服务,销售不动产,转让土地使用权,销售或者进口下列货物,税率为9%:

①粮食等农产品、食用植物油、食用盐;

②自来水、暖气、冷气、热水、煤气、石油液化气、天然气、二甲醚、沼气、居民用煤炭制品;

③图书、报纸、杂志、音像制品、电子出版物;

④饲料、化肥、农药、农机、农膜;

⑤国务院规定的其他货物。

(3)纳税人销售增值电信服务、金融服务、现代服务(除有形动产租赁服务和不动产租赁服务外)、生活服务、销售无形资产(除转让土地使用权外)的,税率为6%。

(4)纳税人出口货物,增值税率为零;国务院另有规定的除外。

(5)境内单位和个人跨境销售国务院规定范围内的服务、无形资产,增值税率为零,包括国际运输服务、航天运输服务、向境外单位提供的完全在境外消费的服务及财政部和国家税务总局规定的其他服务。

2.征收率

增值税小规模纳税人以及采用简易计税的一般纳税人计算税款时使用征收率,除了财政部和国家税务总局另有规定的外,目前增值税征收率一共有 4 档,分别为 0.5％、1％、3％ 和 5％,不过一般是 3％。

增值税征收率

(五)增值税的计算方法

1.一般纳税人应纳税额的计算

一般纳税人销售货物、劳务、服务、无形资产、不动产,其应纳税额适用"扣税法"。其计算公式为

应纳税额＝当期销项税额－当期进项税额

销项税额＝不含税销售额×适用税率

不含税销售额＝含税销售额÷(1＋税率)

销项税额是指纳税人提供应税服务按照销售额和适用税率计算的增值税额。

进项税额是指纳税人购进货物、劳务、服务、无形资产或者不动产,支付或者负担的增值税税额。

【例 14-3】 A 公司 4 月购买甲产品支付货款 10 000 元,增值税进项税额为 1 300 元,取得增值税专用发票。销售甲产品含税销售额为 22 600 元。A 公司销售甲产品的应纳税额是多少?

【解析】 进项税额＝1 300(元)

销项税额＝22 600/(1＋13％)×13％＝2 600(元)

应纳税额＝2 600－1 300＝1 300(元)

2.小规模纳税人应纳税额的计算

小规模纳税人销售货物或者提供应税劳务的应纳税额适用简易计税方法计算,其计算公式为

应纳税额＝销售额×征收率

销售额＝含税销售额÷(1＋征收率)

3.进口货物应纳税额的计算

进口货物的纳税人,无论是一般纳税人还是小规模纳税人,均应按照组成计税价格和规定的税率计算应纳税额,不得抵扣进项税额。其计算公式为

应纳税额＝组成计税价格×税率

(六)增值税税收减免

我国增值税税收减免的项目很多,《增值税暂行条例》第十五条规定,下列项目免征增值税:

(1)农业生产者销售的自产农产品;

(2)避孕药品和用具;

(3)古旧图书;

(4)直接用于科学研究、科学试验和教学的进口仪器、设备;

(5)外国政府、国际组织无偿援助的进口物资和设备;

(6)由残疾人的组织直接进口供残疾人专用的物品;

法条链接:

《增值税暂行条例》第十条规定:"下列项目的进项税额不得从销项税额中抵扣:

(一)用于简易计税方法计税项目、免征增值税项目、集体福利或者个人消费的购进货物、劳务、服务、无形资产和不动产;

(二)非正常损失的购进货物,以及相关的劳务和交通运输服务;

(三)非正常损失的在产品、产成品所耗用的购进货物(不包括固定资产)、劳务和交通运输服务;

(四)国务院规定的其他项目。"

(7)销售的自己使用过的物品。

> ⚠ **特别提示 14-3** 除前款规定外,增值税的免税、减税项目由国务院规定。任何地区、部门均不得规定免税、减税项目。

二、消费税

消费税是指对特定的消费品和消费行为在特定的环节征收的一种流转税,具体地说,是指对从事生产、委托加工及进口应税消费品的单位或个人,就其消费品的消费额或消费数量或销售额与销售数量相结合征收的一种流转税。

(一)纳税主体

消费税的纳税人是在我国境内生产、委托加工和进口《中华人民共和国消费税暂行条例》(以下简称《消费税暂行条例》)(1993年12月13日中华人民共和国国务院令第135号发布,2008年11月5日国务院第34次常务会议修订通过,自2009年1月1日起施行)规定的消费品的单位或个人,具体指在我国境内生产、委托加工、零售和进口应税消费品的国有企业、集体企业、私有企业、股份制企业、其他企业、行政单位、事业单位、军事单位、社会团体和其他单位、个体经营者及其他个人。《国务院关于外商投资企业和外国企业适用增值税、消费税、营业税等税收暂行条例有关问题的通知》规定,在我国境内生产、委托加工、零售和进口应税消费品的外商投资企业和外国企业,也是消费税的纳税人。

法条链接：
《消费税暂行条例》第一条规定："在中华人民共和国境内生产、委托加工和进口本条例规定的消费品的单位和个人,以及国务院确定的销售本条例规定的消费品的其他单位和个人,为消费税的纳税人,应当依照本条例缴纳消费税。"

(二)征税范围

《消费税暂行条例》明确规定了消费税的应税消费品:

(1)过度消费会对人类健康、社会秩序、生态环境等造成危害的特殊消费品,包括烟、酒、鞭炮与焰火、木制一次性筷子、实木地板、铅蓄电池、涂料等。

(2)奢侈品、非生活必需品。包括贵重首饰及珠宝玉石、化妆品、高尔夫球及球具、高档手表、游艇。

(3)高能耗及高档消费品,包括游艇、摩托车、小汽车。

(4)使用和消耗后不可再生和替代的稀缺资源的消费品,包括成品油等。

> ⚠ **特别提示 14-4** 为进一步完善消费税制度,维护税制公平统一,更好发挥消费税引导健康消费的作用,2022年10月2日,财政部、海关总署、国家税务总局联合发布《关于对电子烟征收消费税的公告》,自2022年11月1日起,电子烟纳入消费税征收范围,电子烟是指用于产生气溶胶供人抽吸等的电子传输系统,包括烟弹、烟具以及烟弹与烟具组合销售的电子烟产品。

（三）消费税税目和税率（表 14-1）

表 14-1 消费税税目和税率

税　目	税　率
一、烟	
1.卷烟	
(1)工业	
①甲类卷烟(调拨价 70 元(不含增值税)/条以上(含 70 元))	56％＋0.003 元/支(生产环节)
②乙类卷烟(调拨价 70 元(不含增值税)/条以下)	36％＋0.003 元/支(生产环节)
(2)商业批发	11％＋0.005 元/支
2.雪茄烟	36％
3.烟丝	30％
4.电子烟	
(1)工业	36％
(2)商业批发	11％
二、酒	
1.白酒	20％＋0.5 元/500 克(或者 500 毫升)
2.黄酒	240 元/吨
3.啤酒	
(1)甲类啤酒(出厂价格 3 000 元(不含增值税)/吨以上(含 3 000 元))	250 元/吨
(2)乙类啤酒(出厂价格 3 000 元(不含增值税)/吨以下)	220 元/吨
4.其他酒	10％
三、高档化妆品	15％
四、贵重首饰及珠宝玉石	
1.金银首饰、铂金首饰和钻石及钻石饰品	5％
2.其他贵重首饰和珠宝玉石	10％
五、鞭炮、焰火	15％
六、成品油	
1.汽油	1.52 元/升
2.柴油	1.20 元/升
3.航空煤油	1.20 元/升
4.石脑油	1.52 元/升
5.溶剂油	1.52 元/升
6.润滑油	1.52 元/升
7.燃料油	1.20 元/升
七、摩托车	
1.气缸容量(排气量,下同)在 250 毫升(只这一个容量)的	3％
2.气缸容量在 250 毫升以上的	10％

续表

税　目	税　率
八、小汽车	
1.乘用车	
(1)气缸容量在 1.0 升(含 1.0 升)以下的	1%
(2)气缸容量在 1.0 升以上至 1.5 升(含 1.5 升)的	3%
(3)气缸容量在 1.5 升以上至 2.0 升(含 2.0 升)的	5%
(4)气缸容量在 2.0 升以上至 2.5 升(含 2.5 升)的	9%
(5)气缸容量在 2.5 升以上至 3.0 升(含 3.0 升)的	12%
(6)气缸容量在 3.0 升以上至 4.0 升(含 4.0 升)的	25%
(7)气缸容量在 4.0 升以上的	40%
2.中轻型商用客车	5%
3.超豪华小汽车	按子税目 1 和子税目 2 的规定征收，零售环节 10%
九、高尔夫球及球具	10%
十、高档手表	20%
十一、游艇	10%
十二、木制一次性筷子	5%
十三、实木地板	5%
十四、铅蓄电池	4%
十五、涂料	4%

(四)消费税应纳税额的计算方法

消费税计税方法主要有从价定率计税、从量定额计税、从价定率和从量定额复合计税(以下简称复合计税)三种方式。

(1)从价定率计税。计算公式为

$$应纳税额＝应税消费品的销售额×比例税率$$

应税消费品的销售额是纳税人销售应税消费品向购买方收取的全部价款和价外费用，不包括应向购货方收取的增值税税款。价外费用是指价外收取的基金、集资费、返还利润等各种性质的价外收费。

> **⚠ 特别提示 14-5**　如果纳税人应税消费品的销售额中未扣除增值税税款或者因不得开具增值税专用发票而发生价款和增值税税款合并计算的，在计算消费税时，应将含税销售额换算成不含增值税税款的销售额。
>
> 换算公式为
>
> $$应税消费品的销售额＝含增值税的销售额÷(1＋增值税税率或征收率)$$

(2)从量定额计税。计算公式为

$$应纳税额＝应税消费品的销售数量×定额税率$$

(3)复合计税。现行消费税的征税范围中,只有卷烟、白酒采用该计税方法。计算公式为

$$应纳税额 = 应税消费品的销售额 \times 比例税率 + 应税消费品的销售数量 \times 定额税率$$

税法对应税消费品已纳税款的扣除另有规定。应税消费品若是用外购已缴纳消费税的应税消费品连续生产出来的,在对这些连续生产出来的应税消费品征税时,按当期生产领用数量计算准予扣除的外购应税消费品已缴纳的消费税税款。

三、企业所得税

企业所得税是指在中国境内设立的企业和其他取得收入的组织(以下统称企业)以其生产经营所得和其他所得作为征税对象而征收的一种税。但个人独资企业、合伙企业除外。

(一)纳税主体

企业所得税的纳税主体为在我国境内实行独立核算的企业或者组织,包括居民企业和非居民企业。

(1)居民企业是指依法在中国境内成立,或者依照外国(地区)法律成立但实际管理机构在中国境内的企业。居民企业在中国境内、境外所得应缴纳企业所得税。

(2)非居民企业是指依照外国(地区)法律成立且实际管理机构不在中国境内,但在中国境内设立机构、场所的,或者在中国境内未设立机构、场所,但有来源于中国境内所得的企业。

非居民企业在中国境内未设立机构、场所的,或者虽然设立机构、场所但取得的所得与其所设机构、场所没有实际联系的,应当就其来源于中国境内的所得缴纳企业所得税。

【例14-4】 依据《企业所得税法》的规定,判定居民企业的标准有( )。

A. 登记注册地标准
B. 所得来源地标准
C. 经营行为实际发生地标准
D. 实际管理机构所在地标准

【解析】 答案 AD。居民企业是指依法在中国境内成立,或者依照外国(地区)法律成立但实际管理机构在中国境内的企业。《企业所得税法》采用了"登记注册地标准"和"实际管理机构所在地标准"两个衡量标准,对居民企业和非居民企业做了明确界定。

法条链接:
《中华人民共和国企业所得税法实施条例》第一条规定:"根据《中华人民共和国企业所得税法》(以下简称《企业所得税法》)的规定,制定本条例。"

第二条规定:"企业所得税法第一条所称个人独资企业、合伙企业,是指依照中国法律、行政法规成立的个人独资企业、合伙企业。"

(二)征税范围

企业每一纳税年度的收入总额,减除不征税收入、免税收入、各项扣除以及允许弥补的以前年度亏损后的余额,为应纳税所得额。

应纳税所得额=收入总额-不征税收入-免税收入-各项扣除-允许弥补的以前年度亏损

1. 收入总额

企业以货币形式和非货币形式从各种来源取得的收入,为收入总额。包括:销售货物收入;提供劳务收入;转让财产收入;股息、红利等权益性投资收入;利息收入;租金收入;特许权使用费收入;接受捐赠收入;其他收入。

2. 不征税收入

(1)财政拨款;

(2)依法收取并纳入财政管理的行政事业性收费、政府性基金;

(3)国务院规定的其他不征税收入。

(三)所得税税率

企业所得税的基本税率为25%。非居民企业取得《企业所得税法》规定的所得,适用税率为20%。

(四)应纳企业所得税额的计算方法

企业所得税的计税依据是企业的应纳税所得额,所谓应纳税所得额,是指企业每一纳税年度的收入总额与税法规定的准予扣除项目金额的差额。应纳企业所得税额的计算公式为

应纳企业所得税额=应纳税所得额×适用税率-减免和抵免的税额

(五)企业所得税税收优惠

我国企业所得税的税收优惠包括免税收入、可以减免税的所得、优惠税率、民族区域自治地区的减免税、加计扣除、抵扣应纳税所得额、加速折旧、剪辑收入、抵免应纳税额和其他专项优惠政策。企业同时从事适用不同企业所得税待遇的项目的,其优惠项目应当单独计算所得,并合理分摊企业的期间费用;没有单独计算的,不得享受企业所得税税收优惠。下面介绍不同类型企业的税收优惠。

(1)符合条件的小型微利企业,减按20%的税率征收企业所得税。小型微利企业是指从事国家非限制和禁止行业,且同时符合年度应纳税所得额不超过300万元、从业人数不超过300人、资产总额不超过5 000万元三个条件的企业。

2023年1月1日至2027年12月31日,对小型微利企业减按25%计入应纳税所得额,按20%的税率缴纳企业所得税(实际税率为5%)。

(2)国家需要重点扶持的高新技术企业,减按15%的税率征收企业所得税。

(3)自2017年1月1日起,在全国范围内对经认定的技术先进型服务企业(服务贸易类),减按15%的税率征收企业所得税。

(4)自2020年1月1日起,国家鼓励的集成电路线宽小于28纳米(含),且经营期在15年以上的集成电路生产企业或项目,第一年至第十年免征企业所得税。国家鼓励的集成电路线宽小于65纳米(含),且经营期在15年以上的集成电路生产企业或项目,第一年至第五年免征企业所得税,第六年至第十年按照25%的法定税率减半征收企业所得税。国家鼓励的集成电路线宽小于130纳米(含),且经营期在10年以上的集成电路生产企业或项目,第一年至第二年免征企业所得税,第三年至第五年按照25%的法定税率减半征收企业所

得税。

(5)2019年1月1日至2027年12月31日,经营性文化事业单位转制为企业,自转制注册之日起5年内免征企业所得税。企业在2027年12月31日享受该政策不满5年的,可继续享受至期满为止。

(6)2024年1月1日至2027年12月31日,对符合条件从事污染防治的第三方企业,减按15%的税率征收企业所得税。

四、个人所得税

个人所得税是指对个人(自然人)取得的各项应税所得额征收的一种税。税收是调节完善分配制度的有效手段,二十大报告指出,完善个人所得税制度,规范收入分配秩序,规范财富积累机制,保护合法收入,调节过高收入,取缔非法收入。由此可见,税收作为增进民生福祉的重要手段,我国将进一步加大其调节力度。

(一)纳税主体

个人所得税纳税人,包括个人、个体工商户、个人独资企业投资人和合伙企业的个人合伙人。根据住所和居住时间可将其分为居民个人和非居民个人。在中国境内有住所或者无住所而一个纳税年度内在中国境内居住累计满183天的个人,为居民个人从中国境内和境外取得的所得,依照《中华人民共和国个人所得税法》(以下简称《个人所得税法》)规定缴纳个人所得税。

在中国境内无住所又不居住或者无住所而一个纳税年度内在中国境内居住累计不满183天的个人,为非居民个人从中国境内取得的所得,依照《个人所得税法》规定缴纳个人所得税。

(二)征税范围

(1)工资、薪金所得。
(2)劳务报酬所得。
(3)稿酬所得。
(4)特许权使用费所得。
(5)经营所得。
(6)利息、股息、红利所得。
(7)财产租赁所得。
(8)财产转让所得。
(9)偶然所得。

(三)个人所得税税率

1.综合所得

居民个人每一纳税年度内取得的综合所得包括:工资、薪金所得;劳务报酬所得;稿酬所得;特许权使用费所得。综合所得适用3%~45%的超额累进税率。具体税率见表14-2。

法条链接:
《中华人民共和国个人所得税法实施条例》第二条规定:"个人所得税法所称在中国境内有住所,是指因户籍、家庭、经济利益关系而在中国境内习惯性居住;所称从中国境内和境外取得的所得,分别是指来源于中国境内的所得和来源于中国境外的所得。"

表 14-2　　　　　　　　个人所得税税率表一（综合所得适用）

级数	全年应纳税所得额	税率/%
1	不超过 36 000 元的	3
2	超过 36 000 元至 144 000 元的部分	10
3	超过 144 000 元至 300 000 元的部分	20
4	超过 300 000 元至 420 000 元的部分	25
5	超过 420 000 元至 660 000 元的部分	30
6	超过 660 000 元至 960 000 元的部分	35
7	超过 960 000 元的部分	45

注：①本表所称全年应纳税所得额是指依照法律规定，居民个人取得综合所得以每一纳税年度收入额减除费用 6 万元以及专项扣除、专项附加扣除和依法确定的其他扣除后的余额。

②非居民个人取得工资、薪金所得，劳务报酬所得，稿酬所得和特许权使用费所得，依照本表按月换算后计算应纳税额。

2. 经营所得

经营所得适用 5%～35% 的超额累进税率。具体税率见表 14-3。

表 14-3　　　　　　　　个人所得税税率表二（经营所得适用）

级数	全年应纳税所得额	税率/%
1	不超过 30 000 元的	5
2	超过 30 000 元至 90 000 元的部分	10
3	超过 90 000 元至 300 000 元的部分	20
4	超过 300 000 元至 500 000 元的部分	30
5	超过 500 000 元的部分	35

注：本表所称全年应纳税所得额是指依照法律规定，以每一纳税年度的收入总额减除成本、费用以及损失后的余额。

3. 利息、股息、红利所得，财产租赁所得，财产转让所得和偶然所得

利息、股息、红利所得，财产租赁所得，财产转让所得和偶然所得，适用比例税率，税率为 20%。

（四）个人所得税应纳税所得额的确定

个人所得税的计税依据是纳税人取得的应纳税所得额。应纳税所得额为个人取得的各项收入减去《个人所得税法》规定的费用扣除金额和减免税收入后的余额。由于个人所得税的应税项目不同，扣除费用标准也各不相同，需要按不同应税项目分项计算。

应纳税所得额确定方式如下：

(1)居民个人的综合所得，以每一纳税年度的收入额减除费用 6 万元以及专项扣除、专项附加扣除和依法确定的其他扣除后的余额，为应纳税所得额。综合所得包括工资、薪金所得，劳务报酬所得，稿酬所得，特许权使用费所得四项。劳务报酬所得、稿酬所得、特许权使用费所得以收入减除 20% 的费用后的余额为收入额。稿酬所得的收入额减按 70% 计算。

①专项扣除包括居民个人按照国家规定的范围和标准缴纳的基本养老保险、基本医疗保险、失业保险等社会保险费和住房公积金等。

②专项附加扣除包括子女教育、继续教育、大病医疗、住房贷款利息或者住房租金、赡养老人等支出。

③其他扣除包括个人缴付符合国家规定的企业年金、职业年金,个人购买符合国家规定的商业健康保险、税收递延型商业养老保险的支出,以及国务院规定可以扣除的其他项目。

专项扣除、专项附加扣除和依法确定的其他扣除,以居民个人一个纳税年度的应纳税所得额为限额,一个纳税年度扣除不完的,不结转以后年度扣除。

(2)非居民个人的工资、薪金所得,以每月收入额减除费用5 000元后的余额为应纳税所得额;劳务报酬所得、稿酬所得、特许权使用费所得,以每次收入额为应纳税所得额。

(3)经营所得,以每一纳税年度的收入总额减除成本、费用以及损失后的余额,为应纳税所得额。

(4)财产租赁所得,每次收入不超过4 000元的,减除费用800元;4 000元以上的,减除20%的费用,其余额为应纳税所得额。

(5)财产转让所得,以转让财产的收入额减除财产原值和合理费用后的余额,为应纳税所得额。

(6)利息、股息、红利所得和偶然所得,以每次收入额为应纳税所得额。

(五)个人所得税应纳税额的计算

1.综合所得应纳税额的计算

综合所得应纳税额的计算公式为:

应纳税额=应纳税所得额×适用税率-速算扣除数
　　　　=(每一纳税年度的收入额-费用6万元-专项扣除-专项附加扣除
　　　　-依法确定的其他扣除)×适用税率-速算扣除数

2.扣缴义务人对居民个人工资、薪金所得,劳务报酬所得,稿酬所得,特许权使用费所得预扣预缴个人所得税的计算

(1)扣缴义务人向居民个人支付工资、薪金所得时,应当按照累计预扣法计算预扣税款,并按月办理全员全额扣缴申报。累计预扣法是指扣缴义务人在一个纳税年度内预扣预缴税款时,以纳税人在本单位截至当前月份工资、薪金所得累计收入减除累计免税收入、累计减除费用、累计专项扣除、累计专项附加扣除和累计依法确定的其他扣除后的余额为累计预扣预缴应纳税所得额,计算累计应预扣预缴税额,再减除累计减免税额和累计已预扣预缴税额,其余额为本期应预扣预缴税额。余额为负值时,暂不退税。纳税年度终了后余额仍为负值时,由纳税人通过办理综合所得年度汇算清缴,税款多退少补。

具体计算公式如下:

本期应预扣预缴税额=(累计预扣预缴应纳税所得额×预扣率-速算扣除数)-累计减免税额-累计已预扣预缴税额

累计预扣预缴应纳税所得额=累计收入-累计免税收入-累计减除费用-累计专项扣除-累计专项附加扣除-累计依法确定的其他扣除

其中,累计减除费用,按照5 000元/月乘以纳税人当年截至本月在本单位的任职受雇月份数计算。

上述公式中,计算居民个人工资、薪金所得预扣预缴税额的预扣率、速算扣除数,按表14-4执行。

表 14-4　　个人所得税预扣率表一（居民个人工资、薪金所得预扣预缴适用）

级数	累计预扣预缴应纳税所得额	预扣率/%	速算扣除数
1	不超过 36 000 元的部分	3	0
2	超过 36 000 元至 144 000 元的部分	10	2 520
3	超过 144 000 元至 300 000 元的部分	20	16 920
4	超过 300 000 元至 420 000 元的部分	25	31 920
5	超过 420 000 元至 660 000 元的部分	30	52 920
6	超过 660 000 元至 960 000 元的部分	35	85 920
7	超过 960 000 元的部分	45	181 920

自 2020 年 7 月 1 日起，对一个纳税年度内首次取得工资、薪金所得的居民个人，扣缴义务人在预扣预缴个人所得税时，可按照 5 000 元/月乘以纳税人当年截至本月月份数计算累计减除费用。首次取得工资、薪金所得的居民个人是指自纳税年度首月起至新入职时，未取得工资、薪金所得或者未按照累计预扣法预扣预缴过连续性劳务报酬所得个人所得税的居民个人。

(2)扣缴义务人向居民个人支付劳务报酬所得、稿酬所得、特许权使用费所得，按次或者按月预扣预缴个人所得税。劳务报酬所得、稿酬所得、特许权使用费所得，属于一次性收入的，以取得该项收入为一次；属于同一项目连续性收入的，以一个月内取得的收入为一次。具体预扣预缴方法如下：

劳务报酬所得、稿酬所得、特许权使用费所得以收入减除费用后的余额为收入额。

其中，稿酬所得的收入额减按 70% 计算。

减除费用：劳务报酬所得、稿酬所得、特许权使用费所得每次收入不超过 4 000 元的，减除费用按 800 元计算；每次收入 4 000 元以上的，减除费用按 20% 计算。

应纳税所得额：劳务报酬所得、稿酬所得、特许权使用费所得，以每次收入额为预扣预缴应纳税所得额。

劳务报酬所得适用 20%～40% 的超额累进预扣率，见"个人所得税预扣率表二"（表 14-5），稿酬所得、特许权使用费所得适用 20% 的比例预扣率。

劳务报酬所得应预扣预缴税额＝预扣预缴应纳税所得额×预扣率－速算扣除数

稿酬所得、特许权使用费所得应预扣预缴税额＝预扣预缴应纳税所得额×20%

表 14-5　　个人所得税预扣率表二（居民个人劳务报酬所得预扣预缴适用）

级数	累计预扣预缴应纳税所得额	预扣率/%	速算扣除数
1	不超过 20 000 元的部分	20	0
2	超过 20 000 元至 50 000 元的部分	30	2 000
3	超过 50 000 元的部分	40	7 000

自 2020 年 7 月 1 日起，正在接受合同制学历教育的学生因实习取得劳务报酬所得的，扣缴义务人预扣预缴个人所得税时，可按累计预扣法计算并预扣预缴税款。

居民个人工资、薪金所得，劳务报酬所得，稿酬所得，特许权使用费所得年度预扣预缴税额与年度应纳税额不一致的，由居民个人于次年 3 月 1 日至 6 月 30 日向主管税务机关办理综合所得年度汇算清缴，税款多退少补。

3. 扣缴义务人对非居民个人工资、薪金所得,劳务报酬所得,稿酬所得,特许权使用费所得扣缴个人所得税的计算

扣缴义务人向非居民个人支付工资、薪金所得,劳务报酬所得,稿酬所得和特许权使用费所得时,应当按以下方法按月或者按次代扣代缴个人所得税:

非居民个人的工资、薪金所得,以每月收入额减除费用5 000元后的余额为应纳税所得额;劳务报酬所得、稿酬所得、特许权使用费所得,以每次收入额为应纳税所得额,适用按月换算后的非居民个人月度税率表,见"个人所得税预扣率表三"(表14-6),计算应纳税额。其中,劳务报酬所得、稿酬所得、特许权使用费所得以收入减除20%的费用后的余额为收入额。稿酬所得的收入额减按70%计算。

非居民个人工资、薪金所得,劳务报酬所得,稿酬所得,特许权使用费所得应纳税额=应纳税所得额×税率-速算扣除数

表14-6　　　　　　　　　　个人所得税预扣率表三

(非居民个人工资、薪金所得,劳务报酬所得,稿酬所得,特许权使用费所得适用)

级数	应纳税所得额	税率/%	速算扣除数
1	不超过3 000元的部分	3	0
2	超过3 000元至12 000元的部分	10	210
3	超过12 000元至25 000元的部分	20	1 410
4	超过25 000元至35 000元的部分	25	2 660
5	超过35 000元至55 000元的部分	30	4 410
6	超过55 000元至80 000元的部分	35	7 160
7	超过80 000元的部分	45	15 160

4. 经营所得应纳税额的计算

个体工商户的生产、经营所得应纳税额的计算公式为

应纳税额=应纳税所得额×适用税率-速算扣除数

=(全年收入总额-成本、费用、税金、损失、其他支出及以前年度亏损)

×适用税率-速算扣除数

自2023年1月1日至2027年12月31日,对个体工商户年应纳税所得额不超过200万元的部分,减半征收个人所得税。

5. 利息、股息、红利所得应纳税额的计算

利息、股息、红利所得应纳税额的计算公式为

应纳税额=应纳税所得额×适用税率=每次收入额×适用税率

6. 财产租赁所得应纳税额的计算

财产租赁所得应纳税额的计算公式为

(1)每次(月)收入不足4 000元的:

应纳税额=[每次(月)收入额-财产租赁过程中缴纳的税费-由纳税人负担的租赁财产实际开支的修缮费用(800元为限)-800元]×20%

(2)每次(月)收入在4 000元以上的:

应纳税额=[每次(月)收入额-财产租赁过程中缴纳的税费-由纳税人负担的租赁财产实际开支的修缮费用(800元为限)]×(1-20%)×20%

个人出租房屋的个人所得税应税收入不含增值税,计算房屋出租所得可扣除的税费不包括本次出租缴纳的增值税。个人转租房屋的,其向房屋出租方支付的租金及增值税额,在计算转租所得时予以扣除。

自2001年1月1日起,对个人出租住房取得的所得暂减按10%的税率征收个人所得税。

7. 财产转让所得应纳税额的计算

财产转让所得应按照一次转让财产的收入额减除财产原值和合理费用后的余额计算纳税。

财产转让所得应纳税额的计算公式为

应纳税额=应纳税所得额×适用税率=(收入总额-财产原值-合理费用)×20%

个人转让房屋的个人所得税应税收入不含增值税,其取得房屋时所支付价款中包含的增值税计入财产原值,计算转让所得时可扣除的税费不包括本次转让缴纳的增值税。

受赠人转让受赠房屋的,以其转让受赠房屋的收入减除原捐赠人取得该房屋的实际购置成本以及赠与和转让过程中受赠人支付的相关税费后的余额,为受赠人的应纳税所得额,依法计征个人所得税。受赠人转让受赠房屋价格明显偏低且无正当理由的,税务机关可以依据该房屋的市场评估价格或其他合理方式确定的价格核定其转让收入。

8. 偶然所得应纳税额的计算

偶然所得应纳税额的计算公式为

应纳税额=应纳税所得额×适用税率=每次收入额×20%

【例14-5】 中国某公司职员张某2019年1~3月每月取得工资、薪金收入均为10 000元。当地规定的社会保险和住房公积金个人缴存比例为:基本养老保险8%,基本医疗保险2%,失业保险0.5%,住房公积金12%。社保部门核定的张某2019年社会保险费的缴费工资基数为8 000元。张某1~2月累计已预扣预缴个人所得税税额为192元。请计算张某3月应预扣预缴的个人所得税税额。

【解析】 (1)累计收入=10 000×3=30 000(元)

(2)累计减除费用=5 000×3=15 000(元)

(3)累计专项扣除=8 000×(8%+2%+0.5%+12%)×3=5 400(元)

(4)累计预扣预缴应纳税所得额=30 000-15 000-5 400=9 600(元)

(5)应预扣预缴税额=9 600×3%-192=96(元)

【例14-6】 2019年5月李某为某公司提供设计服务,取得劳务报酬所得5 500元。请计算李某当月该笔劳务报酬所得应预扣预缴的个人所得税税额。

【解析】 劳务报酬所得收入不超过4 000元的,减除费用按800元计算;每次收入4 000元以上的,减除费用按20%计算。预扣预缴应纳税所得额不超过20 000元的,预扣率为20%。

应预扣预缴的个人所得税税额=5 500×(1-20%)×20%=880(元)

第三节 税收征收管理法

税收征收管理制度是税务机关代表国家行使征税权,指导纳税人正确履行纳税义务,对日常税收活动进行组织、管理、监督和检查的法律制度。它是保证税法得以实施和加强税收活动法制化的一个重要方式。

《中华人民共和国税收征收管理法》(以下简称《税收征收管理法》)由第七届全国人民代表大会常务委员会第二十七次会议于1992年9月4日审议通过,并自1993年1月1日起施行。该法分别于1995年、2013年、2015年进行了3次修正,于2001年进行了第一次修订。

2019年11月1日,国家税务总局全面实施《税收征管操作规范》,这是2018年国税、地税征管体制改革后,契合新税收的征管流程,实现了税费业务征管的流程化、规范化和标准化,降低税费遵从成本,提高税费征管效率。

一、税务管理

税务管理是指税收征收管理机关为贯彻、执行国家税收法律制度,强化税收工作,协调征税管理关系而开展的管理行为。税务管理是税款征收的前提和基础,是税收征收管理的重要内容。税务管理主要包括税务登记、账簿和凭证管理、纳税申报等内容。

(一)税务登记

凡是税法规定的应当纳税的个人、企业及其分支机构,都必须在领取营业执照之日起三十日内,持有关证件向税务机关申请办理税务登记。纳税人如发生需要改变税务登记内容的情形时,也应当在有关部门批准或者自宣告之日起三十日内,向主管税务机关申报办理变更或者注销税务登记。

> ⚠ **特别提示 14-6** 随着"多证合一"登记制度改革的相继实施,营业执照成为企业唯一的"身份证",统一社会信用代码成为企业唯一的身份代码,从而实现了企业"一照一码"走天下。

(二)账簿、凭证管理

账簿、凭证是纳税人生产经营的重要管理工具,也是税务机关进行税务监督的主要依据。纳税人必须按国家财务、会计法规和税务主管部门的规定设置账簿,根据合法、有效的凭证记账,进行核算,并按规定完整地保存账簿、记账凭证等纳税资料。个体工商户确实不能设置账簿的,经税

法条链接:
《税收征收管理法》第十五条规定第一款规定:"企业,企业在外地设立的分支机构和从事生产、经营的场所,个体工商户和从事生产、经营的事业单位(以下统称从事生产、经营的纳税人)自领取营业执照之日起三十日内,持有关证件,向税务机关申报办理税务登记。税务机关应当于收到申报的当日办理登记并发给税务登记证件。"

务机关批准可以不设。

(三)纳税申报

纳税人必须在规定的申报期限内办理纳税申报,向主管税务机关报送纳税申报表、财务会计报表和有关纳税资料。遇有特殊情况不能按期办理纳税申报时,必须向税务机关提出书面延期申请,经税务机关核准可以延期申报。

二、税款征收

税款征收是指税务机关依法将纳税人的应纳税款征收入库的一系列活动的总称。围绕税款征收,税法规定了一系列制度,包括征纳主体、税务管辖、税款征收方式、征纳期限、税收减免、税收退补、税收保全、强制执行、文书送达等内容。

(一)税款征收方式

依据《税收征收管理法》及其实施细则的规定,税务机关可以采取查账征收、查定征收、查验征收、定期定额征收以及其他方式征收税款。其他方式如扣缴征收、委托征收邮寄纳税、网络申报、IC卡纳税等。

(二)税款征纳期限

纳税人应按照法定或者税务机关依法确定的期限缴纳税款。纳税人未按照上述期限缴纳税款的,税务机关除责令其限期缴纳外,从滞纳税款之日起,按日加收滞纳税款万分之五的滞纳金。纳税人因有特殊困难,不能按期缴纳税款的,经县级以上税务局(分局)批准,可以延期缴纳税款,但最长不得超过三个月。

(三)税收的减免、退补

纳税人可以依法向税务机关书面申请减税、免税。减税、免税的申请须经法律、行政法规规定的机关审批。

(四)税收保全

税收保全措施是税务机关在纳税期限以前,为预防纳税人逃避税款缴纳义务而采取的措施。包括:①责令限期缴纳税款;②责成提供纳税担保;③通知金融机构暂停支付相当于应缴税额的存款金额;④扣押、查封纳税人的价值相当于应纳税款的商品、财产等;⑤附条件限制出境。

小微企业税收优惠政策

(五)强制执行

在纳税人超过纳税期限仍未缴纳税款的情况下,税务机关在符合法定条件时,可以采取以下强制措施:①书面通知其开户银行或其他金融机

法条链接:
《税收征收管理法》第二十八条第一款规定:"税务机关依照法律、行政法规的规定征收税款,不得违反法律、行政法规的规定开征、停征、多征、少征、提前征收、延缓征收或者摊派税款。"

法条链接:
《税收征收管理法》第四十二条规定:"税务机关采取税收保全措施和强制执行措施必须依照法定权限和法定程序,不得查封、扣押纳税人个人及其所扶养家属维持生活必需的住房和用品。"

构从其存款中扣缴税款;②扣押、查封、拍卖其价值相当于应缴税款的商品、财产等,以拍卖所得抵缴税款。

三、税务检查

税务检查是指税务机关依法对纳税主体履行纳税义务的情况所进行的检验、核查。税务检查是税收征收管理的重要内容。

我国税务机关的税务检查权包括:资料检查权;实地检查权;资料取得权;单证查核权;税情询问权;存款查核权。在税务机关依法进行税务检查时,纳税人必须依法接受检查,据实报告情况和提供有关资料,并为查验盘点实物提供方便,不得隐瞒、阻碍、刁难。税务机关派员对纳税人进行检查时,应当出示证件并负有退还资料和保守秘密的义务。

课后思考题

1. 税法构成的要素有哪些?
2. 我国现行主要税种有哪些?
3. 增值税的纳税范围包括哪些?
4. 个人所得税的征税范围包括哪些?
5. 什么是税收保全?税收保全的主要措施有哪些?

课后案例

【背景资料】 2020年中国公民黄某在境外 A 国取得劳务报酬 40 000 元,按 A 国税法规定缴纳了个人所得税 6 500 元;取得偶然所得 10 000 元,按 A 国税法规定缴纳了个人所得税 3 000 元。

【问题】 回国后,黄某应补缴个人所得税多少元?

同步训练

第十五章

劳动法律制度

内容提示

1. 劳动法
2. 劳动合同法
3. 劳动保障法
4. 劳动争议调解仲裁法

学习目标

★ 知识目标

1. 掌握劳动法的调整对象、劳动法律关系、劳动合同的订立、劳动合同的内容、工时基准、工资基准、劳动合同的解除和终止、社会保险制度、劳动争议仲裁。
2. 了解劳动合同的履行和变更、劳动合同法的适用范围、违反劳动合同法的法律责任、社会福利制度和社会优抚制度。

★ 能力目标

1. 依法独立订立和审查劳动合同。
2. 运用劳动法律制度处理劳动合同订立、履行、变更、终止涉及的事项。
3. 依法解决劳动争议,维护自身合法权益。

★ 素养目标

1. 遵守契约精神。
2. 培养崇尚劳动、热爱劳动、辛勤劳动、诚实劳动的劳动精神。

课前案例导入

【背景资料】张某于2023年7月被某食品厂招工,担任厂部技术科化验员。同年10月份试用期满后,双方正式签订劳动合同,有关合同条款如下:合同期限3年,每周工作5天,每天工作10小时;每月工资3 000元;若双方在合同履行过程中产生纠纷,应当将纠纷交由劳动争议仲裁委员会仲裁。

2024年3月,张某提出每日工作10小时违反了《中华人民共和国劳动法》(以下简称《劳动法》),要求厂方缩短劳动时间。厂方认为既然工作时间不合法,那么之前签订的劳动合同就是无效合同,因此,不需要履行劳动合同,随后安排他人接替张某工作。张某不服,向区劳动争议仲裁委员会申请仲裁。

【问题】
1. 张某与某食品厂签订的劳动合同中的工作时间条款是否有效?
2. 张某与某食品厂签订的劳动合同是否有效?

第一节 劳动法概述

一、劳动法的概念

劳动法是调整劳动关系以及与劳动关系密切的其他社会关系的法律规范的总称。

国务院劳动行政部门主管全国劳动工作。县级以上地方人民政府劳动行政部门主管本行政区域内的劳动工作。

《中华人民共和国劳动法》(以下简称《劳动法》)于1994年7月5日第八届全国人民代表大会常务委员会第八次会议通过,自1995年1月1日起施行。历经2009年、2018年二次修正。

二、劳动法的适用范围

《劳动法》第二条规定:"在中华人民共和国境内的企业、个体经济组织(以下统称用人单位)和与之形成劳动关系的劳动者,适用本法。国家机关、事业组织、社会团体和与之建立劳动合同关系的劳动者,依照本法执行。"这表明我国劳动法调整的劳动关系的范围包括:

(1)企业、个体经济组织的劳动关系都由劳动法调整。其中的"企业"包括各种法律形态、各种所有制形式、各种行业的企业。

(2)国家机关、事业单位和社会团体的劳动关系中,仅限于劳动合同关系由劳动法调整。就其劳动者范围而言,包括国家机关、事业单位和社会团体的工勤人员,实行企业化管理的事业单位的职员,以及其他通过劳动合同(含聘用合同)与国家机关、事业单位和社会团体确立劳动关系的劳动者。国家机关、事业单位和社会团体的非劳动合同关系,由国家公务员法相关法律调整,而不由劳动法调整。

禁止用人单位招用未满16周岁的未成年人。文艺、体育和特种工艺单位招用未满16周岁的未成年人,必须遵守国家有关规定,并保障其接受义务教育的权利。

三、劳动者的权利和义务

根据我国《劳动法》第三条的规定,劳动者享有的权利包括:劳动者享有平等就业和选择职业的权利、取得劳动报酬的权利、休息休假的权利、获得劳动安全卫生保护的权利、接受职业技能培训的权利、享受社会保险

法条链接:
《劳动法》第一条规定:"为了保护劳动者的合法权益,调整劳动关系,建立和维护适应社会主义市场经济的劳动制度,促进经济发展和社会进步,根据宪法,制定本法。"

和福利的权利、提请劳动争议处理的权利以及法律规定的其他劳动权利。

劳动者应当完成劳动任务,提高职业技能,执行劳动安全卫生规程,遵守劳动纪律和职业道德。

用人单位应当依法建立和完善规章制度,保障劳动者享有劳动权利和履行劳动义务。

第二节 劳动合同法

一、劳动合同法概述

劳动合同也称劳动契约,是劳动者与用人单位(包括企业、事业、国家机关、社会团体、雇主)确立劳动关系、明确双方权利和义务的书面协议。

《中华人民共和国劳动合同法》(以下简称《劳动合同法》)于2007年6月29日第十届全国人民代表大会常务委员会第二十八次会议通过,自2008年1月1日起施行。2012年12月第一次修正。

法条链接:《劳动合同法》第一条规定:"为了完善劳动合同制度,明确劳动合同双方当事人的权利和义务,保护劳动者的合法权益,构建和发展和谐稳定的劳动关系,制定本法。"

(一)《劳动合同法》的立法宗旨

《劳动合同法》明确了该法的立法宗旨,主要包括三方面的内容:完善劳动合同制度,明确劳动合同双方当事人的权利和义务;保护劳动者的合法权益;构建和发展和谐稳定的劳动关系。

(二)《劳动合同法》的适用范围

(1)中华人民共和国境内的企业、个体经济组织、民办非企业单位、依法成立的会计师事务所、律师事务所等合伙组织和基金会等(简称用人单位)与劳动者建立劳动关系,订立、履行、变更、解除或者终止劳动合同,适用《劳动合同法》。

(2)国家机关、事业单位、社会团体和与其建立劳动关系的劳动者,订立、履行、变更、解除或者终止劳动合同,依照《劳动合同法》执行。

(3)事业单位与实行聘用制的工作人员订立、履行、变更、解除或者终止劳动合同,法律、行政法规或者国务院另有规定的,依照其规定,未作规定的,依照《劳动合同法》有关规定执行。

法条链接:《劳动合同法》第三条规定:"订立劳动合同,应当遵循合法、公平、平等自愿、协商一致、诚实信用的原则。

依法订立的劳动合同具有约束力,用人单位与劳动者应当履行劳动合同约定的义务。"

二、劳动合同的订立

(一)劳动合同订立的原则

劳动合同的订立是劳动者和用人单位经过相互选择和平等协商,就劳动合同的各项条款协商一致,并以书面形式明确规定双方权利、义务及责任,从而确立劳动关系的法律行为。

劳动合同的订立应遵循合法、公平、平等自愿、协商一致以及诚实信用的原则。

（二）劳动合同订立的形式

用人单位自用工之日起即与劳动者建立劳动关系。建立劳动关系，应当订立书面劳动合同。

对于已建立劳动关系，未同时订立书面劳动合同的，应当自用工之日起一个月内订立书面劳动合同。用人单位与劳动者在用工前订立书面劳动合同的，劳动关系自用工之日起建立。

⚠ **特别提示 15-1**　非全日制用工双方当事人可以订立口头协议。

【例 15-1】2024 年 3 月 1 日，甲公司与韩某签订劳动合同，约定合同期限 1 年，试用期 1 个月，每月 15 日发放工资。韩某 3 月 10 日上岗工作。请问甲公司是在何时与韩某建立劳动关系的？

【解析】劳动者与用人单位建立劳动关系的时间不是订立合同之日，而是用工之日，所以双方是 2024 年 3 月 10 日建立劳动关系的。

三、劳动合同的内容

（一）劳动合同必备条款

劳动合同的必备条款是指劳动合同必须具备的内容。《劳动合同法》第十七条规定，劳动合同应当具备以下条款：

(1) 用人单位的名称、住所和法定代表人或者主要负责人；
(2) 劳动者的姓名、住址和居民身份证或者其他有效身份证件号码；
(3) 劳动合同期限；
(4) 工作内容和工作地点；
(5) 工作时间和休息休假；
(6) 劳动报酬；
(7) 社会保险；
(8) 劳动保护、劳动条件和职业危害防护；
(9) 法律、法规规定应当纳入劳动合同的其他事项。

（二）劳动合同约定条款

劳动合同除前项规定的必备条款外，用人单位与劳动者可以约定试用期、服务期、保守商业秘密和竞业限制期限、医疗期等其他事项。

1. 试用期

(1) 试用期期限的强制性规定。劳动合同期限三个月以上不满一年的，试用期不得超过一个月；劳动合同期限一年以上不满三年的，试用期不得超过二个月；三年以上固定期限和无固定期限的劳动合同，试用期不得超过六个月。以完成一定工作任务为期限的劳动合同或者劳动合同期限不满三个月的，不得约定试用期。

⚠️ **特别提示 15-2** 试用期包含在劳动合同期限内。劳动合同仅约定试用期的,试用期不成立,该期限为劳动合同期限。

(2)试用期工资的强制性规定。劳动者在试用期的工资不得低于本单位相同岗位最低档工资或者劳动合同约定工资的百分之八十,并不得低于用人单位所在地的最低工资标准。

(3)试用期内劳动合同的解除。劳动者有以下情形之一的,用人单位可以解除劳动合同,但应当向劳动者说明理由。

①在试用期间被证明不符合录用条件的;
②严重违反用人单位的规章制度的;
③严重失职,营私舞弊,给用人单位造成重大损害的;
④劳动者同时与其他用人单位建立劳动关系,对完成本单位的工作任务造成严重影响,或者经用人单位提出,拒不改正的;
⑤以欺诈、胁迫的手段或者乘人之危,使对方在违背真实意思的情况下订立或者变更劳动合同,致使劳动合同无效的;
⑥被依法追究刑事责任的;
⑦劳动者患病或者非因工负伤,在规定的医疗期满后不能从事原工作,也不能从事由用人单位另行安排的工作的;
⑧劳动者不能胜任工作,经过培训或者调整工作岗位,仍不能胜任工作的。

劳动者在试用期内提前三日通知用人单位,可以解除劳动合同。

2.服务期

用人单位为劳动者提供专项培训费用,对其进行专业技术培训的,可以与该劳动者订立协议,约定服务期。

劳动者违反服务期约定提前终止劳动合同的,应当按照约定向用人单位支付违约金。违约金的数额不得超过用人单位提供的培训费用。对已经履行部分服务期限的,用人单位要求劳动者支付的违约金不得超过服务期尚未履行部分所应分摊的培训费用。

用人单位与劳动者约定了服务期,劳动者依照《劳动合同法》第三十八条的规定解除劳动合同的,不属于违反服务期的约定,用人单位不得要求劳动者支付违约金。

(1)未按照劳动合同约定提供劳动保护或者劳动条件的;
(2)未及时足额支付劳动报酬的;
(3)未依法为劳动者缴纳社会保险费的;
(4)用人单位的规章制度违反法律、法规的规定,损害劳动者权益的;
(5)以欺诈、胁迫的手段或者乘人之危,使对方在违背真实意思的情况下订立或者变更劳动合同,致使劳动合同无效的;
(6)法律、行政法规规定劳动者可以解除劳动合同的其他情形;

用人单位以暴力、威胁或者非法限制人身自由的手段强迫劳动者劳动的,或者用人单位违章指挥、强令冒险作业危及劳动者人身安全的,劳动者可以立即解除劳动合同,不需要事先告知用人单位。

【例 15-2】 甲公司与张某签订了为期3年的固定期限劳动合同,并为其支付培训费

1万元,双方约定服务期为5年。3年后,张某以劳动合同期满为由,不肯再续签合同。公司要求其支付违约金。请分析张某是否应支付违约金。

【解析】 张某违反服务期约定,应支付违约金。公司为其支付培训费为1万元,约定的服务期为5年,每年分摊的费用为10 000÷5＝2 000(元)。因张某已经履行劳动合同3年,因此应支付的违约金数额为10 000－2 000×3＝4 000(元)。

3.保守商业秘密和竞业限制期限

用人单位与劳动者可以在劳动合同中约定保守用人单位的商业秘密和与知识产权相关的保密事项。

对负有保密义务的劳动者,用人单位可以在劳动合同或者保密协议中与劳动者约定竞业限制条款,并约定在解除或者终止劳动合同后,在竞业限制期限内按月给予劳动者经济补偿。劳动者违反竞业限制条款约定的,应当按照约定向用人单位支付违约金。

> ⚠ **特别提示15-3** 用人单位可以和劳动者签订竞业限制协议,但约定的期限不得超过二年。

4.医疗期

医疗期是指企业职工因患病或非因工负伤停止工作,治病休息,但不得解除劳动合同的期限。

企业职工因患病或非因工负伤,需要停止工作,进行医疗时,根据本人实际参加工作年限和在本单位工作年限,给予三至二十四个月的医疗期。

医疗期内用人单位与职工不得解除劳动合同。医疗期内合同终止,则合同必须延续至医疗期满,职工仍然享受医疗期内待遇。

【例15-3】 根据劳动合同法律制度的规定,下列选项中属于劳动合同可备条款的是( )。

A.劳动保护和劳动条件   B.补充保险和福利待遇
C.劳动合同期限   D.工作内容和地点

【解析】 答案B。可备条款包括试用期、服务期、保守商业秘密和竞业限制及其他约定事项,例如补充保险、福利待遇。

四、工作时间、休息休假、工资制度

(一)工作时间

工作时间又称劳动时间,是指法律规定的劳动者在一定时间内从事生产或工作的小时数。它包括每日工作的小时数、每周工作的天数和小时数。工作时间的种类如下:

1.标准工作时间

标准工作时间,又称标准工时,是指法律规定的在一般情况下普遍适用的,按照正常作息时间安排的工作日和工作周的工时制度。我国的标准工时为劳动者每日工作八小时,每周工作四十小时,在一周(七日)内工作五日。实行计件工作的劳动者,用人单位应当根据每日工作八小时、每周工作四十小时的工作制度,合理确定其劳动定额和计件报酬标准。

2.缩短工作时间

缩短工作时间是指法律规定的在特殊情况下劳动者的工作时间长度少于标准工作时间的工时制度,即每日工作少于八小时。缩短工作时间适用于:

(1)从事矿山、井下、高山、有毒有害、特别繁重或过度紧张等作业的劳动者。

(2)从事夜班工作的劳动者。

(3)哺乳期内的女职工。

3.延长工作时间

延长工作时间是指超过标准工作日的工作时间,即日工作时间超过八小时,每周工作时间超过四十小时。延长工作时间必须符合法律、法规的规定。

4.不定时工作时间与综合计算工作时间

不定时工作时间又称不定时工作制,是指无固定工作时数限制的工时制度。适用于工作性质和职责范围不受固定工作时间限制的劳动者,如企业中的高级管理人员、外勤人员、推销人员、部分值班人员,从事交通运输的工作人员以及其他因生产特点、工作特殊需要或职责范围的关系,适合实行不定时工作制的职工等。

综合计算工作时间又称综合计算工时工作制,是指以一定时间为周期,集中安排并综合计算工作时间和休息时间的工时制度。即分别以周、月、季、年为周期综合计算工作时间,但其平均日工作时间和平均周工作时间应与法定标准工作时间基本相同。

实行不定时工作制和综合计算工时工作制的企业,应根据《劳动合同法》的有关规定,履行审批手续,在保障职工身体健康并充分听取职工意见的基础上,采用集中工作、集中休息、轮流调休、弹性工作时间等方式,确保职工的休息休假权利的实现和生产、工作任务的完成。

(二)休息休假

休息休假是指劳动者为行使休息权在国家规定的法定工作时间以外,不从事生产或工作而自行支配的时间。

1.休息时间的种类

(1)工作日内的间歇时间。工作日内的间歇时间是指在工作日内给予劳动者休息和用膳的时间。一般为一至二小时,最少不得少于半小时。

(2)工作日间的休息时间。即两个邻近工作日之间的休息时间。一般不少于十六小时。

(3)公休假日。公休假日又称周休息日,是劳动者在一周(七日)内享有的休息日,公休假日一般为每周二日,一般安排在星期六和星期日休息。不能实行国家标准工时制度的企业和事业组织,可根据实际情况灵活安排周休息日,应当保证劳动者每周至少休息一日。

2.休假的种类

(1)法定节假日。法定节假日是指法律规定用于开展纪念、庆祝活动的休息时间。我国劳动法规定的法定节假日有:新年,即一月一日,放假一天;春节,即农历正月初一、初二、初三,放假三天;清明节,即农历清明当日,放假一天;劳动节,即五月一日,放假一天;端午节,即农历端午当日,放假一天;中秋节,即农历中秋当日,放假一天;国庆节,即十月一日、二日、三日,放假三天;法律、法规规定的其他休假节日。

(2)探亲假。探亲假是指劳动者享有保留工资、工作岗位而同分居两地的父母或配偶团聚的假期。探亲假适用于在国家机关、人民团体、全民所有制企业、事业单位工作满一年的固定职工。

(3) 年休假。年休假是指职工工作满一定年限,每年可享有的带薪连续休息的时间。根据劳动法的规定,机关、团体、企业、事业单位、民办非企业单位、有雇工的个体工商户等单位的职工连续工作一年以上的,享受带薪年休假。单位应当保证职工享受年休假。职工在年休假期间享受与正常工作期间相同的工资收入。职工累计工作已满一年不满十年的,年休假五天;已满十年不满二十年的,年休假十天;已满二十年的,年休假十五天。

你了解带薪年休假吗?

⚠ **特别提示 15-4** 国家法定休假日、休息日不计入年休假的假期。

【例 15-4】 方某工作已满 15 年,2022 年上半年在甲公司已休年休假 5 天;下半年调到乙公司工作,提出补休年休假的申请。请问乙公司应如何答复方某补休年休假的申请?

【解析】 职工累计工作已满 10 年不满 20 年的,年休假 10 天。方某工作已满 15 年,可享受年休假 10 天。方某已经休息 5 天,还可再休息 5 天。

(三)工资制度

工资是指用人单位依照国家有关规定和集体合同、劳动合同约定的标准,根据劳动者提供劳动的数量和质量,以货币形式支付给劳动者的劳动报酬。

1.工资形式

工资形式是指计量劳动和支付劳动报酬的方式。企业可根据本单位的生产经营特点和经济效益,依法自主确定本单位的工资分配形式。我国的工资形式主要有:

(1)计时工资。计时工资是按单位时间工资标准和劳动者实际工作时间计付劳动报酬的工资形式。我国常见的计时工资有小时工资、日工资和月工资。

(2)计件工资。计件工资是按照劳动者生产合格产品的数量或作业量以及预先规定的计件单价支付劳动报酬的一种工资形式。计件工资是计时工资的转化形式。

(3)奖金。奖金是给予劳动者的超额劳动报酬和增收节支的物质奖励。奖金的形式有月奖、季度奖和年度奖;经常性奖金和一次性奖金;综合奖和单项奖等。

(4)津贴。津贴是对劳动者在特殊条件下的额外劳动消耗或额外费用支出给予物质补偿的一种工资形式。主要有岗位津贴、保健性津贴、技术性津贴等。

(5)补贴。补贴是为了保障劳动者的生活水平不受特殊因素的影响而支付给劳动者的工资形式。它与劳动者的劳动没有直接联系,其发放根据主要是国家有关政策规定,如物价补贴、边远地区生活补贴等。

(6)特殊情况下的工资。特殊情况下的工资是对非正常工作情况下的劳动者依法支付工资的一种工资形式。主要有加班加点工资,事假、病假、婚假、探亲假等工资以及履行国家和社会义务期间的工资等。

2.工资支付保障

工资支付保障是为保障劳动者劳动报酬权的实现,防止用人单位滥用工资分配权而制定的有关工资支付的一系列规则。有如下内容:

(1)工资应以法定货币支付,不得以实物及有价证券代替货币支付。

(2)工资应在用人单位与劳动者约定的日期支付。工资一般按月支付,至少每月支付一次。实行周、日、小时工资制的,可按周、日、小时支付。

(3)劳动者依法享受年休假、探亲假、婚假、丧假期间,以及依法参加社会活动期间,用人单位应按劳动合同规定的标准支付工资。

(4)工资应支付给劳动者本人,也可由劳动者家属或委托他人代领,用人单位可委托银行代发工资。

(5)工资应依法足额支付,除法定或约定允许扣除工资的情况外,严禁非法代扣或无故拖欠劳动者工资。

(6)对代扣工资的限制。用人单位不得非法克扣劳动者工资,有下列情况之一的,用人单位可以代扣劳动者工资:用人单位代扣代缴的个人所得税;用人单位代扣代缴的应由劳动者个人负担的社会保险费用;法院判决、裁定中要求代扣的抚养费、赡养费;法律、法规规定可以从劳动者工资中扣除的其他费用。

(7)对扣除工资金额的限制。因劳动者本人原因给用人单位造成经济损失的,用人单位可以按照劳动合同的约定要求劳动者赔偿其经济损失。经济损失的赔偿,可从劳动者本人的工资中扣除,但每月扣除金额不得超过劳动者月工资的百分之二十;若扣除后的余额低于当地月最低工资标准的,则应按最低工资标准支付;用人单位对劳动者违纪罚款,一般不得超过本人月工资标准的百分之二十。

(8)用人单位依法破产时,劳动者有权获得其工资。在破产清偿顺序中,用人单位应按企业破产法规定的清偿顺序,首先支付本单位劳动者的工资。

3.加班加点的工资标准

用人单位在劳动者完成劳动定额或规定的工作任务后,根据实际需要安排劳动者在法定标准工作时间以外工作的,应当按照下列标准支付高于劳动者正常工作时间工资的工资报酬:

(1)用人单位依法安排劳动者在日标准工作时间以外延长工作时间的,按照不低于劳动合同规定的劳动者本人小时工资标准的百分之一百五十支付劳动者工资。

(2)用人单位依法安排劳动者在休息日工作,不能安排补休的,按照不低于劳动合同规定的劳动者本人日或小时工资标准的百分之二百支付劳动者工资。

(3)用人单位依法安排劳动者在法定休假日工作的,按照不低于劳动合同规定的劳动者本人日或小时工资的百分之三百支付劳动者工资。

【例15-5】赵某日工资300元,2023年5月1日至3日公司安排其加班,未支付加班费,但安排其节后休息3天。请问公司的做法是否正确?如果不正确,如何处理?

【解析】5月1日为法定节假日,不能以安排补休一天来代替,加班费是日工资的300%,即900元。5月2日和5月3日加班占用周末休息2天,安排了补休,就不再支付加班费。单位的正确做法是,应当支付赵某加班费900元,5月2日和5月3日安排补休两天。单位不支付加班费,经主管部门责令限期支付,逾期仍不支付,则主管部门可以要求单位加付应付金额50%以上、100%以下的赔偿金。

五、劳动合同的履行、变更、解除和终止

(一)劳动合同的履行

(1)用人单位与劳动者应当按照劳动合同的约定,全面履行各自的义务。用人单位变更名称、法定代表人、主要负责人或者投资人等事项,不影响劳动合同的履行。用人单位发生合并或者分立等情况,原劳动合同继续有效,劳动合同由承继其权利和义务的用人单位继续履行。用人单位应当依法建立和完善劳动规章制度,保障劳动者享有劳动权利、履行劳动义务。

(2)用人单位应当按照劳动合同约定和国家规定,向劳动者及时足额支付劳动报酬。用人单位拖欠或者未足额支付劳动报酬的,劳动者可以依法向当地人民法院申请支付令,人民法院应当依法发出支付令。

(3)用人单位应当严格执行劳动定额标准,不得强迫或者变相强迫劳动者加班。用人单位安排加班的,应当按照国家有关规定向劳动者支付加班费。劳动者拒绝用人单位管理人员违章指挥、强令冒险作业的,不视为违反劳动合同。

(4)劳动者对危害生命安全和身体健康的劳动条件,有权对用人单位提出批评、检举和控告。

(5)国家采取措施,建立健全劳动者社会保险关系跨地区转移接续制度。

(二)劳动合同的变更

劳动合同的变更是指在劳动合同开始履行但尚未完全履行完毕之前,因订立劳动合同的主客观条件发生了变化,当事人依照法律规定的条件和程序,对原合同中的某些条款修改、补充的法律行为。用人单位与劳动者协商一致,可以变更劳动合同约定的内容。

> ⚠ **特别提示 15-5** 变更劳动合同,应当采用书面形式。

【例 15-6】 李某大学毕业后到一家外资公司工作,劳动合同书约定的工作岗位是会计,基本工资为 2 800 元,合同期为 2 年。但是 1 年后因公司一名职员离职,单位将李某的岗位变更为销售员,报酬也改为基本工资 1 000 元,绩效工资随销售业绩浮动。李某不同意,认为自己学的是会计专业,不适合做销售,并且调动岗位应双方协商一致。李某到劳动仲裁委员会申诉,要求公司继续履行合同。请问单位能否单方变更劳动合同?

【解析】 单位不能单方变更劳动合同。用人单位与劳动者协商一致,才可以变更劳动合同约定的内容。

(三)劳动合同的解除

劳动合同解除是在劳动合同订立后,劳动合同期限届满之前,因出现法定的情形,一方单方通知终止劳动关系或用人单位与劳动者双方协商提前终止劳动关系的法律行为。

1.协商解除

用人单位和劳动者协商一致,可以解除劳动合同。由用人单位提出解除劳动合同而与劳动者协商一致的,必须依法向劳动者支付经济补偿。由劳动者主动辞职而与用人单位协

商一致解除劳动合同的,用人单位无须向劳动者支付经济补偿。

2. 法定解除

(1)劳动者单方解除劳动合同:

①预告解除。劳动者提前三十日以书面形式通知用人单位,可以解除劳动合同。劳动者在试用期内提前三日通知用人单位,可以解除劳动合同。

②即时解除。用人单位有下列情形之一的,劳动者可以解除劳动合同:未按照劳动合同约定提供劳动保护或者劳动条件的;未及时足额支付劳动报酬的;未依法为劳动者缴纳社会保险费的;用人单位的规章制度违反法律、法规的规定,损害劳动者合法权益的;因用人单位过错致使劳动合同无效的;法律、行政法规规定劳动者可以解除劳动合同的其他情形;用人单位以暴力、威胁或者非法限制人身自由的手段强迫劳动者劳动的,或者用人单位违章指挥、强令冒险作业危及劳动者人身安全的,劳动者可以立即解除劳动合同,不需要事先告知用人单位。

(2)用人单位单方解除劳动合同:

①即时解除(劳动者有过错)。劳动者有下列情形之一的,用人单位可以解除劳动合同:在试用期间被证明不符合录用条件的;严重违反用人单位的规章制度的;严重失职,营私舞弊,给用人单位造成重大损害的;劳动者同时与其他用人单位建立劳动关系,对完成本单位的工作任务造成严重影响,或者经用人单位提出,拒不改正的;因劳动者过错致使劳动合同无效的;被依法追究刑事责任的。

②预告解除(劳动者无过错,有补偿)。有下列情形之一的,用人单位提前三十日以书面形式通知劳动者本人或者额外支付劳动者一个月工资后,可以解除劳动合同:劳动者患病或者非因工负伤,在规定的医疗期满后不能从事原工作,也不能从事由用人单位另行安排的工作的;劳动者不能胜任工作,经过培训或者调整工作岗位,仍不能胜任工作的;劳动合同订立时所依据的客观情况发生重大变化,致使劳动合同无法履行,经用人单位与劳动者协商,未能就变更劳动合同内容达成协议的。

③经济性裁员(单位原因,有补偿)。有下列情形之一,需要裁减人员二十人以上或者裁减不足二十人但占企业职工总数百分之十以上的,用人单位提前三十日向工会或者全体职工说明情况,听取工会或者职工的意见后,裁减人员方案经向劳动行政部门报告,可以裁减人员:依照企业破产法规定进行重整的;生产经营发生严重困难的;企业转产、重大技术革新或者经营方式调整,经变更劳动合同后,仍需裁减人员的;其他因劳动合同订立时所依据的客观经济情况发生重大变化,致使劳动合同无法履行的。

裁减人员时,应当优先留用下列劳动者:与本单位订立较长期限的固定期限劳动合同的;与本单位订立无固定期限劳动合同的;家庭无其他就业人员,有需要扶养的老人或者未成年人的。

用人单位依法裁减人员,在六个月内重新招用人员的,应当通知被裁减的人员,并在同等条件下优先招用被裁减的人员。

3. 用人单位不得解除劳动合同的情形

劳动者有下列情形之一的,用人单位不得预告解除和裁员解除劳动合同:

(1)从事接触职业病危害作业的劳动者未进行离岗前职业健康检查,或者疑似职业病病

人在诊断或者医学观察期间的;

(2)在本单位患职业病或者因工负伤并被确认丧失或者部分丧失劳动能力的;

(3)患病或者非因工负伤,在规定的医疗期内的;

(4)女职工在孕期、产期、哺乳期的;

(5)在本单位连续工作满十五年,且距法定退休年龄不足五年的;

(6)法律、行政法规规定的其他情形。

【例 15-7】 王某与某有限责任公司签订了为期 3 年的劳动合同,自 2017 年 2 月 1 日起至 2020 年 1 月 31 日止,双方约定试用期为 6 个月。2017 年 6 月 18 日王某向公司提出解除劳动合同,并向公司索要经济补偿金。公司认为王某没有提出解除合同的正当理由,且解除合同未征求公司意见,未经双方协商,因而不同意解除合同,并提出如果王某一定要解除合同,责任自负,公司不但不给予王某经济补偿金,还要求王某赔偿公司的损失,即在试用期内培训王某的费用。

请问:(1)王某提出解除劳动合同时是否需要说明理由?

(2)用人单位是否应该给予王某经济补偿金?

【解析】 (1)不需要。王某提出解除劳动合同是在试用期内,劳动者在试用期内提前 3 日通知用人单位,可以解除劳动合同。

(2)不需要给予王某经济补偿金。劳动者单方提出解除劳动合同,用人单位没有《劳动合同法》所要求的义务,无须支付经济补偿金。

(四)劳动合同的终止

劳动合同终止是劳动合同订立后,因出现某种法定的事实,导致用人单位与劳动者之间形成的劳动关系自动归于消灭,或导致双方劳动关系的继续履行成为不可能而不得不消灭的情形。

1.劳动合同终止的情形

(1)劳动合同期满的;

(2)劳动者开始依法享受基本养老保险待遇的;

(3)劳动者达到法定退休年龄的;

(4)劳动者死亡,或者被人民法院宣告死亡或者宣告失踪的;

(5)用人单位被依法宣告破产的;

(6)用人单位被吊销营业执照、责令关闭、撤销或者用人单位决定提前解散的;

(7)法律、行政法规规定的其他情形。

2.劳动合同解除或终止的法律后果和责任

劳动合同解除或终止后,双方不再继续履行劳动合同。用人单位应当在解除或者终止劳动合同时向劳动者支付经济补偿的,在办理工作交接时支付。劳动者应当按照双方约定,办理工作交接。

> ⚠️ **特别提示 15-6** 用人单位对已经解除或者终止的劳动合同文本,至少应该保存 2 年备查。

3.劳动合同解除和终止的经济补偿

经济补偿是按照《劳动合同法》规定,在劳动者无过错的情况下,用人单位与劳动者解除或者终止劳动合同而依法应给予劳动者的经济上的补助,也称经济补偿金。

(1)用人单位应当向劳动者支付经济补偿的情形如下:

①由用人单位提出解除劳动合同并与劳动者协商一致而解除劳动合同的;

②劳动者符合随时通知解除和不需要事先通知即可解除劳动合同的规定情形而解除劳动合同的;

③用人单位符合提前三十日以书面形式通知劳动者本人或者额外支付劳动者一个月工资后可以解除劳动合同的规定情形而解除劳动合同的;

④用人单位符合可裁减人员规定而解除与劳动者的劳动合同的;

⑤除用人单位维持或者提高劳动合同约定条件续订劳动合同,劳动者不同意续订的情形外,劳动合同期满终止固定期限劳动合同的;

⑥以完成一定工作任务为期限的劳动合同因任务完成而终止的;

⑦用人单位被依法宣告破产终止劳动合同的;

⑧用人单位被吊销营业执照、责令关闭、撤销或者用人单位决定提前解散而终止劳动合同的;

⑨法律、行政法规规定解除或终止劳动合同应当向劳动者支付经济补偿的其他情形。

(2)经济补偿的支付标准如下:

一般根据劳动者在用人单位的工作年限和工资标准来计算具体金额,并以货币形式支付给劳动者。

①经济补偿按劳动者在本单位工作的年限,每满一年支付一个月工资的标准向劳动者支付。六个月以上不满一年的,按一年计算,不满六个月的,向劳动者支付半个月工资的经济补偿。

②劳动者在劳动合同解除或者终止前十二个月的平均工资低于当地最低工资标准的,按照当地最低工资标准计算。劳动者工作不满十二个月的,按照实际工作的月数计算平均工资。

③劳动者月工资高于用人单位所在直辖市、设区的市级人民政府公布的本地区上年度职工月平均工资三倍的,向其支付经济补偿的标准按职工月平均工资三倍的数额支付,向其支付经济补偿的年限最高不超过十二年。

六、违反劳动合同法的法律责任

(一)用人单位违反劳动合同法的法律责任

1.用人单位规章制度违法的法律责任

用人单位直接涉及劳动者切身利益的规章制度违反法律、法规规定的,由劳动行政部门责令改正,给予警告;给劳动者造成损害的,应当承担赔偿责任。

2.用人单位订立劳动合同违法的法律责任

(1)用人单位提供的劳动合同文本未载明《劳动合同法》规定的劳动合同必备条款或者

用人单位未将劳动合同文本交付劳动者的,由劳动行政部门责令改正;给劳动者造成损害的,应当承担赔偿责任。

(2)用人单位自用工之日起超过一个月不满一年未与劳动者订立书面劳动合同的,应当向劳动者每月支付二倍的工资。

(3)用人单位违反《劳动合同法》规定不与劳动者订立无固定期限劳动合同的,自应当订立无固定期限劳动合同之日起向劳动者每月支付二倍的工资。

(4)用人单位违反《劳动合同法》规定与劳动者约定试用期的,由劳动行政部门责令改正;违法约定的试用期已经履行的,由用人单位以劳动者试用期满月工资为标准,按已经履行的超过法定试用期的期间向劳动者支付赔偿金。

(5)用人单位违反《劳动合同法》规定,扣押劳动者居民身份证等证件的,由劳动行政部门责令限期退还劳动者本人,并依照有关法律规定给予处罚。

(6)用人单位违反《劳动合同法》规定,以担保或者其他名义向劳动者收取财物的,由劳动行政部门责令限期退还劳动者本人,并以每人五百元以上二千以下的标准处以罚款;给劳动者造成损害的,应当承担赔偿责任。

3.用人单位履行劳动合同违法的法律责任

(1)用人单位有下列情形之一的,依法给予行政处罚;构成犯罪的,依法追究刑事责任;给劳动者造成损害的,应当承担赔偿责任:

①以暴力、威胁或者非法限制人身自由的手段强迫劳动的;

②违章指挥或者强令冒险作业危及劳动者人身安全的;

③侮辱、体罚、殴打、非法搜查或者拘禁劳动者的;

④劳动条件恶劣、环境污染严重,给劳动者身心健康造成严重损害的。

(2)用人单位有下列情形之一的,由劳动行政部门责令限期支付劳动报酬、加班费或者经济补偿;劳动报酬低于当地最低工资标准的,应当支付其差额部分;逾期不支付的,责令用人单位按应付金额百分之五十以上百分之百以下的标准向劳动者加付赔偿金:

①未按照劳动合同的约定或者国家规定及时足额支付劳动者劳动报酬的;

②低于当地最低工资标准支付劳动者工资的;

③安排加班不支付加班费的;

④解除或者终止劳动合同,未依照《劳动合同法》规定向劳动者支付经济补偿的。

4.用人单位违法解除和终止劳动合同的法律责任

(1)用人单位违反《劳动合同法》规定解除或者终止劳动合同的,应当依照《劳动合同法》规定的经济补偿支付标准的二倍向劳动者支付赔偿金。

(2)用人单位违反《劳动合同法》规定,未向劳动者出具解除或者终止劳动合同的书面证明,由劳动行政部门责令改正;给劳动者造成损害的,应当承担赔偿责任。

(二)劳动者违反劳动合同法的法律责任

(1)劳动合同被确认为无效,给用人单位造成损失的,有过错的劳动者应当承担赔偿责任。

(2)劳动者违反《劳动合同法》规定解除劳动合同,给用人单位造成损失的,应当承担赔偿责任。

(3)劳动者违反劳动合同约定的保密义务或者竞业限制，劳动者应当按照劳动合同的约定，向用人单位支付违约金。给用人单位造成损失的，应当承担赔偿责任。

(4)劳动者违反培训协议，未满服务期解除或者终止劳动合同的，或者因劳动者严重违纪，用人单位与劳动者解除约定服务期的劳动合同，劳动者应当按照劳动合同的约定，向用人单位支付违约金。

第三节 社会保障法律制度

社会保障是指国家通过立法，积极动员社会各方面资源，通过收入再分配，保证无收入、低收入以及遭受各种意外灾害的公民能够维持生存，保障劳动者在年老、失业、患病、工伤、生育时的基本生活不受影响，同时根据经济和社会发展状况，逐步提高公共福利水平和国民生活质量的制度。社会保障包括社会保险、社会救助、社会福利、优抚安置、社会互助等联合保障。

社会保障法是调整一个国家或地区的社会保障关系的法律规范的总和。它既包括国家立法机关制定的社会保障法律，也包括国家行政机关颁布的社会保障法规、命令和条例等。

健全社会保障体系是"增进民生福祉，提高人民生活品质"的重要内容，是人民生活的安全网和社会运行的稳定器。健全覆盖全民、统筹城乡、公平统一、安全规范、可持续的多层次社会保障体系。这也是二十大报告对"增进民生福祉，提高人民生活品质"在社会保障体系方面做的重大战略部署，充分体现了共产党"立党为公，执政为民"的执政理念。

一、社会保险法律制度

社会保险，是指国家依法建立的，由国家、用人单位和个人共同筹集资金、建立基金，使个人在年老(退休)、患病、工伤(因工伤残或者患职业病)、失业、生育等情况下获得物质帮助和补偿的一种社会保障制度。这种保障是依靠国家立法强制实行的社会化保险。

法条链接：
《社会保险法》第一条规定："为了规范社会保险关系，维护公民参加社会保险和享受社会保险待遇的合法权益，使公民共享发展成果，促进社会和谐稳定，根据宪法，制定本法。"

(一)基本养老保险制度

基本养老保险制度是指国家和社会根据一定的法律和法规，为解决劳动者在达到国家规定的解除劳动义务的劳动年龄界限，或因年老而丧失劳动能力的情况下，从国家和社会获得物质帮助，以满足其老年生活需要的一项社会保险制度。基本养老保险制度由三个部分组成：职工基本养老保险制度、新型农村社会养老保险制度(简称新农保)、城镇居民社会养老保险制度(简称城居保)。

1.职工基本养老保险制度

职工应当参加基本养老保险,由用人单位和职工共同缴纳基本养老保险费。无雇工的个体工商户、未在用人单位参加基本养老保险的非全日制从业人员以及其他灵活就业人员可以参加基本养老保险,由个人缴纳基本养老保险费。公务员和参照公务员法管理的工作人员养老保险适用《国务院关于机关事业单位工作人员养老保险制度改革的决定》。

基本养老保险实行社会统筹与个人账户相结合。基本养老保险基金由用人单位和个人缴费以及政府补贴等组成。

基本养老金根据个人累计缴费年限、缴费工资、当地职工平均工资、个人账户余额、城镇人口平均预期寿命等因素确定。

参加基本养老保险的个人,达到法定退休年龄时累计缴费满十五年的,按月领取基本养老金。参加基本养老保险的个人,达到法定退休年龄时累计缴费不足十五年的,可以缴费至满十五年,按月领取基本养老金;也可以转入新型农村社会养老保险或者城镇居民社会养老保险,按照国务院规定享受相应的养老保险待遇。

参加基本养老保险的个人,因病或者非因工死亡的,其遗属可以领取丧葬补助金和抚恤金;在未达到法定退休年龄时因病或者非因工致残完全丧失劳动能力的,可以领取病残津贴。

个人跨统筹地区就业的,其基本养老保险关系随本人转移,缴费年限累计计算。个人达到法定退休年龄时,基本养老金分段计算、统一支付。

2.城乡居民基本养老保险制度

依据《社会保险法》的有关规定,在总结新型农村社会养老保险和城镇居民社会养老保险试点经验的基础上,根据《国务院关于建立统一的城乡居民基本养老保险制度的意见》,国务院决定,将新型农村社会养老保险和城镇居民社会养老保险两项制度合并实施,在全国范围内建立统一的城乡居民基本养老保险制度。

城乡居民基本养老保险制度坚持和完善社会统筹与个人账户相结合的制度模式,巩固和拓宽个人缴费、集体补助、政府补贴相结合的资金筹集渠道,完善基础养老金和个人账户养老金相结合的待遇支付政策,强化长缴多得、多缴多得等制度的激励机制,建立基础养老金正常调整机制,健全服务网络,提高管理水平,为参保居民提供方便快捷的服务。

年满16周岁(不含在校学生),非国家机关和事业单位工作人员及不属于职工基本养老保险制度覆盖范围的城乡居民,可以在户籍地参加城乡居民养老保险。

(二)基本医疗保险制度

基本医疗保险制度是指按照国家规定缴纳一定比例的医疗保险费,参保人因患病或意外伤害而就医、诊疗,由医疗保险基金支付其一定医疗费用的社会保险制度。

1.城镇职工基本医疗保险制度

职工应当参加职工基本医疗保险。由用人单位和职工按照国家规定共同缴纳基本医疗保险费,建立医疗保险基金。无雇工的个体工商户、未在用人单位参加职工基本医疗保险的非全日制从业人员以及其他灵活就业人员可以参加职工基本医疗保险,由个人按照国家规定缴纳基本医疗保险费。

参加职工基本医疗保险的个人,达到法定退休年龄时累计缴费达到国家规定年限的,退休后不再缴纳基本医疗保险费,按国家规定享受基本医疗保险待遇;未达到国家规定年限的,可以缴费至国家规定年限。符合基本医疗保险药品目录、诊疗项目、医疗服务设施标准以及急诊、抢救的医疗费用,按照国家规定从基本医疗保险基金中支付。

知识拓展

不纳入基本医疗保险基金支付范围的医疗费用

2.城乡居民基本医疗保险制度

《国务院关于整合城乡居民基本医疗保险制度的意见》中指出,整合城镇居民基本医疗保险和新型农村合作医疗保险(以下简称新农合)两项制度,建立统一的城乡居民基本医疗保险制度。

该意见明确指出,统一覆盖范围,城乡居民医疗保险制度覆盖范围包括现有城镇居民医疗保险和新农合所有应参保(合)人员,即覆盖除职工基本医疗保险应参保人员以外的其他所有城乡居民。农民工和灵活就业人员依法参加职工基本医疗保险,有困难的可按照当地规定参加城乡居民医疗保险。

(三)工伤保险制度

工伤保险制度是指对在工作中或者特殊情况下遭受意外伤害或患职业病导致暂时或永久丧失劳动能力甚至死亡的劳动者或者其遗属给予经济赔偿和物质帮助的一项社会保险制度。

职工有下列情形之一的,应当认定为工伤:

(1)在工作时间和工作场所内,因工作原因受到事故伤害的;

(2)工作时间前后在工作场所内,从事与工作有关的预备性或者收尾性工作受到事故伤害的;

(3)在工作时间和工作场所内,因履行工作职责受到暴力等意外伤害的;

(4)患职业病的;

(5)因工外出期间,由于工作原因受到伤害或者发生事故下落不明的;

(6)在上下班途中,受到非本人主要责任的交通事故或者城市轨道交通、客运轮渡、火车事故伤害的;

(7)法律、行政法规规定应当认定为工伤的其他情形。

职工有下列情形之一的,视同工伤:

(1)在工作时间和工作岗位,突发疾病死亡或者在48小时之内经抢救无效死亡的;

(2)在抢险救灾等维护国家利益、公共利益活动中受到伤害的;

(3)职工原在军队服役,因战、因公负伤致残,已取得革命伤残军人证,到用人单位后旧伤复发的。

职工因下列情形之一导致本人在工作中伤亡的,不认定为工伤:

(1)故意犯罪;

(2)醉酒或者吸毒;

(3)自残或者自杀;

(4)法律、行政法规规定的其他情形。

职工因工作遭受事故伤害或者患职业病进行治疗,享受工伤医疗待遇。职工治疗工伤应当在签订服务协议的医疗机构就医,情况紧急时可以先到就近的医疗机构急救。治疗工伤所需费用符合工伤保险诊疗项目目录、工伤保险药品目录、工伤保险住院服务标准的,从工伤保险基金支付。

工伤职工治疗非工伤引发的疾病,不享受工伤医疗待遇,按照基本医疗保险办法处理。工伤职工到签订服务协议的医疗机构进行工伤康复的费用,符合规定的,从工伤保险基金支付。

【例15-8】 某面粉厂的女职工王某下夜班后,骑自行车准备回家,快要骑到面粉厂大门时,由于天黑,她没有注意路面状况而使自行车前轮陷入路面井盖早已被压碎的污水井里,自行车前轮严重变形,不能再用。事后,王某除受点惊吓外,身体没有受到伤害。天亮后,王某将上述情况报告给单位,要求单位按工伤事故处理,赔偿其精神损失和自行车损失共计500元。

请问:面粉厂是否应该赔偿王某的精神损失和自行车损失?

【解析】 面粉厂不能赔偿王某的精神损失和自行车损失。因为工伤保险主要是保障因工作遭受事故伤害或者患职业病的职工获得医疗救助和经济补偿。而本案中,职工王某身体没有受到伤害,所以不构成工伤,并且工伤保险中不包括精神损失和财产损失。

(四)失业保险制度

失业保险制度指劳动者在失业期间,由国家和社会给予一定的物质帮助,以保障其基本生活并促进其再就业的一项社会保险制度。

职工应当参加失业保险,由用人单位和职工按照国家规定共同缴纳失业保险费。

失业人员符合下列条件的,从失业保险基金中领取失业保险金:失业前用人单位和本人已经缴纳失业保险费满一年的;非因本人意愿中断就业的;已经进行失业登记,并有求职要求的。

失业人员在领取失业保险金期间有下列情形之一的,停止领取失业保险金,并同时停止享受其他失业保险待遇:重新就业的;应征服兵役的;移居境外的;享受基本养老保险待遇的;被判刑收监执行或者被劳动教养的;无正当理由,拒不接受当地人民政府指定的部门或者机构介绍的工作的;有法律、行政法规规定的其他情形的。

失业人员失业前用人单位和本人累计缴费满一年不足五年的,领取失业保险金的期限最长为十二个月;累计缴费满五年不足十年的,领取失业保险金的期限最长为十八个月;累计缴费十年以上的,领取失业保险金的期限最长为二十四个月。重新就业后,再次失业的,缴费时间重新计算,领取失业保险金的期限与前次失业应当领取而尚未领取的失业保险金的期限合并计算,最长不超过二十四个月。

失业人员在领取失业保险金期间死亡的,参照当地对在职职工死亡的规定,向其遗属发放一次性丧葬补助金和抚恤金。

(五)生育保险制度

生育保险制度是指对女职工因生育而从国家和社会获得医疗、休息等方面物质帮助和补偿的一项社会保险制度。根据二十大报告的论述,建立生育支持政策体系,降低生育、养育、教育成本是优化人口发展的重大战略,是推进健康中国建设的重要内容。

职工应当参加生育保险,由用人单位按照国家规定缴纳生育保险费,职工不缴纳生育保险费。

生育保险待遇包括生育医疗费用和生育津贴。用人单位已经缴纳生育保险费的,其职工享受生育保险待遇;职工未就业的配偶按照国家规定享受生育医疗保险待遇。所需资金从生育保险基金中支付。

生育医疗费用包括下列各项:生育的医疗费用;计划生育的医疗费用;法律、法规规定的其他项目费用。

职工有下列情形之一的,可以按照国家规定享受生育津贴:女职工生育享受产假;享受计划生育手术休假;法律、法规规定的其他情形。

二、社会救助制度

(一)社会救助制度的概念

社会救助是指国家和其他社会主体对遭受自然灾害、失去劳动能力或者其他低收入公民给予物质帮助或精神救助,以维持其基本生活需求,保障其最低生活水平的各种措施。社会救助是最古老、最基本的社会保障方式,在矫正"市场失灵"、调整资源配置、实现社会公平、维护社会稳定、构建社会主义和谐社会等方面发挥着重要的和不可替代的作用。

(二)社会救助制度的内容

《社会救助暂行办法》规定,社会救助制度主要包括以下内容:

(1)国家对共同生活的家庭成员人均收入低于当地最低生活保障标准,且符合当地最低生活保障家庭财产状况规定的家庭,给予最低生活保障。

(2)国家对无劳动能力、无生活来源且无法定赡养、抚养、扶养义务人,或者其法定赡养、抚养、扶养义务人无赡养、抚养、扶养能力的老年人、残疾人以及未满16周岁的未成年人,给予特困人员供养。

(3)国家建立健全自然灾害救助制度,对基本生活受到自然灾害严重影响的人员,提供生活救助。

(4)国家建立健全医疗救助制度,保障医疗救助对象获得基本医疗卫生服务。

(5)国家对在义务教育阶段就学的最低生活保障家庭成员、特困供养人员,给予教育救助。

(6)国家对符合规定标准的住房困难的最低生活保障家庭、分散供养的特困人员,给予住房救助。

(7)国家对最低生活保障家庭中有劳动能力并处于失业状态的成员,通过贷款贴息、社会保险补贴、岗位补贴、培训补贴、费用减免、公益性岗位安置等办法,给予就业救助。

(8)国家对因火灾、交通事故等意外事件,家庭成员突发重大疾病等原因,导致基本生活暂时出现严重困难的家庭,或者因生活必需支出突然增加超出家庭承受能力,导致基本生活暂时出现严重困难的最低生活保障家庭,以及遭遇其他特殊困难的家庭,给予临时救助。

(9)国家鼓励单位和个人等社会力量通过捐赠、设立帮扶项目、创办服务机构、提供志愿服务等方式,参与社会救助。

三、社会福利制度

(一)社会福利制度的概念

社会福利制度是以国家为主体,通过现金补贴和提供服务等方式来满足全体社会成员的各种需要,并且使社会成员的生活质量随着社会经济水平的发展而不断提高的制度。《劳动法》规定,国家发展社会福利事业,兴建公共福利设施,为劳动者休息、休养和医疗提供条件。用人单位也应创造条件,改善集体福利待遇。

(二)社会福利制度的内容

1.公共福利

公共福利是国家和社会向全体社会成员提供的社会福利,目的是改善和提高所有社会成员的生活质量,丰富人民群众的精神生活。其内容包括教育福利、卫生福利、文化康乐福利和环境福利。

2.职业福利

职业福利是用人单位和社会服务机构为满足职工物质文化生活需要,保证职工一定生活质量而提供的工资收入以外的津贴、设施和福利性服务项目。其内容包括职工集体生活福利、职工文化娱乐设施福利、职工福利补贴。

3.特殊群体福利

特殊群体福利是指国家和社会向特定群体提供的社会福利。特定群体包括老人、妇女、儿童、残疾人等,属于社会弱势成员。

四、社会优抚制度

(一)社会优抚制度的概念

社会优抚制度是针对军人及其家属所建立的社会保障制度,是指国家和社会对军人及其家属所提供的各种优待、抚恤、养老、就业安置等待遇和服务的保障制度。

(二)社会优抚制度的内容

1.死亡抚恤

死亡抚恤是社会优抚制度中最基本的内容。军人或警察为国捐躯,必然使其家属尤其是被赡养人蒙受巨大的损失。因此,国家有责任抚慰其家属,保障其生活,提供既有褒扬意义,又有物质补偿性的抚恤金。死亡抚恤金是政府按规定向遗属提供的。根据现役军人死亡的不同性质,生前是否立功和被授予荣誉称号,以及生前收入和级别的情况,确定不同的抚恤金待遇标准。

2.伤残抚恤

伤残抚恤也是社会优抚制度中的基本内容之一。军人在服役期受伤致残或患病致残的情况出现以后,将会给其本人及其家属的生活带来很大困难。因此,国家应当通过保障措施,对他们本人及其家属的生活进行保障,以体现国家对他们所做贡献的褒扬和抚恤。

3.社会优待

社会优待是国家和社会按照立法规定和社会习俗对优抚对象提供资金和服务的优待性保障制度。社会优待手段既包括资金保障,又包括服务保障。资金保障通常是向优待对象提供各种生活津贴;服务保障主要由社会各界提供,既有生活服务,又有生产服务,以保证为国家作出贡献的人员及其家属维持一定的生活水平。根据我国的有关规定,社会优待更多地体现在革命伤残军人的优待措施中,如伤残军人疗养院的建立。

4.退役安置

退役安置是国家和社会依法向退出现役的军人提供资金和服务保障,使之重返并适应社会的一种优抚保障制度。退役安置包括资金保障和服务保障,资金保障主要包括退役安置费、各种生活津贴及贷款;服务保障包括就业安置、就学安置、落户安置、职业培训、技术培训等项目。

5.社会褒扬

社会褒扬是指政府和社会各界为优抚对象提供的各种优惠照顾措施以及授予优抚对象的各种荣誉称号、对其节日的慰问和表彰,表达人们对优抚对象的敬意,提高优抚对象的荣誉感和自豪感。

第四节 劳动争议调解仲裁法

一、劳动争议的分类

劳动争议根据其主体、客体、性质和内容的不同,可以有不同的分类。

(1)根据劳动争议的主体来分,劳动争议分为个人劳动争议和集体劳动争议。个人劳动争议指劳动者个人与用人单位发生的劳动争议。集体劳动争议则分两种:一种是劳动者一方为多人,且发生争议的原因和请求是共同的。另一种为团体劳动争议,即指以工会组织为一方,代表职工与用人单位因签订和执行集体协议而产生的争议。

(2)根据劳动争议的客体来分,即根据劳动争议涉及的劳动关系来分,劳动争议可分为:因执行劳动法律、法规,劳动合同或集体合同的规定而发生的劳动争议,也称权利争议;因确定或变更劳动条件而发生的争议,也称利益争议。

(3)根据劳动争议的性质来分,劳动争议可分为:因参加、组织工会及罢工等行使公民权利行为而与用人单位产生的劳动争议;因要求增加工资、缩短工时等经济利益产生的争议。

(4)根据劳动争议的内容来分,劳动争议可分为:因执行国家有关工资、保险、福利、职业培训、劳动保护的规定发生的争议;因履行劳动合同发生的争议;因用人单位开除、除名、辞退职工和职工辞职、自动离职发生的争议等。而根据内容的难易程度来分,劳动争议又可分为简单的劳动争议和复杂的劳动争议。对简单的劳动争议,在处理程序上依法可以简化。

二、劳动争议的处理

(一)劳动争议处理的主要方式

1.协商

发生劳动争议,劳动者可以与用人单位协商,也可以请工会或者第三方共同与用人单位协商,达成和解协议。

2.调解、仲裁、诉讼

发生劳动争议,当事人不愿协商、协商不成或者达成和解协议后不履行的,可以向劳动争议调解组织申请调解;当事人不愿调解、调解不成或者达成调解协议后不履行的,可以向劳动争议仲裁委员会申请仲裁;当事人对仲裁裁决不服的,除《中华人民共和国劳动争议调解仲裁法》(以下简称《劳动争议调解仲裁法》)另有规定的外,可以向人民法院提起诉讼。

3.其他

发生劳动争议,当事人对自己提出的主张,有责任提供证据。与争议事项有关的证据属于用人单位掌握管理的,用人单位应当提供;用人单位不提供的,应当承担不利后果。发生劳动争议的劳动者一方在十人以上,并有共同请求的,可以推举代表参加调解、仲裁或者诉讼活动。县级以上人民政府劳动行政部门会同工会和企业方面代表建立协调劳动关系三方机制,共同研究解决劳动争议的重大问题。

(二)适用调解、仲裁的劳动争议范围

当我国境内的用人单位与劳动者发生下列劳动争议时,适用调解、仲裁的劳动争议范围:

(1)因确认劳动关系发生的争议;
(2)因订立、履行、变更、解除和终止劳动合同发生的争议;
(3)因除名、辞退和辞职、离职发生的争议;
(4)因工作时间、休息休假、社会保险、福利、培训以及劳动保护发生的争议;
(5)因劳动报酬、工伤医疗费、经济补偿或者赔偿金等发生的争议;
(6)法律、法规规定的其他劳动争议。

事业单位实行聘用制的工作人员与本单位发生劳动争议的,依照《劳动争议调解仲裁法》执行;法律、行政法规或者国务院另有规定的,依照其规定。

⚠ **特别提示 15-7** 劳动争议仲裁不收费,经费由财政予以保障。

(三)劳动争议调解

1.劳动争议调解主体

(1)企业劳动争议调解委员会;
(2)依法设立的基层人民调解组织;
(3)在乡镇、街道设立的具有劳动争议调解职能的组织。

企业劳动争议调解委员会由职工代表和企业代表组成。职工代表由工会成员担任或者由全体职工推举产生,企业代表由企业负责人指定。企业劳动争议调解委员会主任由工会成员或者双方推举的人员担任。

2.劳动争议调解程序

(1)当事人申请劳动争议调解可以书面申请,也可以口头申请。经调解达成协议的,应当制作调解协议书。

(2)调解协议书由双方当事人签名或者盖章,经调解员签名并加盖调解组织印章后生效,对双方当事人具有约束力,当事人应当履行。

(3)自劳动争议调解组织收到调解申请之日起十五日内未达成调解协议的,当事人可以依法申请仲裁。达成调解协议后,一方当事人在协议约定期限内不履行调解协议的,另一方当事人可以依法申请仲裁。

3. 部分调解协议的司法效力

因支付拖欠劳动报酬、工伤医疗费、经济补偿或者赔偿金事项达成调解协议,用人单位在协议约定期限内不履行的,劳动者可以持调解协议书依法向人民法院申请支付令。人民法院应当依法发出支付令。

(四)劳动争议仲裁

1. 劳动争议仲裁主体

劳动争议仲裁委员会由劳动行政部门代表、同级工会代表和用人企业方面的代表组成。劳动争议仲裁委员会组成人员应当是单数。省、自治区人民政府可以决定在市、县设立劳动争议仲裁委员会;直辖市人民政府可以决定在区、县设立劳动争议仲裁委员会。直辖市、设区的市也可以设立一个或者若干个劳动争议仲裁委员会。劳动争议仲裁委员会不按行政区划层层设立。

2. 劳动争议仲裁管辖

劳动争议仲裁委员会负责管辖本区域内发生的劳动争议。劳动争议由劳动合同履行地或者用人单位所在地的劳动争议仲裁委员会管辖。双方当事人分别向劳动合同履行地和用人单位所在地的劳动争议仲裁委员会申请仲裁的,由劳动合同履行地的劳动争议仲裁委员会管辖。

发生劳动争议的劳动者和用人单位为劳动争议仲裁案件的双方当事人。劳务派遣单位或者用工单位与劳动者发生劳动争议的,劳务派遣单位和用工单位为共同当事人。

3. 劳动争议后加的申请和受理

(1)申请应当采用书面形式,书写仲裁申请确有困难的,可以口头申请,由劳动争议仲裁委员会记入笔录,并告知对方当事人。

(2)劳动争议仲裁委员会收到仲裁申请之日起五日内,认为符合受理条件的,应当受理,并通知申请人;认为不符合受理条件的,应当书面通知申请人不予受理,并说明理由。对劳动争议仲裁委员会不予受理或者逾期未作出决定的,申请人可以就该劳动争议事项向人民法院提起诉讼。

劳动争议仲裁委员会受理仲裁申请后,应当在五日内将仲裁申请书副本送达被申请人。被申请人收到仲裁申请书副本后,应当在十日内向劳动争议仲裁委员会提交答辩书。劳动争议仲裁委员会收到答辩书后,应当在五日内将答辩书副本送达申请人。被申请人未提交答辩书的,不影响仲裁程序的进行。

4. 劳动争议仲裁的开庭和裁决

(1)劳动争议仲裁委员会裁决劳动争议案件实行仲裁庭制。仲裁庭由三名仲裁员组成,设首席仲裁员。简单劳动争议案件可以由一名仲裁员独任仲裁。

劳动争议仲裁委员会应当在受理仲裁申请之日起五日内将仲裁庭的组成情况书面通知当事人。申请人收到书面通知,无正当理由拒不到庭或者未经仲裁庭同意中途退庭的,可以视为撤回仲裁申请。被申请人收到书面通知,无正当理由拒不到庭或者未经仲裁庭同意中途退庭的,可以缺席裁决。

(2)劳动者无法提供由用人单位掌握管理的与仲裁请求有关的证据,仲裁庭可以要求用人单位在指定期限内提供。用人单位在指定期限内不提供的,应当承担不利后果。

(3)当事人申请劳动争议仲裁后,可以自行和解。达成和解协议的,可以撤回仲裁申请。

(4)仲裁庭在作出裁决前,应当先行调解。调解达成协议的,仲裁庭应当制作调解书。

调解书应当写明仲裁请求和当事人协议的结果。调解书由仲裁员签名,加盖劳动争议仲裁委员会印章,送达双方当事人。调解书经双方当事人签收后,发生法律效力。调解不成或者调解书送达前,一方当事人反悔的,仲裁庭应当及时作出裁决。

(5)下列劳动争议,除《劳动争议调解仲裁法》另有规定的外,仲裁裁决为终局裁决,裁决书自作出之日起发生法律效力:

①追索劳动报酬、工伤医疗费、经济补偿或者赔偿金,不超过当地月最低工资标准十二个月金额的争议;

②因执行国家的劳动标准,在工作时间、休息休假、社会保险等方面发生的争议。

5.劳动争议仲裁的先予执行和仲裁期限

(1)仲裁庭对追索劳动报酬、工伤医疗费、经济补偿或者赔偿金的案件,根据当事人的申请,可以裁决先予执行,移送人民法院执行。

仲裁庭裁决先予执行的,应当符合下列条件:

①当事人之间权利义务关系明确;

②不先予执行将严重影响申请人的生活。

劳动者申请先予执行的,可以不提供担保。

(2)仲裁庭裁决劳动争议案件,应当自劳动争议仲裁委员会受理仲裁申请之日起四十五日内结束。案情复杂需要延期的,经劳动争议仲裁委员会主任批准,可以延期并书面通知当事人,但是延长期限不得超过十五日。逾期未作出仲裁裁决的,当事人可以就该劳动争议事项向人民法院提起诉讼。仲裁庭裁决劳动争议案件时,其中一部分事实已经清楚,可以就该部分先行裁决。

【例15-9】张某系某建筑企业职工,为了赶工期,春节前两个月该企业一直安排职工加班。在年底结算工资的时候,企业以资金周转出现问题为由,未支付张某等职工的加班工资。张某多次与企业交涉,认为其加班工资准备用于回家置办年货,现在企业的拒付可能使张某及其家人无法正常过年。在企业仍不支付加班工资的情况下,张某向当地的劳动争议仲裁委员会申请仲裁。案件受理后,仲裁委员会将开庭日期、地点等书面通知了双方。企业认为张某无理取闹,不体谅公司,故拒绝出庭。在申请仲裁时,张某一并向仲裁委员会提交了先予执行的申请。

试分析:劳动争议仲裁委员会应当如何处理本案?

【解析】(1)根据我国《劳动争议调解仲裁法》的规定,仲裁庭将仲裁时间、地点等情况通知争议当事人之后,被申请人收到书面通知,无正当理由拒不到庭或者未经仲裁庭同意中途退庭的,可以缺席判决。因此,本案件中,企业拒不到庭不影响案件的仲裁。

(2)《劳动争议调解仲裁法》规定,仲裁庭对追索劳动报酬、工伤医疗费、经济补偿金或者赔偿金的案件,根据当事人的申请,可以裁决先予执行,移送人民法院执行。仲裁庭裁决先予执行,应当符合下列条件:(一)当事人之间权利义务明确;(二)不先予执行将严重影响申请人的生活。本案件中,争议双方之间的权利义务关系明确,且企业拒付张某加班工资的行为直接对其置办年货产生影响,故满足先予执行的条件,仲裁庭可以作出先予执行的裁决。

劳动者对仲裁裁决不服的,可以自收到仲裁裁决书之日起十五日内向人民法院提起诉讼。

6.劳动争议仲裁时效

(1)劳动争议申请仲裁的时效期间为一年。仲裁时效期间从当事人知道或者应当知道其权利被侵害之日起计算。

(2)仲裁时效因当事人一方向对方当事人主张权利,或者向有关部门请求权利救济,或者对方当事人同意履行义务而中断。从中断时起,仲裁时效期间重新计算。

(3)因不可抗力或者有其他正当理由,当事人不能在规定的仲裁时效期间申请仲裁的,仲裁时效中止。从中止仲裁时效的原因消除之日起,仲裁时效期间继续计算。

(4)劳动关系存续期间因拖欠劳动报酬发生争议的,劳动者申请仲裁不受一年仲裁时效期间的限制;但是,劳动关系终止的,应当自劳动关系终止之日起一年内提出。

(五)劳动争议诉讼

当事人对劳动争议仲裁裁决不服的,可自收到仲裁裁决书之日起十五日内向人民法院提起诉讼。对经过仲裁裁决,当事人向法院起诉的劳动争议案件,人民法院必须受理。

1.劳动人事诉讼案件的范围

(1)劳动争议:

①劳动合同纠纷。劳动合同纠纷包括确认劳动关系纠纷;集体劳动合同纠纷;劳务派遣合同纠纷;非全日制用工纠纷;追索劳动报酬纠纷;经济补偿金纠纷等。

②社会保险纠纷。社会保险纠纷包括养老金纠纷;工伤保险待遇纠纷;医疗费、医疗保险待遇纠纷;生育保险待遇纠纷;失业保险待遇纠纷等。

③福利待遇纠纷。

(2)人事争议:

人事争议包括辞职争议,辞退争议,聘任、聘用合同争议等。

2.劳动争议诉讼程序

劳动争议诉讼程序是处理劳动争议的最终程序。

人民法院对劳动争议案件,依照《中华人民共和国民事诉讼法》(以下简称《民事诉讼法》)规定的诉讼程序进行审理。首先,由一审人民法院审理、判决。当事人不服的,可以向上一级人民法院上诉,上一级法院的判决是终审判决,当事人不得再上诉。

3.劳动争议诉讼时效

《民法典》第一百八十八条规定,向人民法院请求保护民事权利的诉讼时效期间为三年。法律另有规定的,依照其规定。诉讼时效期间自权利人知道或者应当知道权利受到损害以及义务人之日起计算。法律另有规定的,依照其规定。但是,自权利受到损害之日起超过二十年的,人民法院不予保护,有特殊情况的,人民法院可以根据权利人的申请决定延长。这表明,我国劳动争议诉讼的一般诉讼时效为三年。

课后思考题

1. 什么是劳动合同？劳动合同订立的原则是什么？
2. 劳动合同订立的形式是什么？劳动合同的主要条款有哪些？
3. 简述劳动合同法定解除的情形。
4. 劳动合同解除的经济补偿标准是什么？
5. 哪些情形可以认定为工伤？
6. 劳动争议仲裁的范围有哪些？
7. 简述劳动争议仲裁时效的法律规定。

 课后案例 1

【背景资料】 老赵因工作较忙无暇整理家务，遂与吴某口头约定，由吴某来老赵家整理家务，每周两次，每次3小时，每次工资100元，试用一次，试用期工资80元，工资每月支付一次。3个月后老赵发现，吴某同时在为多个家庭整理家务，她为赶时间工作做得比较马虎，遂通知吴某解除约定，吴某要求老赵多支付一次的工资作为经济补偿。

【问题】 该案例中，双方能否约定试用期？吴某有权要求经济补偿吗？

 课后案例 2

【背景资料】 王某，女，20岁，高中文化程度。2020年8月，某公司向社会公开招聘员工，其中打字员2人，要求女性，高中文化程度，视力（裸眼）1.0以上。王某前往应聘，在体检时，王某让其妹妹代做视力检查。接着王某与公司订立为期2年的劳动合同，试用期3个月。由于王某工作中经常出现失误，有时还影响到公司对外关系，为此，公司认为王某不能胜任该工作，并且公司查明，王某在进行视力检查时，由其妹妹代检这一事实，遂决定解除与王某的劳动合同。王某不服，向当地劳动争议仲裁委员会申请仲裁，要求维持劳动关系，其理由是：工作中的差错是因为不熟悉公司业务造成的，现在试用期已过，公司不能单方面解除劳动合同。

【问题】
1. 王某与公司签订的劳动合同是否有效？
2. 公司有权利单方解除劳动合同吗？

第十六章

经济纠纷的解决

内容提示

1. 仲裁
2. 行政复议
3. 民事诉讼

学习目标

★ **知识目标**

1. 掌握仲裁的原则及范围、仲裁机构、仲裁协议、仲裁程序,行政复议的范围、行政复议机关,民事诉讼的适用范围、民事诉讼管辖、审判程序、诉讼时效。
2. 了解涉外仲裁的特别规定、民事诉讼的简易程序和二审程序。

★ **能力目标**

1. 依法选择纠纷解决的途径。
2. 实践中能够运用仲裁、行政复议、诉讼等法律途径维护自身及他人的合法权益。

★ **素养目标**

1. 理解本章涉及的法律原则中所体现的社会主义核心价值观内容,树立价值观自信。
2. 自觉遵守法律,学会用法律武器维护自身合法权益,追求社会公平与正义,敢于同违法犯罪行为做斗争,维护社会秩序,创建有序的法治环境,引领良好的社会风尚。

课前案例导入

【背景资料】 某食品厂与某商场签订了买卖饼干机的合同。合同中约定了付款及提货等方式,同时,合同中还约定了解决争议的仲裁条款。食品厂在提货时发现饼干机质量有问题,于是要求商场退款,双方为此发生纠纷。食品厂向仲裁委员会申请仲裁。食品厂选定了两名仲裁员,商场选定了一名仲裁员,首席仲裁员是该商场的常年法律顾问,食品厂要求其回避。仲裁委员会集体讨论决定驳回了食品厂的回避申请。于是,三名仲裁员组成仲裁庭公开审理了该案。

【问题】 本案在程序上有何不合法之处?请指出并说明理由。

第一节 经济纠纷概述

一、经济纠纷的概念

经济纠纷是指市场经济主体在经济活动中因一方或双方违反法律规定或依法生效的合同,损害对方合法权益而引起的经济争议,包括平等主体之间涉及经济内容的纠纷,以及公民、法人或者其他组织作为行政管理相对人与行政机关之间因行政管理所发生的涉及经济内容的纠纷。

二、经济纠纷的解决途径

(一)和解

和解是经济纠纷的当事人在平等的基础上相互协商、互谅互让,进而对纠纷的解决达成协议的方式。

(二)调解

调解是经济纠纷的当事人在中立第三方的主持下,自愿进行协商、解决纠纷的办法。在我国,调解主要有民间调解、行政调解、仲裁调解和法院调解(人民法院审理行政案件不适用调解)四种形式。其中,法院调解属于诉内调解,其他都属于诉外调解。

(三)仲裁

仲裁是指由经济纠纷的当事人共同选定仲裁机构,对纠纷依照法定程序作出具有法律约束力的裁决活动。仲裁具有三个要素:第一,以当事人自愿协商为基础;第二,由当事人自愿选择的中立第三方进行仲裁;第三,裁决对双方都具有约束力。

(四)行政复议

公民、法人或者其他组织对行政机关作出的行政许可、行政处罚、行政强制等具体行政行为不服所引起的行政争议,可以依照法定程序和条件向作出该具体行政行为的上一级行政机关或法定机关提出申请,由受理申请的行政机关对该行政行为进行复查并作出复议决定。行政复议是保护行政相对人免受行政机关具体行政行为侵害的一种重要法律制度。对行政复议不服的,可以依照法律规定提起行政诉讼。

(五)诉讼

诉讼是指国家审判机关即人民法院依照法律规定,在当事人和其他诉讼参与人的参加下,依法解决纷争的活动。

二十大报告指出,公正司法是维护社会公平正义的最后一道防线。深化司法体制综合配套改革,全面准确落实司法责任制,加快建设公正高效权威的社会主义司法制度,努力让人民群众在每一个司法案件中感受到公平正义。

> ⚠ **特别提示 16-1**　仲裁和民事诉讼适用于解决横向关系经济纠纷，即平等的民事主体之间发生的经济纠纷；行政复议和行政诉讼适用于解决纵向关系经济纠纷，即行政管理相对人和行政机关之间发生的经济纠纷。

第二节　仲　裁

一、仲裁概述

（一）仲裁的概念和特征

仲裁是指仲裁机构根据纠纷当事人之间自愿达成的协议，以第三者的身份对所发生的纠纷进行审理，并作出对争议各方均有约束力的裁决的纠纷解决活动。

与民事诉讼相比，仲裁具有自主性、专业性、灵活性、保密性、快捷性、经济性、独立性的特点。仲裁是一种解决经济纠纷的有效方式，在现实生活中被广泛应用。

仲裁的基本法律依据是1994年8月31日第八届全国人民代表大会常务委员会第九次会议审议通过，历经2009年、2017年两次修正的《中华人民共和国仲裁法》（以下简称《仲裁法》）。

法条链接：
《仲裁法》第一条规定："为保证公正、及时地仲裁经济纠纷，保护当事人的合法权益，保障社会主义市场经济健康发展，制定本法。"

（二）仲裁的原则

仲裁的原则贯穿于仲裁的整个过程，是仲裁机构和当事人必须遵守的准则。

1.自愿仲裁原则

仲裁机构对案件行使仲裁权，依据的是当事人的自愿申请，即当事人双方在纠纷发生前或发生后自愿达成仲裁协议，一旦纠纷发生，由当事人提出仲裁申请，仲裁机构依申请对纠纷行使仲裁权。

2.公平合理原则

仲裁要以事实为根据，以法律为准绳，依法评断，不偏不倚，公正公平。

3.依法独立仲裁原则

《仲裁法》第八条规定，仲裁依法独立进行，不受行政机关、社会团体和个人的干涉。仲裁委员会独立于行政机关，与行政机关没有隶属关系；仲裁庭独立裁决案件，仲裁委员会以及其他机关、社会团体和个人不得干预。

法条链接：
《仲裁法》第二条规定："平等主体的公民、法人和其他组织之间发生的合同纠纷和其他财产权益纠纷，可以仲裁。"

4.一裁终局原则

仲裁是双方当事人自愿选择的解决经济纠纷的途径,仲裁裁决结果具有法律效力,双方当事人必须履行;裁决作出后,当事人就同一纠纷再申请仲裁或向人民法院提起诉讼的,仲裁委员会或人民法院不予受理。

(三)《仲裁法》的适用范围

1.根据《仲裁法》的规定,平等主体的公民、法人和其他组织之间发生的合同纠纷和其他财产纠纷,可以仲裁。由此可见,仲裁事项必须是合同纠纷和其他财产性法律关系的争议。与人身有关的婚姻、收养、监护、抚养、继承纠纷,不能进行仲裁。

2.仲裁事项必须是平等主体之间发生的且当事人有权处分的财产权益纠纷。由强制性法律规范调整的法律关系的争议不能进行仲裁。因此,行政争议不能仲裁。劳动争议和农业集体经济组织内部的农业承包合同纠纷不同于一般的经济纠纷,它们在解决纠纷的原则、程序等方面有自己的特点,适用专门的规定,不适用《仲裁法》。

【例16-1】 下列各项中,属于《仲裁法》适用范围的是(   )。
A.自然人之间因继承财产产生的纠纷
B.农户之间因土地承包经营发生的纠纷
C.纳税企业与税务机关因纳税发生的争议
D.公司之间因买卖合同发生的纠纷
【解析】 答案D。本题考核仲裁的适用范围。

(四)仲裁机构

仲裁机构是有权对当事人提交的经济纠纷进行审理和裁决的机构,这一机构为仲裁委员会。

仲裁委员会可以在直辖市和省、自治区人民政府所在地的市设立,也可以根据需要在其他设区的市设立,不按行政区划层层设立。

设立仲裁委员会,应当经省、自治区、直辖市的司法行政部门登记。

仲裁委员会独立于行政机关,与行政机关没有隶属关系。仲裁委员会之间也没有隶属关系。

(五)仲裁协议

1.仲裁协议的概念

仲裁协议是指双方当中人自愿把他们之间可能发生或者已经发生的经济纠纷提交仲裁机构裁决的书面约定。

2.仲裁协议的形式和内容

仲裁协议应当以书面形式订立,口头达成仲裁的意思表示无效。

仲裁协议包括合同中订立的仲裁条款以及在纠纷发生前或纠纷发生后达成的请求仲裁的协议。

仲裁协议应具备下列内容:(1)请求仲裁的意思表示;(2)仲裁事项;(3)选定的仲裁委员会。

3.仲裁协议的效力

仲裁协议具有以下效力:(1)仲裁协议中为当事人设定的义务,不能任意更改、终止或撤销;(2)合法有效的仲裁协议对双方当事人诉权的行使产生一定的限制,即在当事人双方发生协议约定的争议时,任何一方只能将争议提交仲裁,而不能向人民法院起诉;(3)对于仲裁组织来说,仲裁协议具有排除诉讼管辖权的作用;(4)仲裁协议具有独立性,合同的变更、解除、终止或无效,不影响仲裁协议的效力。

当事人对仲裁协议的效力有异议的,应当在仲裁庭首次开庭前请求仲裁委员会作出决定,或请求人民法院作出裁定。一方请求仲裁委员会作出决定,另一方请求人民法院作出裁定的,由人民法院裁定。

有下列情形之一的,仲裁协议无效:(1)约定的仲裁事项超过法律规定的仲裁范围的;(2)无民事行为能力人或限制民事行为能力人订立的仲裁协议;(3)一方采取胁迫手段,迫使对方订立仲裁协议的。此外,仲裁协议对仲裁事项或仲裁委员会没有约定或者约定不明确的,当事人可以补充协议;达不成补充协议的,仲裁协议无效。

当事人达成仲裁协议,一方向人民法院起诉未声明有仲裁协议,人民法院受理后,另一方在首次开庭前提交仲裁协议的,人民法院应当驳回起诉,但仲裁协议无效的除外;另一方在首次开庭前未对人民法院受理该起诉提出异议的,视为放弃仲裁协议,人民法院应当继续审理。

二、仲裁程序

(一)申请与受理

1.申请仲裁应递交的文件

当事人申请仲裁,应当向仲裁委员会递交仲裁协议、仲裁申请书及副本。

仲裁申请书应当载明下列事项:(1)当事人的姓名、性别、年龄、职业、工作单位和住所,法人或其他组织的名称、住所和法定代表人或者主要负责人的姓名、职务;(2)仲裁请求和所根据的事实、理由;(3)证据和证据来源、证人姓名和住所。

2.当事人申请仲裁应符合的条件

(1)有仲裁协议;

(2)有具体的仲裁请求和事实、理由;

(3)属于仲裁委员会的受理范围。

> ⚠ **特别提示 16-2** 劳动争议仲裁由隶属劳动部门的劳动争议仲裁委员会解决。

法条链接:
《仲裁法》第二十一条规定:"当事人申请仲裁应当符合下列条件:(一)有仲裁协议;(二)有具体的仲裁请求和事实、理由;(三)属于仲裁委员会的受理范围。"

【例16-2】 甲地方税务局向乙百货商场购买了一批办公用品,因办公用品质量与该商场发生纠纷。同时,甲地方税务局又因向乙百货商场征收房产税而与其发生争议。这两项争议是否可以通过仲裁方式解决?

【解析】 第一个争议属于合同纠纷,可以用仲裁的方式解决;第二个争议属于行政争议,不适用仲裁的方式解决,可以用行政复议的方式解决。

(二)开庭和裁决

1.仲裁庭的组成

仲裁庭是指由当事人选定或者由仲裁委员会主任指定的仲裁员组成的,对当事人申请仲裁的案件按照仲裁程序进行审理并作出裁决的组织形式。

仲裁庭可以由一名仲裁员成立独任仲裁庭或三名仲裁员组成合议仲裁庭。由三名仲裁员组成的合议仲裁庭,设首席仲裁员。

⚠ **特别提示 16-3** 仲裁庭组成后,仲裁委员会应当将仲裁庭的组成情况书面通知当事人。

仲裁员有下列情况之一的,必须回避,当事人也有权提出回避申请:(1)是本案当事人或者当事人、代理人的近亲属;(2)与本案有利害关系;(3)与本案当事人、代理人有其他关系,可能影响公正仲裁的;(4)私自会见当事人、代理人,或者接受当事人、代理人的请客送礼的。当事人提出回避申请应当说明理由,并在首次开庭前提出。回避事由在首次开庭后知道的,可以在最后一次开庭终结前提出。

【例16-3】 根据《仲裁法》的规定,仲裁员具有特定情形必须回避,下列情形中,属于该特定情形的有( )。

A.接受本案当事人的请客送礼
B.是本案当事人的近亲属
C.与本案有利害关系
D.私自会见本案代理人。

【解析】 答案 ABCD。本题主要考查仲裁员应当回避的情形。

2.开庭、裁决

(1)开庭。仲裁以开庭和不公开为原则。当事人协议不开庭的,仲裁庭可以根据仲裁申请书、答辩书以及其他材料作出裁决。当事人协议公开的,可以公开进行,但涉及国家秘密的除外。

仲裁委员会应当在仲裁规则规定的期限内将开庭日期通知双方当事人。当事人经书面通知,无正当理由不到庭或者未经仲裁庭许可中途退庭的,对于申请人可以视为撤回仲裁申请,对于被申请人可以缺席裁决。

(2)证据。当事人应当对自己的主张提供证据,并有权申请证据保全。

(3)辩论。当事人在仲裁过程中有权进行辩论。

法条链接:
《仲裁法》第四十九条规定:"当事人申请仲裁后,可以自行和解。达成和解协议的,可以请求仲裁庭根据和解协议作出裁决书,也可以撤回仲裁申请。"

（4）自行和解。当事人申请仲裁后，可以自行和解。达成和解协议的，可以请求仲裁庭根据和解协议作出裁决书，也可以撤回仲裁申请。撤回仲裁申请后反悔的，可以根据仲裁协议申请仲裁。

（5）先行调解。仲裁庭在作出裁决前，可以先行调解。当事人自愿调解的，仲裁庭应当调解；调解不成的，应当及时作出裁决。在调解书签收前当事人反悔的，仲裁庭应当及时作出裁决。

法条链接：《仲裁法》第五十一条第一款规定："仲裁庭在作出裁决前，可以先行调解。当事人自愿调解的，仲裁庭应当调解。调解不成的，应当及时作出裁决。"

（6）作出裁决。裁决应当按照多数仲裁员的意见作出，少数仲裁员的不同意见可以记入笔录。仲裁庭不能形成多数意见时，裁决应当按照首席仲裁员的意见作出。

裁决书自作出之日起发生法律效力。

（三）仲裁效力

1.当事人应当履行仲裁裁决。一方当事人不履行的，另一方当事人可以按照《民事诉讼法》的有关规定向人民法院申请执行，受理申请的人民法院应当执行。

法条链接：《仲裁法》第五十七条规定："裁决书自作出之日起发生法律效力。"

2.当事人提出证据证明裁决有依法应当撤销的情形的，可在收到裁决书之日起六个月内，向仲裁委员会所在地的中级人民法院申请撤销裁决。人民法院经组成合议庭审查核实裁决有法定撤销情形，或认定裁决违背社会公共利益的，应当裁定撤销。

3.当事人一方申请执行仲裁裁决，另一方申请撤销裁决的，人民法院应当裁定中止执行。人民法院裁定撤销裁决的，应当裁定终结执行。撤销裁决的申请被裁定驳回的，人民法院应当裁定恢复执行。

第三节 行政复议

一、行政复议的概念和特征

行政复议是指国家行政机关在依照法律、法规的规定履行对社会的行政管理职责过程中，作为行政主体的行政机关一方与作为行政相对人的公民、法人或者其他组织一方，对于法律规定范围内的行政行为发生争议时，由行政相对人向行政复议机关提出申请，由行政复议机关对引起争议的行政行为的合法性、适当性进行审查，并做出相应决定的活动和制度。

行政复议兼具行政监督、行政救济和行政司法行为的特征和属性。

⚠ **特别提示 16-4**　行政复议工作坚持中国共产党的领导。行政复议机关履行行政复议职责，应当遵循合法、公正、公开、高效、便民、为民的原则，坚持有错必纠，保障法律、法规的正确实施。

1999年4月29日，第九届全国人民代表大会常务委员会第九次会议通过，历经2009年2017年两次修正和2023年修订的《中华人民共和国行政复议法》（以下简称《行政复议法》）和2007年5月29日国务院发布的《中华人民共和国行政复议法实施条例》（国务院令第499号）是行政复议活动进行的基本法律依据。

二、行政复议的范围

公民、法人或者其他组织认为行政机关的行政行为侵犯其合法权益，符合行政复议法规定范围的，可以申请行政复议。这里的行政行为包括法律、法规、规章授权的组织的行政行为。

（一）可以申请行政复议的事项

有下列情形之一的，公民、法人或者其他组织可以依照《行政复议法》申请行政复议：

(1) 对行政机关作出的行政处罚决定不服；
(2) 对行政机关作出的行政强制措施、行政强制执行决定不服；
(3) 申请行政许可，行政机关拒绝或者在法定期限内不予答复，或者对行政机关作出的有关行政许可的其他决定不服；
(4) 对行政机关作出的确认自然资源的所有权或者使用权的决定不服；
(5) 对行政机关作出的征收征用决定及其补偿决定不服；
(6) 对行政机关作出的赔偿决定或者不予赔偿决定不服；
(7) 对行政机关作出的不予受理工伤认定申请的决定或者工伤认定结论不服；
(8) 认为行政机关侵犯其经营自主权或者农村土地承包经营权、农村土地经营权；
(9) 认为行政机关滥用行政权力排除或者限制竞争；
(10) 认为行政机关违法集资、摊派费用或者违法要求履行其他义务；
(11) 申请行政机关履行保护人身权利、财产权利、受教育权利等合法权益的法定职责，行政机关拒绝履行、未依法履行或者不予答复；
(12) 申请行政机关依法给付抚恤金、社会保险待遇或者最低生活保障等社会保障，行政机关没有依法给付；
(13) 认为行政机关不依法订立、不依法履行、未按照约定履行或者违

法条链接：
《行政复议法》第一条规定："为了防止和纠正违法的或者不当的行政行为，保护公民、法人和其他组织的合法权益，监督和保障行政机关依法行使职权，发挥行政复议化解行政争议的主渠道作用，推进法治政府建设，根据宪法，制定本法。"

法条链接：
《行政复议法》第二条规定："公民、法人或者其他组织认为行政机关的行政行为侵犯其合法权益，向行政复议机关提出行政复议申请，行政复议机关办理行政复议案件，适用本法。

前款所称行政行为，包括法律、法规、规章授权的组织的行政行为。"

法变更、解除政府特许经营协议、土地房屋征收补偿协议等行政协议；

(14)认为行政机关在政府信息公开工作中侵犯其合法权益的；

(15)认为行政机关的其他行政行为侵犯其合法权益。

(二)下列事项不属于行政复议范围：

(1)国防、外交等国家行为；

(2)行政法规、规章或者行政机关制定、发布的具有普遍约束力的决定、命令等规范性文件；

(3)行政机关对行政机关工作人员的奖惩、任免等决定；

(4)行政机关对民事纠纷作出的调解。

【例 16-4】 根据《行政复议法》的规定，下列各项中不属于行政复议范围的有(　　)。

A.某公司不服税务机关对其作出的罚款决定

B.某公司不服市场监督管理局对其作出的吊销营业执照的决定

C.某公司不服公安局对其作出的查封财产的决定

D.某行政机关公务员不服单位对其作出的记过处分决定

【解析】 答案 D。不服行政机关对其所属国家公务员作出的行政处分或者其他人事处理的，不属于行政复议范围。

三、行政复议参加人和行政复议机关

(一)行政复议参加人

行政复议参加人是指具体参加行政复议活动全过程，以保护其合法权益不受非法侵害的人。行政复议参加人包括申请人、被申请人和第三人。

1.申请人

申请行政复议的公民、法人或者其他组织是申请人。有权申请行政复议的公民死亡的，其近亲属可以申请行政复议。有权申请行政复议的法人或者其他组织终止的，其权利义务承受人可以申请行政复议。有权申请行政复议的公民为无民事行为能力人或者限制民事行为能力人的，其法定代理人可以代为申请行政复议。

⚠️ **特别提示 16-5** 同一行政复议案件申请人人数众多的，可以由申请人推选代表人参加行政复议。

2.被申请人

公民、法人或者其他组织对行政行为不服申请行政复议的，作出行政行为的行政机关或者法律、法规、规章授权的组织是被申请人。两个以上行政机关以共同的名义作出同一行政行为的，共同作出行政行为的行政机关是被申请人。行政机关委托的组织作出行政行为的，委托的行政机关是被申请人。

作出行政行为的行政机关被撤销或者职权变更的，继续行使其职权的行政机关是被申请人。

3.第三人

申请人以外的同被申请行政复议的行政行为或者行政复议案件处理结果有利害关系的公民、法人或者其他组织,可以作为第三人申请参加行政复议,或者由行政复议机构通知其作为第三人参加行政复议。

(二)行政复议机关

县级以上各级人民政府以及其他依照《行政复议法》履行行政复议职责的行政机关是行政复议机关。

行政复议机关办理行政复议事项的机构是行政复议机构。行政复议机构同时组织办理行政复议机关的行政应诉事项。

国务院行政复议机构可以发布行政复议指导性案例。

【例 16-5】 王某对甲市 A 区国家税务局的某一具体行政行为不服,决定申请行政复议。根据《行政复议法》的规定,受理王某行政复议申请的行政复议机关应当是(   )。

A.A 区人民政府　　　　　　B.甲市国家税务局
C.A 区国家税务局　　　　　D.甲市人民政府

【解析】 答案 D。根据《行政复议法》的规定,对海关、金融、国税等实行垂直领导的行政机关和国家安全机关的具体行政行为不服的,向上一级主管部门申请行政复议。

四、行政复议管辖

行政复议管辖是行政复议机关受理行政复议申请的权限和分工,即某一行政争议发生后,应由哪一个行政机关来履行行政复议职责,行使行政复议权。

1.县级以上地方各级人民政府管辖下列行政复议案件

(1)对本级人民政府工作部门作出的行政行为不服的;
(2)对下一级人民政府作出的行政行为不服的;
(3)对本级人民政府依法设立的派出机关作出的行政行为不服的;
(4)对本级人民政府或者其工作部门管理的法律、法规、规章授权的组织作出的行政行为不服的。

除上述规定外,省、自治区、直辖市人民政府同时管辖对本机关作出的行政行为不服的行政复议案件。省、自治区人民政府依法设立的派出机关参照设区的市级人民政府的职责权限,管辖相关行政复议案件。

对县级以上地方各级人民政府工作部门依法设立的派出机构依照法律、法规、规章规定,以派出机构的名义作出的行政行为不服的行政复议案件,由本级人民政府管辖;其中,对直辖市、设区的市人民政府工作部门按照行政区划设立的派出机构作出的行政行为不服的,也可以由其所在地的人民政府管辖。

2.国务院部门管辖

国务院部门管辖下列行政复议案件:
(1)对本部门作出的行政行为不服的;
(2)对本部门依法设立的派出机构依照法律、行政法规、部门规章规定,以派出机构的名义作出的行政行为不服的;

(3)对本部门管理的法律、行政法规、部门规章授权的组织作出的行政行为不服的。

3.地方人民政府统一管辖的例外

(1)垂直机关的复议管辖。对海关、金融、外汇管理等实行垂直领导的行政机关、税务和国家安全机关的行政行为不服的,向上一级主管部门申请行政复议。

(2)司法行政机关的复议管辖。对履行行政复议机构职责的地方人民政府司法行政部门的行政行为不服的,可以向本级人民政府申请行政复议,也可以向上一级司法行政部门申请行政复议。

【例 16-6】 下列各项中,不属于行政复议范围的是( )。
A.对行政机关作出的责令停产停业决定不服的
B.对行政机关作出的冻结财产决定不服的
C.对地方有关行政法规不符的
D.对行政机关做出的确认土地使用权的决定不服的

【解析】 答案C。本题考核行政复议的范围,选项C属于行政复议的排除事项,不符合行政法规与行政规章的审查,依照法律、行政法规办理。

五、行政复议的申请和受理

公民、法人或其他组织认为具体行政行为侵犯其合法权益的,可以自知道或者应当知道该具体行政行为之日起六十日内提出行政复议申请,但是法律规定的申请期限超过六十日的除外。因不可抗力或其他正当理由耽误法定申请期限的,申请日自障碍消除之日起继续计算。

申请人申请行政复议,可以书面申请;书面申请有困难的,也可以口头申请。口头申请的,行政复议机关应当当场记录申请人的基本情况、行政复议请求,申请行政复议的主要事实、理由和时间。

公民、法人或者其他组织申请行政复议,行政复议机关已经依法受理的,在行政复议期间不得向人民法院提起行政诉讼。

行政复议机关受理行政复议申请,不得向申请人收取任何费用。

行政复议机关收到行政复议申请后,应当在五日内进行审查。

行政复议机关审查,认为符合立案条件的,应当立案受理,凡不符合法定条件的,应当裁定不予受理。

微课
行政复议与行政诉讼的关系

法条链接:
《行政复议法》第七十九条规定:"行政复议机关根据被申请行政复议的行政行为的公开情况,按照国家有关规定将行政复议决定书向社会公开。"

六、行政复议审理

行政复议审理是行政复议机关受理复议申请后,对被申请人的行政行为进行全面审查的活动。行政复议机关受理行政复议申请后,依照《行政复议法》适用普通程序或者简易程序进行审理。普通程序是行政复议中最基本、最核心的程序,可适用于所有行政复议案件,具有广泛适用性。

行政复议机关依照法律、法规、规章审理行政复议案件。

行政复议中止的原因消除后,应当及时恢复行政复议案件的审理。行政复议机关中止、恢复行政复议案件的审理,应当书面告知当事人。

> ⚠ **特别提示 16-6** 行政复议人员对办理行政复议案件过程中知悉的国家秘密、商业秘密和个人隐私,应当予以保密。

七、行政复议决定与履行

(一)行政复议决定作出的期限

适用普通程序审理的行政复议案件,行政复议机关应当自受理申请之日起六十日内作出行政复议决定;但是法律规定的行政复议期限少于六十日的除外。情况复杂,不能在规定期限内作出行政复议决定的,经行政复议机构的负责人批准,可以适当延长,并书面告知当事人;但是延长期限最多不得超过三十日。

适用简易程序审理的行政复议案件,行政复议机关应当自受理申请之日起三十日内作出行政复议决定。

(二)行政复议决定的作出

1.行政复议机关依法审理行政复议案件,由行政复议机构对行政行为进行审查,提出意见,经行政复议机关的负责人同意或者集体讨论通过后,以行政复议机关的名义作出行政复议决定。

2.经过听证的行政复议案件,行政复议机关应当根据听证笔录、审查认定的事实和证据,作出行政复议决定。

3.提请行政复议委员会提出咨询意见的行政复议案件,行政复议机关应当将咨询意见作为作出行政复议决定的重要参考依据。

行政复议机关作出行政复议决定,应当制作行政复议决定书,并加盖行政复议机关印章。行政复议决定书一经送达,即发生法律效力。

(三)行政复议决定的类型

行政复议决定的类型包括:变更决定、撤销决定、确认违法决定、限期履行决定、确认无效决定、维持决定、驳回复议请求决定、影响复议审理类决定、行政协议类决定、行政赔偿类决定。

行政行为有下列情形之一的,行政复议机关决定变更该行政行为:

(1)事实清楚,证据确凿,适用依据正确,程序合法,但是内容不适当;

(2)事实清楚,证据确凿,程序合法,但是未正确适用依据;

(3)事实不清、证据不足,经行政复议机关查清事实和证据。

行政复议机关不得作出对申请人更为不利的变更决定,但是第三人提出相反请求的除外。

行政行为有下列情形之一的,行政复议机关决定撤销或者部分撤销该行政行为,并可以责令被申请人在一定期限内重新作出行政行为:

(1)主要事实不清、证据不足;

(2)违反法定程序;

(3)适用的依据不合法;

(4)超越职权或者滥用职权。

> ⚠ **特别提示 16-7** 行政复议机关责令被申请人重新作出行政行为的,被申请人不得以同一事实和理由作出与被申请行政复议的行政行为相同或者基本相同的行政行为,但是行政复议机关以违反法定程序为由决定撤销或者部分撤销的除外。

行政行为有下列情形之一的,行政复议机关不撤销该行政行为,但是确认该行政行为违法:

(1)依法应予撤销,但是撤销会给国家利益、社会公共利益造成重大损害;

(2)程序轻微违法,但是对申请人权利不产生实际影响。

【例 16-7】 根据行政复议法律制度的相关规定,行政复议机构决定撤销、变更或者确认该具体行政行为违法的情形有( )。

A.主要事实不清,证据不足　　B.适用的依据不合法

C.违反法定程序　　　　　　　D.超越或者滥用权力

【解析】 答案 ABCD。本题考核行政复议决议的作出。

知识拓展

复议前置

(四)行政复议决定的履行

1.自觉履行

被申请人应当履行行政复议决定书、调解书、意见书。

2.限期履行

被申请人不履行或者无正当理由拖延履行行政复议决定书、调解书、意见书的,行政复议机关或者有关上级行政机关应当责令其限期履行,并可以约谈被申请人的有关负责人或者予以通报批评。

3.强制执行

申请人、第三人逾期不起诉又不履行行政复议决定书、调解书的,或

法条链接:

《行政复议法》第七十九条规定:"行政复议机关根据被申请行政复议的行政行为的公开情况,按照国家有关规定将行政复议决定书向社会公开。

者不履行最终裁决的行政复议决定的,按照下列规定分别处理:(1)维持行政行为的行政复议决定书,由作出行政行为的行政机关依法强制执行,或者申请人民法院强制执行;(2)变更行政行为的行政复议决定书,由行政复议机关依法强制执行,或者申请人民法院强制执行;(3)行政复议调解书,由行政复议机关依法强制执行,或者申请人民法院强制执行。

第四节 民事诉讼

一、民事诉讼的概念和适用范围

(一)民事诉讼的概念

民事诉讼是指人民法院在当事人和其他诉讼人的参与下,依法审理并裁决平等主体之间经济纠纷案件的活动。

经济纠纷所涉及的诉讼包括民事诉讼和行政诉讼。

平等主体当事人之间发生经济纠纷提起诉讼,适用《民事诉讼法》,该法于1991年4月9日第七届全国人民代表大会第四次会议通过,经历2007年、2012年、2017年、2021年和2023年五次修正,是民事诉讼活动的法律依据。

(二)民事诉讼的适用范围

公民之间、法人之间、其他组织之间以及他们相互之间因财产关系和人身关系发生纠纷,可以提起民事诉讼。适用民事诉讼法的案件主要有以下几大类:

1. 民事纠纷案件

(1)由民法典调整的物权关系、债权关系、知识产权关系、人身权关系引起的诉讼,如合同纠纷案件、房屋产权争议案件、侵犯著作权案件、侵犯名誉权案件等。

(2)由民法调整的婚姻家庭关系、继承关系、收养关系引起的诉讼,如离婚案件、追索抚养费案件、财产继承案件、解除收养关系案件等。

(3)由经济法调整的经济关系中属于民事性质的诉讼,如因污染引起的侵权案件、因不正当竞争行为引起的损害赔偿案件等。

2. 商事纠纷案件

商事纠纷案件指由商法调整的商事关系引起的诉讼,如票据案件、股东权益纠纷案件、保险合同纠纷案件、海商案件等。

3. 劳动争议案件

劳动争议案件是指因劳动法调整的社会关系发生的争议,法律规定适用民事诉讼程序的案件,如劳动合同纠纷案件等。

> **法条链接:**
> 《民事诉讼法》第二条规定:"中华人民共和国民事诉讼法的任务,是保护当事人行使诉讼权利,保证人民法院查明事实,分清是非,正确适用法律,及时审理民事案件,确认民事权利义务关系,制裁民事违法行为,保护当事人的合法权益,教育公民自觉遵守法律,维护社会秩序、经济秩序,保障社会主义建设事业顺利进行。"

> **法条链接:**
> 《民事诉讼法》第三条规定:"人民法院受理公民之间、法人之间、其他组织之间以及他们相互之间因财产关系和人身关系提起的民事诉讼,适用本法的规定。"

4. 法院规定人民法院适用《民事诉讼法》审理的非讼案件

(1)适用特别程序审理的案件,如选民资格案件、宣告失踪或者宣告死亡案件、认定公民无行为能力和限制行为能力案件等非诉案件;

(2)适用督促程序审理的案件;

(3)适用公示催告程序审理的案件。

二、民事诉讼管辖

民事诉讼管辖是指各级人民法院之间以及不同地区的同级人民法院之间,受理第一审民事案件、经济纠纷案件的职权范围和具体分工。

民事诉讼管辖按不同标准可分为不同的种类,其中,最主要、最常用的是级别管辖和地域管辖。

(一)级别管辖

级别管辖是指根据案件性质、案件繁简、影响范围来确定上下级人民法院受理第一审民事案件的分工和权限。大多数民事案件归基层人民法院管辖。

(1)基层人民法院管辖由其上级人民法院管辖以外的所有第一审民事案件。

(2)中级人民法院管辖下列第一审民事案件:

①重大涉外案件。重大涉外案件是指争议标的额大或者案情复杂或者居住在国外当事人人数众多的涉外案件。

②在本辖区有重大影响的案件。

> ⚠ **特别提示 16-8** 本辖区有重大影响的案件是指案情复杂、涉及范围比较广、诉讼标的额大、案件本身影响大,处理结果可能对社会产生较大影响的案件。

③最高人民法院确定由中级人民法院管辖的案件,如专利纠纷案件由中级人民法院管辖。此外,重大的涉港、澳、台的案件,诉讼单位属地区、省辖市以上,且诉讼标的额较大、案情比较复杂的经济纠纷案件,一般也由中级人民法院作为第一审人民法院。

(3)高级人民法院管辖在本辖区有重大影响的第一审民事案件。

(4)最高人民法院管辖在全国有重大影响的案件以及认为应当由该院审理的案件。依照法律规定,最高人民法院管辖的案件实行一审终审,所做判决、裁定一旦送达即发生法律效力。

(二)地域管辖

地域管辖是指确定同级人民法院之间在各自的辖区内受理一审案件的权限和分工。地域管辖可以分为一般地域管辖、特殊地域管辖、协议管辖、专属管辖和共同管辖。

法条链接:
《民事诉讼法》第二十二条规定:"对公民提起的民事诉讼,由被告住所地人民法院管辖;被告住所地与经常居住地不一致的,由经常居住地人民法院管辖。

对法人或其他组织提起的民事诉讼,由被告住所地人民法院管辖。

同一诉讼的几个被告住所地、经常居住地在两个以上人民法院辖区的,各该人民法院都有管辖权。"

1.一般地域管辖

一般地域管辖是以被告住所地为依据来确定案件的管辖法院,即实行"原告就被告原则"。对公民提起的民事诉讼,由被告住所地人民法院管辖,被告住所地与经常居住地不一致的,由经常居住地人民法院管辖,对法人或者其他组织提起的民事诉讼,由被告住所地人民法院管辖。

2.特殊地域管辖

特殊地域管辖是指以诉讼标的所在地、法律事实所在地以及被告住所地为标准确定的管辖。下列经济纠纷案件实行特殊地域管辖:

(1)因合同纠纷提起的诉讼,由被告住所地或者合同履行地人民法院管辖;

(2)因保险合同纠纷提起的诉讼,由被告住所地或者保险标的物所在地人民法院管辖;

(3)因票据纠纷提起的诉讼,由票据支付地或者被告住所地人民法院管辖;

(4)因公司设立、确认股东资格、分配利润、解散等纠纷提起的诉讼,由公司住所地人民法院管辖;

(5)因铁路、公路、水上、航空运输和联合运输合同纠纷提起的诉讼,由运输始发地、目的地或者被告住所地人民法院管辖;

(6)因侵权行为提起的诉讼,由侵权行为地或者被告住所地人民法院管辖;

(7)因铁路、公路、水上和航空事故请求损害赔偿提起的诉讼,由事故发生地或者车辆、船舶最先到达地、航空器最先降落地或者被告住所地人民法院管辖;

(8)因船舶碰撞或者其他海事损害事故请求损害赔偿提起的诉讼,由碰撞发生地、碰撞船舶最先到达地、加害船舶被扣留地或者被告住所地人民法院管辖;

(9)因海难救助费用提起的诉讼,由救助地或者被救助船舶最先到达地人民法院管辖;

(10)因共同海损提起的诉讼,由船舶最先到达地、共同海损理算地或者航程终止地的人民法院管辖。

3.协议管辖

协议管辖是指经济案件的双方当事人在争议发生之前或者发生之后,以书面协议方式或者默示的方式选择确定解决其争议的管辖法院。协议管辖必须具备下列条件:

(1)当事人只能协议选择第一审人民法院,不能以协议的方式选择第二审人民法院;

(2)必须是合同纠纷案件;

(3)选择管辖的协议必须明确并采用书面形式;

(4)只能在被告住所地、合同履行地、合同签订地、原告住所地、标的物所在地的人民法院中选择一个作为管辖法院;

(5)不得违反《民事诉讼法》对级别管辖和专属管辖的规定。

4.专属管辖

专属管辖是指法律规定某些案件必须由特定的人民法院管辖,其他法院无权管辖,当事人也不得协议变更管辖。专属管辖具有强制性和排他性。下列案件,由特定的人民法院专属管辖:

(1)因不动产纠纷提起的诉讼,由不动产所在地人民法院管辖;

(2)因港口作业发生纠纷提起的诉讼,由港口所在地人民法院管辖;

(3)因继承遗产纠纷提起的诉讼,由被继承人死亡时住所地或者主要遗产所在地人民法院管辖。

【例 16-8】 B市的甲购买了乙在A市的一套房产,因为房屋质量问题发生了争议,甲准备起诉乙。请问甲应该向哪个法院提起诉讼?

【解析】应该向 A 市人民法院提起诉讼。因不动产纠纷提起的诉讼,由不动产所在地人民法院管辖。

5.共同管辖

共同管辖是指两个或两个以上的人民法院,对同一诉讼案件依法均享有管辖权。同一诉讼的几个被告住所地、经常居住地在两个以上人民法院辖区的,各该人民法院都有管辖权。两个以上人民法院都有管辖权的诉讼,原告可以向其中一个人民法院起诉;原告向两个以上有管辖权的人民法院起诉的,由最先立案的人民法院管辖。

三、审判制度

(一)合议制度

合议制度是指由三名以上审判人员组成审判组织,代表人民法院行使审判权,对案件进行审理并作出裁判的制度。合议制度是相对于独任制度而言的,独任制度是指由一名审判员独立地对案件进行审理和裁判的制度。人民法院审理第一审民事案件,除了适用简易程序、特别程序(选民资格案件及重大、疑难的案件除外)、督促程序、公示催告程序审理的民事案件由审判员一人独任审理外,一律由审判员、陪审员共同组成合议庭或者由审判员组成合议庭;选民资格案件或者重大、疑难的案件,由审判员组成合议庭。人民法院审理第二审民事案件,由审判员组成合议庭。合议庭的成员人数,必须是单数。

合议庭的审判长由院长或者庭长指定审判员一人担任;院长或者庭长参加审判的,由院长或者庭长担任。

合议庭评议案件,实行少数服从多数的原则。评议应当制作笔录,由合议庭成员签名。评议中的不同意见,必须如实记入笔录。

(二)回避制度

回避制度是指审判人员和其他有关人员,遇有法律规定的情形时,退出对某一案件的审理活动的制度。审判人员、书记员、翻译人员、鉴定人、勘验人有下列情形之一的,应当自行回避,当事人有权用口头或者书面方式申请他们回避:

禁止独任审理的情形

(1)是本案当事人或者当事人、诉讼代理人近亲属的;

(2)与本案有利害关系的;

(3)与本案当事人、诉讼代理人有其他关系,可能影响对案件公正审理的。

上述人员接受当事人、诉讼代理人请客送礼,或者违反规定会见当事人、诉讼代理人的,当事人有权要求他们回避。

被申请回避的人员在人民法院作出是否回避的决定前,应当暂停参与本案的工作,但案件需要采取紧急措施的除外。

人民法院对当事人提出的回避申请,应当在申请提出的三日内,以口头或者书面形式作出决定。

(三)公开审判制度

公开审判制度是指人民法院的审判活动依法向社会公开的制度。人民法院审理民事案件,除涉及国家秘密、个人隐私或者法律另有规定的以外,应当公开进行。人民法院对公开审理或不公开审理的案件,一律公开宣告判决。

(四)两审终审制度

两审终审制度是指一个诉讼案件经过两级人民法院审判后即终结的制度。我国人民法院分为四级：最高人民法院、高级人民法院、中级人民法院和基层人民法院。除最高人民法院外，其他各级人民法院都有自己的上一级人民法院。按照两审终审制，一个案件经过第一审人民法院审判后，当事人如果不服，有权在法定期限内向上一级人民法院提起上诉，由该上一级人民法院进行第二审。第二审人民法院的判决、裁定是终审的判决、裁定。

两审终审制度例外情形：

(1)适用特别程序、督促程序、公示催告程序和简易程序中的小额诉讼程序审理的案件，实行一审终审；

(2)最高人民法院所做的一审判决、裁定，为最终判决、裁定。

对终审判决、裁定，当事人不得上诉。如果发现终审判决确有错误，可以通过审判监督程序予以纠正。

四、审判程序

审判程序包括第一审程序、第二审程序、审判监督程序等。

(一)第一审程序

第一审程序，是指各级人民法院审理第一审经济案件适用的程序，分为普通程序和简易程序。

1.普通程序

普通程序是民事、经济案件审判中最基本的程序，主要包括以下内容：

(1)起诉与受理

起诉是指公民、法人或其他组织因自己的经济权益受到侵害或发生争议，向人民法院提起诉讼，请求人民法院依法审判，给予法律保护的诉讼行为。

> ⚠ **特别提示16-9** 起诉是当事人享有的一项重要的诉讼权利，是当事人享有诉权的起点。

受理是人民法院通过审查原告的起诉，对认为起诉符合法定条件的案件予以立案并进行审理的诉讼行为。人民法院收到起诉状或者口头起诉，经审查，认为符合起诉条件的，应当在七日内立案，并通知当事人；认为不符合起诉条件的，应当在七日内作出裁定书，不予受理；原告对裁定不服的，可以提起上诉。

(2)审理前的准备

①发送起诉状副本和答辩状副本。

②审阅诉讼材料，调查收集证据。

③更换和追加当事人。

(3)开庭审理

法条链接：
《民事诉讼法》第一百二十二条规定："起诉必须符合下列条件：

(一)原告是与本案有直接利害关系的公民、法人和其他组织；

(二)有明确的被告；

(三)有具体的诉讼请求和事实、理由；

(四)属于人民法院受理民事诉讼的范围和受诉人民法院管辖。"

开庭审理是审判程序的中心环节,是解决民事纠纷的关键环节,是指人民法院在当事人和其他诉讼参与人的参与下,对案件进行实体审理的诉讼活动过程。

⚠️ **特别提示 16-10** 人民法院审理民事案件,除涉及国家秘密、个人隐私或者法律另有规定的以外,应当公开进行。

开庭审理分为以下几个阶段:
①开庭前准备;②宣布开庭;③法庭调查;④法庭辩论;⑤互相辩论;⑥评议和宣判。

⚠️ **特别提示 16-11** 人民法院审理民事案件时,当事人有权进行辩论。

当事人在上诉期内不上诉的,期限届满,判决即发生法律效力。

人民法院适用普通程序审理的案件,应当在立案之日起六个月内审结。有特殊情况需要延长的,由本院院长批准,可以延长六个月;还需要延长的,报请上级人民法院批准。

(4)调解与判决

①调解。人民法院审理民事案件,应当根据当事人自愿和合法的原则,在事实清楚的基础上,分清是非,进行调解。适用特别程序、督促程序、公示催告程序的案件,婚姻等身份关系确认案件以及其他根据案件性质不能调解的案件,不得调解。

除特别情况外,调解达成协议,人民法院应当制作调解书。调解书经双方当事人签收后,即具有法律效力。

②判决。判决书应当写明判决结果和作出该判决的理由。判决书由审判人员、书记员署名,加盖人民法院印章。

当事人不服地方人民法院第一审判决的,有权在判决书送达之日起十五日内向上一级人民法院提起上诉。最高人民法院的判决以及依法不准上诉或者超过上诉期没有上诉的判决,是发生法律效力的判决。第二审人民法院的判决是终审的判决,即发生法律效力的判决。

2.简易程序

简易程序是普通程序的简化。只有基层人民法院及其派出的法庭在审理事实清楚、权利义务关系明确、争议不大的简单的经济纠纷案件时,才能适用简易程序。适用简易程序审判的经济纠纷案件,由审判员一人独任审判,其审理期限为自立案之日起三个月。在简易程序中,原告可以口头起诉,法院可以口头或书面方式通知被告;用口头或其他简便方式传唤当事人、证人。

微课
简易程序

⚠️ **特别提示 16-12** 基层人民法院和它派出的法庭审理简单的民事案件,可以用简便方式传唤当事人和证人、送达诉讼文书、审理案件,但应当保证当事人陈述意见的权利。

⚠️ **特别提示 16-13** 适用特别程序、督促程序、公示催告程序、审理的案件,实行一审终审,当事人不得提出上诉。

(二)第二审程序

第二审程序,又称上诉程序,是指上级人民法院审理当事人不服第一人民法院尚未生效的判决和裁定而提起的上诉案件所适用的程序。

我国实行两审终审制,当事人不服一审人民法院判决、裁定的,有权向上一级人民法院提起上诉。《民事诉讼法》规定,上诉必须具备以下条件:①只有第一审案件的当事人才可以提起上诉;②只能对法律规定的可以上诉的判决、裁定提起上诉。当事人不服地方人民法院一审判决的,有权在判决书送达之日起十五日内向上一级人民法院提起上诉。当事人不服地方人民法院第一审裁定的,有权在裁定书送达之日起十日内向上一级人民法院提起上诉。

(三)审判监督程序

审判监督程序又称再审程序,是指人民法院对已经发生法律效力的判决、裁定,发现确有错误,依法重新进行审理的审判程序。它不是每一个案件必经的审判程序,而是在第一审和第二审程序之外的救济程序、特殊程序。

五、执行程序

发生法律效力的民事判决、裁定、民事调解书及其他应由人民法院执行的法律文书,当事人必须履行。一方拒绝履行的,对方当事人可以向人民法院申请执行,申请执行的期间为二年,从法律文书规定的履行期间的最后一日起计算。

人民法院自收到申请执行书之日起超过六个月未执行的,申请执行人可以向上一级人民法院申请执行。上一级人民法院经审查,可以责令原人民法院在一定期限内执行,也可以决定由本院执行或者指令其他人民法院执行。

> ⚠ **特别提示16-14** 申请执行时效的中止、中断,适用法律有关诉讼时效中止、中断的规定。

【例16-9】 下列关于我国审判制度有关内容的表述中,正确的有( )。
A.人民法院审理案件实行合议制度
B.合议庭评议案件实行少数服从多数的原则
C.人民法院审理案件一律公开宣告判决
D.人民法院审理案件实行两审终审制度
【解析】 答案ABCD。以上四项均为我国审判制度的内容,所以ABCD均正确。

六、诉讼时效

(一)诉讼时效的概念

诉讼时效制度是指权利人在法定期间内不行使权利而失去诉讼保护的制度。诉讼时效期间是指权利人请求法院或仲裁机关保护其民事权利的法定期间。

诉讼时效期限届满,权利人丧失的是胜诉权,即丧失依诉讼程序强制义务人履行义务的权利;权利人的实体权利并不消灭,债务人自愿履行的,不受诉讼时效限制。

> ⚠ **特别提示16-15** 诉讼时效以权利人不行使法定权利的事实状态的存在为前提。

(二)诉讼时效期间的具体规定

向人民法院请求保护民事权利的诉讼时效期间为三年。法律另有规定的,依照其规定。

诉讼时效期间自权利人知道或者应当知道权利受到损害以及义务人之日起计算。法律另有规定的,依照其规定。但是自权利受到损害之日起超过二十年的,人民法院不予保护;有特殊情况的,人民法院可以根据权利人的申请决定延长。

当事人约定同一债务分期履行的,诉讼时效期间自最后一期履行期限届满之日起计算。

无民事行为能力人或者限制民事行为能力人对其法定代理人的请求权的诉讼时效期间,自该法定代理终止之日起计算。

未成年人遭受性侵害的损害赔偿请求权的诉讼时效期间,自受害人年满十八周岁之日起计算。

诉讼时效期间届满的,义务人可以提出不履行义务的抗辩。

诉讼时效期间届满后,义务人同意履行的,不得以诉讼时效期间届满为由抗辩;义务人已自愿履行的,不得请求返还。

人民法院不得主动适用诉讼时效的规定。

【例16-10】 下列关于诉讼时效期间届满后的法律后果的表述中,符合法律规定的是(   )。

A.权利人在诉讼时效期间届满后起诉的,人民法院不予受理

B.诉讼时效期间届满,义务人自愿履行了义务后,可以以诉讼时效期间届满为由主张恢复原状

C.诉讼时效期间届满后,当事人自行履行义务的,不受诉讼时效限制

D.诉讼时效期间届满后,权利人的实体权利消灭

【解析】 答案C。本题考核诉讼时效制度。选项A错误,诉讼时效期间届满,不影响债权人提起诉讼,即不丧失起诉权,人民法院应当受理。选项B错误,义务人履行了义务后,又以诉讼时效期间届满为由抗辩的,人民法院不予支持。选项D错误,诉讼时效期间届满并不消灭实体权利,债权人的债权并不消灭。选项C正确,诉讼时效期间届满后,当事人自愿履行义务的,不受诉讼时效的限制。

(三)诉讼时效的中止和中断

1.诉讼时效的中止

在诉讼时效期间的最后六个月内,因下列障碍,不能行使请求权的,诉讼时效中止:

(1)不可抗力;

(2)无民事行为能力人或者限制民事行为能力人没有法定代理人,或者法定代理人死亡、丧失民事行为能力、丧失代理权;

(3)继承开始后未确定继承人或者遗产管理人;

(4)权利人被义务人或者其他人控制;

(5)其他导致权利人不能行使请求权的障碍。

自中止时效的原因消除之日起满六个月,诉讼时效期间届满。

2.诉讼时效的中断

有下列情形之一的,诉讼时效中断,从中断、有关程序终结时起,诉讼时效期间重新计算:

(1)权利人向义务人提出履行请求;

(2)义务人同意履行义务;

(3)权利人提起诉讼或者申请仲裁;

(4)与提起诉讼或者申请仲裁具有同等效力的其他情形。

(四)不适用诉讼时效的规定

下列请求权不适用诉讼时效的规定:

(1)请求停止侵害、排除妨碍、消除危险;

(2)不动产物权和登记的动产物权的权利人请求返还财产;

(3)请求支付抚养费、赡养费或者扶养费;

(4)依法不适用诉讼时效的其他请求权。

诉讼时效的期间、计算方法以及中止、中断的事由由法律规定,当事人约定无效。当事人对诉讼时效利益的预先放弃无效。

法律对仲裁时效有规定的,依照其规定;没有规定的,适用诉讼时效的规定。

最新诉讼时效的法律规定

法律规定或者当事人约定的撤销权、解除权等权利的存续期间,除法律另有规定外,自权利人知道或者应当知道权利产生之日起计算,不适用有关诉讼时效中止、中断和延长的规定。存续期间届满,撤销权、解除权等权利消灭。

 课后思考题

1.处理经济纠纷的方式有哪些?
2.我国《仲裁法》的适用范围及仲裁的原则是什么?
3.简述仲裁的程序。
4.什么是行政复议?行政复议的原则有哪些?
5.简述行政复议的范围。
6.简述行政复议的程序。
7.简述民事诉讼的适用范围。
8.什么是我国民事诉讼的一般地域管辖?
9.什么是合议制度?
10.什么是两审终审制度?不适用两审终审制度的情形有哪些?

课后案例

【背景资料】 A地甲公司与B地乙公司签订了一份书面购销合同,甲公司从乙公司购买冰箱100台,每台价格是1 500元。双方约定,由乙公司代办托运,甲公司在收到货物后的19日内付款,任何一方违约需要支付违约金10万元。并且约定因为合同发生的纠纷由合同签订地的C地人民法院管辖。后来,乙公司违约,双方发生争议,甲公司欲提起诉讼。

【问题】

1.甲、乙公司约定发生合同纠纷由C地人民法院管辖,该管辖协议是否有效?
2.如果双方没有约定管辖协议,那么甲公司可以向哪个法院提起诉讼?
3.如果乙公司不服第一审判决,能否上诉?
4.乙公司上诉后,如果第二审人民法院维持原判,试分析第二审人民法院判决的法律效力。

参考文献

1. 刘旭东. 新公司法讲义. 北京：法律出版社, 2024.
2. 最高人民法院民法典贯彻实施工作领导小组. 民法典合同编理解与适用. 北京：人民法院出版社, 2022.
3. 中国注册会计师协会. 经济法. 北京：中国财政经济出版社, 2024.
4. 李昌麒. 经济法学. 北京：法律出版社, 2016
5. 中华人民共和国民法典及司法解释全书. 北京：中国法制出版社, 2021
6. 中华人民共和国知识产权法律法规全书. 北京：中国法制出版社, 2021
7. 中华人民共和国公司法及司法解释全书. 北京：中国法制出版社, 2021
8. 杨垠红, 许小琴. 民法典物权编释论. 北京：中国法制出版社, 2020